傳記文學

从北大到台大

元气淋漓傅斯年

傅斯年　毛子水㊣著

·传记文学书系·

主　编　崔　灿　彭明哲　曾德明
编　委　刘书乔　冯文丹　田　丹

岳麓書社·长沙

傳記文學

·传记文学书系·

“传记文学书系”是我社根据台湾《传记文学》的内容，采其精华、分类汇编的一套大型丛书。《传记文学》自1962年6月创刊至今，发表传记文字与民国史料字数逾亿。本着“为史家找材料，为文学开生路”的宗旨，以轻松隽永的文学笔法书写严肃的近代真人真事，为国家存信史，为名人留伟绩，为平民录亲历。主要内容包括自传、评传、年谱、回忆录、口述史、名人日记、重要手迹、珍贵史料、史事研究等，是中国近现代史最丰富的资料宝库，深受海内外史学界与历史爱好者青睐。

已出书目

从北大到台大：元气淋漓傅斯年	傅斯年　毛子水　等著
激荡百年的回响：蔡元培传稿	蔡元培　王云五　等著
逝者如斯：罗家伦的世界	罗家伦　毛子水　等著
王映霞自传：一个知识女性的独立史	王映霞　著
中国留美幼童书信集	高宗鲁　译注
遥想大学当年：我的大学	邹树文　李济　等著

总　序

岳麓书社依据台湾的《传记文学》，分类编纂，陆续出版“传记文学”书系，这是两岸文化交流史上的大事，是中国近代史和中华民国史研究的大事、喜事。

1962 年 2 月 5 日，时值春节，曾在北大读书的刘绍唐向当年的校长胡适拜年，谈起胡适长期提倡传记文学，而始终未见实行，他向老师透露，自己正准备创办《传记文学》月刊。胡适虽肯定其志，却以为其事甚难，办月刊，哪里去找这么多“信而有征”的文字，因此不大赞成。不料当年 6 月 1 日，绍唐先生主编的《传记文学》竟在台北出刊了。自此，直到 2000 年 2 月 10 日，绍唐先生因病在台北去世，历时 38 年，共出版 453 期。每期约 30 万字，453 期就是约 13590 万字。此外，传记文学出版社还出版了“传记文学丛书”和“传记文学丛刊”，其中包括《民国人物小传》《民国大事日志》等许多民国历史方面的著作。

尽人皆知，绍唐先生没有任何背景，不接受任何政治集团、经济集团的支持，只身奋斗，孤军一人，却做出了台湾官方做不出的成绩，创造了中国出版史上不曾有过的奇迹。因此，绍唐先生被尊为“以一人而敌一国”，戴上了“野史馆馆长”的桂冠。

我在大学学习中国文学，毕业后业余研究中国哲学，1978 年 4 月，调入中国社科院近代史研究所，参加《中华民国史》的编写，自此，即与绍唐先生的《传记文学》结下不解之缘。在众多历史刊物中，《传记文学》最为我所关注。但是，我和绍唐先生相识则较晚，记得是在 1995 年 9 月，纪念抗战胜利 50 周年之际。当时，台湾史学界在台北召开学术讨论会，我和其他大陆学者 31 人组团越海参加。这是海峡两岸学者之间交流的起始阶段，有如此众多的大陆学者同时赴会，堪称前所未有的盛事。我向会议提交的论文《九一八事变后的蒋介石》，根据毛思诚所藏《蒋介石日记类抄》未刊稿本写成。当时，蒋介石日记存世一事，还不为世人所知，绍唐先生很快通知我，《传记文学》将发表该文。9 月 3 日，闭幕式晚宴，由绍唐先生的传记文学出版社招待。各方学者，各界嘉宾，济济一堂。我因事略为晚到，不料竟被引到主桌，和绍唐先生同席。那次席上，绍唐先生给我的印象是热情、好客、豪饮。次年，我应“中研院”近史所所长陈三井教授之邀访问该所，在台北有较多停留时间。其间，我曾应绍唐先生之邀，到传记文学出版社参观。上得楼来，只见层层叠叠，满室皆书，却不见编辑一人。绍唐先生与我长谈，详细介绍《传记文学》创刊的过程及个人办刊的种种艰辛。绍唐先生特别谈到，办刊者必须具备的“眼力”“耐力”“定力”等条件，可惜，我没有记日记的习惯，未能将绍唐先生所谈追记下来，至今引为憾事。绍唐先生交游广阔，文友众多，因此宴集也多。每有宴集，绍唐先生必招我参加，我也欣然从远在郊区的南港住所赴会。许多朋友，例如旅美华人史学家唐德刚等都是在这样的场合下认识的。在台期间，台北史学界为纪念北伐战争 70 周年，召开北伐及北伐史料讨论会，我根据原藏俄罗斯等处的档案，撰写《1923 年蒋介石的苏联之行及其军事计划》一文参加，绍唐先生不仅到会，而且当场确定《传记文学》将发表拙文。我离开台北前，绍唐先生再次将我引到他的藏书室，告诉我，凡传记文学出版社出版的图书，喜欢什么就拿什么。我因为“近史所”已赠我大量出版物，又不好意思，只挑选了《陈济棠自传稿》《傅孟真先生年谱》《朱家骅年谱》和李济的《感旧录》等有限几种，回想起来，至今仍觉遗憾。

绍唐先生自述，他有感于两岸的文士因为历史原因等种种关系，“许多史实难免歪曲”，因此，创办此刊，以便“为史家找材料，为文学开生路”。我觉得，绍唐先生的这两个目的，比较成功地达到了。政治对学术，特别是对历史学的干预，古已有之，但是，学术特别是以真实为最高追求目标的历史学，又最忌政治和权力的干预。绍唐先生在台湾的白色恐怖余波犹在的年代，能够不怕“因稿贾祸”，创办刊物，发行丛书，保存大量中国近代史特别是民国史资料，供千秋万代的史家和史学爱好者采用，这是功德无量的盛事、盛业。刊物虽标明“文学”，但是，取文、选文却始终恪守历史学的原则，排斥任何虚构和想象，这也是值得今之史家和文家们借鉴和注重的。

绍唐先生去世后，《传记文学》由中国新闻界的前辈成舍我先生的后裔续办，至今仍是华人世界中的著名历史刊物，衷心希望绍唐先生的事业和精神能长期传承，永放光彩，衷心希望“传记文学”书系的出版，能得到读者的喜欢，助益历史学的繁荣和发展。

杨天石

2015 年 5 月于北京东城之书满为患斋

凡　例

一、原文的繁体竖排改成简体横排。

二、原文中脱、衍、讹、倒之处，均径改，不另加注说明。

三、原文中专名（人名、地名、书名等）及其译名皆一仍其旧，其中或有跟现今通行者有较大区别，而可能导致阅读障碍的，由编者加注进行说明。

四、原文中词语与标准用法有不同者，为尊重作者用语习惯及时代与地域差异等，不做修改，一仍其旧。

五、原文中标点符号的使用有不统一及不符合标准用法的，一仍其旧，其中或有可能导致阅读障碍的，由编者重新标点。

六、原文中的汉字数字不予变为阿拉伯数字，个别阿拉伯数字也不再统一为汉字。但注释部分为统一体例，版本年代及页码均采用阿拉伯数字，以便明晰。

七、所引文章中的纪年，1949 年 10 月 1 日前的民国纪年一仍其旧，1949 年 10 月 1 日后均采用公历纪年。

八、原文中 1949 年 10 月 1 日前对于中国共产党和国民党政治机构及职务的称呼均予保留，只对个别明显不符合历史事实的文字做了必要的删改。

九、原文中 1949 年 10 月 1 日中华人民共和国成立后，台湾地区自称“中国”“政府”及其政治机构、职务名称、“涉外”用语等，本书均加引号，以示区分。

十、原文中由于作者政治立场等原因，本书做了极个别的删节，不另加说明。但为保留资料的完整性，尊重原文及作者观点，文中难免偶有不妥之处，相信读者自能甄别分辨。

目录

师友忆评

后学楷模

其人行状

傅斯年的文章

师友忆评

《傅孟真先生遗著》序

胡　适

傅孟真先生的遗著共分三编。上编是他做学生时代的文字，其中绝大部分是他在《新潮》杂志上发表的文字；其中最后一部分是他在欧洲留学时期写给顾颉刚先生讨论古史的通信。中编是他的学术论著，共分七组：从甲到戊，是他在中山大学、北京大学的讲义残稿；己组是他的专著《性命古训辨证》；庚组是他的学术论文集。下编是他最后十几年[民国二十一年（一九三二年）到一九五〇年]发表的时事评论。

孟真曾说：

> 每一书保存的原料越多越好，修理的越整齐越糟。（中编丁，页40）

这一部遗集的编辑，特别注重原料的保存，从他做学生时期的文字，到他在台湾大学校长任内讨论教育问题的文字，凡此时能搜集到的，都保存在这里。这里最缺乏的是孟真一生同亲属朋友往来的通信。这一部遗著，加上将来必须搜集保存的通信——他给亲属朋友的，亲属朋友给他的——就是这个天才最高、最可敬爱的人的全部传记材料了。

孟真是人间一个最稀有的天才。他的记忆力最强，理解力也最强。他能做最细密的绣花针工夫，他又有最大胆的大刀阔斧本领。他是最能做学问的学人，同时他又是最能办事、最有组织才干的天生领袖人物。他的情感是最有热力，往往带有爆炸性的；同时他又是最温柔、最富于理智、最有条理的一个可爱可亲的人。这都是人世最难得合并在一个人身上的才性，而我们的孟真确能一身兼有这些最难兼有的品性与才能。

孟真离开我们已两年了，但我们在这部遗集里还可以深深地感觉到他的才气纵横，感觉到他的心思细密；感觉到他骂人的火气，也感觉到他爱朋友，了解朋友，鼓励朋友的真挚亲切。民国十五年，孟真同我在巴黎相聚了几天。有一天，他大骂丁在君，他说："我若见了丁文江，一定要杀他！"后来我在北京介绍他认识在君，我笑着对他说："这就是你当年要杀的丁文江！"不久他们成了互相爱敬的好朋友。我现在重读孟真的《我所认识的丁文江先生》同《丁文江一个人物的几片光彩》，我回想到那年在君在长沙病危，孟真从北平赶去看护他的情状。我想念这两位最可爱，最有光彩的亡友，真忍不住热泪落在这纸上了。

孟真这部遗集里，最有永久价值的学术论著是在中编的庚组。这二十多篇里，有许多继往开来的大文章。孟真在《历史语言研究所工作之旨趣》（中编庚，页169—182）里，给他一生精力专注的研究机构定下了三条宗旨。

> （一）凡能直接研究材料，便进步；凡间接的研究前人所研究或前人所创造的系统，而不能丰富细密的参照所包含的事实，便退步。
>
> （二）凡一种学问能扩张他研究的材料，便进步；不能的，便退步。
>
> （三）凡一种学问能扩充他作研究时应用的工具的，便进步；不能的，便退步。

但他在《史学方法导论》（中编丁，页1—53）里，曾指出：

> 直接材料每每残缺，每每偏于小事。（若）不靠较为普遍、略具系统的间接材料先作说明，何从了解这一件直接材料？（页5）

若是我们不先对于间接材料有一番细工夫，这些直接材料之意义和位置，是不知道的。不知道，则无从使用。（页 5）

我们要能得到前人所得不到的史料，然后可以超越前人。我们要能使用新得材料于遗传材料之上，然后可以超越同见这材料的同时人。（页 6）

孟真的庚组里许多大文章都是真能做到他自己标举出来的理想境界的。试看他的《新获卜辞写本后记跋》（中编庚，页 192—235），他看了董彦堂先生新得的两块卜辞，两片一共只有五个字，他就能推想到两个古史大问题——楚之先世、殷周之关系——都可以从这两片五个残字上得到重要的证实。这种大文章，真是“能使用新得材料于遗传材料之上”；真是能“先对于间接材料有一番细工夫”，然后能确切了解新得的直接材料的“意义和位置”。所以我们承认这一类的文字是继往开来的大文章。

我们重读孟真这些最有光彩的学术论著，更不能不为国家，为学术，怀念痛惜这一位能继往开来的伟大学人！

一九五二年十二月十日

（原载《胡适作品集》第二十五卷，远流出版公司，一九八六年三月二十五日初版）

傅孟真先生的思想

胡　适

今天这个日子，实在不容易说话。昨天我花了一个晚上把孟真遗集的铅样本从头翻了一遍，所以格外体会到陈“院长”刚才所讲的话。的确，我们失掉了这样一个人，是很不容易得到一种补偿的。孟真同我是几十年的朋友，想不到在这个时候我会参加这样的一个纪念会。在今天的纪念刊上曾印出我的一篇短文，是写孟真遗著的序。这虽然是一篇短文，写来却很用心。其中曾说：孟真是人间一个最难得最稀有的天才。他的记忆力最强，同时理解力和判断力也最强。他能够做最细密的绣花针工夫，他又有最大胆的大刀阔斧本领。他是最能做学问的人，同时又是最能办事又最有组织才干的天生领袖人物。他集中人世许多难得的才性于一身。有人说他的感情很浓烈，但认识他较久的人就知道孟真并不是脾气暴躁的人，而是感情最热，往往带有爆炸性，同时又是最温柔最富于理智的人。像这样的人，不但在一个国家内不容易多得，就是在世界上也不容易发现有很多的。

刚才陈“院长”曾说到孟真在台湾这几年的贡献。我个人感觉到他无论在什么地方，总是一个力量。在学校里做学生，在新潮社办《新潮》杂志，以及后来在外国留学，都是那些团体中的一股力量。他从欧洲回国以后，在朱先生领导的中山大学文学院，后来又在中央研究院历史语言研究所二十多年，也是那些团体中的一个力量。在重庆、南京、台湾等处，又是一个力量。他这样的人，无论在什么地方都能发挥其领袖的才干。他有学问，有办事能力，有人格，有思想，有胆量；敢说话，敢说老实话，这许多才性使他到处成为有力量的人。我总感觉，能够继续他的路子做学问的人，在朋友当中也有；能够继续他某一方面工作的人，在朋友中也有；但是像他这样一个到处成为道义力量的人还没有。所以他的去世，是我们最大的损失。在他过世二周年的时候使我感到最伤痛的，也是这一点；这是没有法子弥补的。

今天我很简单的说一说孟真的思想。刚才“主席”说我在他过世的时候写过纪念的文章；其实我没有写。朱先生讲的，大概是指当时在台大校刊所发表的我致在台北的一位朋友的信而言；在这封信中，我曾说孟真的去世是我们的大损失。为什么二年来没有写文章纪念他呢？实在是因为我与孟真的感情太深，拿起笔来就有无限的伤感，所以纪念的文章总是写不出来。昨天我看他的遗著，找出其中几点，是可以为敬爱孟真的朋友们谈一谈的。

孟真活了五十五岁，他早年的情形我不很知道。我们可以把他从做学生时代到死，分为四个部分来说。第一部分是他青年做学生时代的思想；第二部分是他壮年个人做学术时代的思想；第三部分是他壮年时期在历史语言研究所时代的思想；第四部分是他晚年的思想，也是最危急最动荡的时候的思想。

第一，先说他做学生时代的思想。他的第一篇文章就是我给他校阅的，在《新青年》杂志上刊出来。那时候，他就是最能了解当时新思潮新文化运动的人。我在若干年后才知道他在很早的时候就是胡适之的“保驾人”，在不知不觉中已经替我作了保护的工作。诸位看过顾颉刚先生的《古史辨》第一集，上边一个七万字的长序吗？里边曾说到我当时在北大教哲学史的情形。那时北大中国哲学系的学生都感觉一个新的留学生叫做胡适之的居然大胆的想绞断中国的哲学史；因为原来讲哲学史的先生们，讲了两年才讲到商朝，而胡适之一来就把商朝以前的割断，从西周晚年东周说起。这一班学生们都说这是思想造反；这样的人怎么配来讲授呢！那时候，孟真在学校中已经是一个力量。那些学生们就请他去听听我的课，看看是不是应该赶走。他听了几天以后，就告诉同学们说：“这个人书虽然读得不多，但他走的这一条路是对的。你们不能闹。”我这个二十几岁的留学生，在北京大学教书，面对着一般思想成熟的学生，没有引起风波；过了十几年以后才晓得是孟真暗地里做了我的保护人。

那时候他很注意北大一般教授提倡的新思想，他知道这个运动要成为一个很大的力量，就与他的一班同学朋友办了一个《新潮》杂志。他在《新潮》杂志上发表的文章，现在都已收集在《遗著》第一册里边。从那些文章中可以看出他那个时代的思想，是赞成文学改革、白话运动的，是赞成新思想的。我可以引一段他的文字来代表他早年的思想。这篇文章叫做《白话文学与心理的改革》。他认为文学改革应该引起一个思想的改革运动。任何文章都可以用白话来写；几百年来曾有人用白话写过最好的小说、诗、词、曲等。但最重要的是白话文学运动应该是一个新思想运动；如果这个运动中没有新思想，那么这个运动是站不住的。所以他说：“用手段高强的文学，包括着‘人的’思想，促动大家对于人生的自觉心，是我们的使命。”又说：“未来的真正中华民国，还须借着文学革命的力量造成。”这是很大胆的说法。他的结论：“是真正的中华民国必须建设在新思想的上面，而新思想必须放在新文学的里面。”他年轻的时候这样主张，到了晚年还是这样主张。他所说的“真正的中华民国必须用文学革命的力量造成”这个理想，到现在还没有能够完全实现。这一点是我们后死的朋友应该接受而努力的，同时又是后死的朋友们应该常常想念到的。他的早年思想是前进的。他在文学改革新思想运动上是一个领导者，在二十几岁的时候就能指导出一条正确的大路。

第二，他留学国外时期的思想。他初回国时，即任中山大学文学院长，兼授文史功课。在这个时期，以及后来在中央研究院历史语言研究所工作的时候，常将留学时所想过的许多有关古史或古代中国文学史的问题加以探讨。他不赞成用哲学史的名字来讲中国思想，而主张用中国思想史的名字。他的壮年几本最伟大的、继往开来的学术论著，都是在留学时期中就已想到的，他以最强的记忆，能够综合起来，在旧的材料中，用新的思想，新的方法，再配上新的材料，找出新的重要的问题。这个时期我们可以说孟真在中国学术史上占了一个最高的地位。这就是他三十一岁至四十五岁这一时期。

我可以举出这个时期中他的几篇文章作说明。一、《中国古代文学史讲义》：这是一部了不得的著作。我们知道，凡是一个大的思想家，往往撒出许多种子；有些种子掉在石头上被人踏碎了，有些种子撒在肥沃的泥土上，有了生命，就发生了力量。昨天晚上，我看他的书，想到恐怕有许多朋友都还不能十分了解他的重要性。一九二六年我到巴黎，他那时在柏林，知道我来到法国，特地从柏林赶来与我同住了许多天。我们白天同在法国国家图书馆读书，晚上在中国馆子吃饭，饭后常常谈到晚上一二点钟，充分互相讨论。那个时候他就已经撒下了许多种子。他说：中国一切文学都是从民间来的，同时每一种文学都经过一种生、老、病、死的状态。从民间起来的时候是“生”，然后像人的一生一样，由壮年而老年而死亡。这个观念，影响我个人很大。说到这个观念，我们常常想起孟真贡献最大的就是他的思想。中国文学无论是小说、词、曲、诗，都是来自民间，慢慢的才跑到上层，影响到士大夫阶级。但到了士大夫手上以后，就慢慢的老了、死了。这个观念，曾经在他的《中国古代文学史》中撒下许多有价值的种子。我相信这些种子将来还可以继续在中国文学史方面发生影响。二、《史学方法导论》：在现在看起来还是有许多有价值的种子在这个导论里边。三、《性命古训辨证》：这是他唯一的一部写成书的著作，其中方法是值得我们继续的。四、《古代中国与民族》：这是他没有完成的一部大书，有的时候也想定名为《民族与古代中国》。这是说明古代民族的来源的，可惜这部伟大的著作没有完成。但他曾经发表了几篇论文，如《姜原》，提供了许多有助于研究的材料；另一篇为《周东封与殷遗民》，说明从周室东征到山西北部，征服了整个东部的情形。这一篇文章我公开承认影响我最大，最能够表现他的意思。再有一篇是《夷夏东西说》，出版在蔡先生六十周年纪念特刊上；搜集的材料丰富，将东西夷夏加以区分；很少人有这样锐利的眼光。

现在回过头来谈谈他《周东封与殷遗民》这篇文章。我在《中国哲学史》内提到古代服三年之丧这个问题，感觉到很困难。孔子的弟子宰我曾说一年就够了，但孔子却说“夫三年之丧，天下之通丧也”。过了一百年以后，当滕文公继承他父亲为滕侯时，孟子居然说动了滕文公，说丧礼应服三年。但当时滕国的士大夫都不赞成；他们都反对“三年”。他们说，“吾宗国鲁先君莫之行，吾先君亦莫之行也”。这两句话与孔子的话是冲突的。孔子说三年之丧为天下之通丧，而滕国的大夫又说鲁国未曾行过，我滕国也没有行过，究竟是孔子说假呢，还是滕国大夫错了呢？孟真在这一篇文章中说，“孔子之天下，大约即是齐、鲁、宋、卫，不能甚大，可以‘登泰山而小天下’为证”。当时周统治中国，老百姓多为殷之遗民；上层阶级均用周礼，一般老百姓则仍用殷礼。故孔子曾说，“丘也，殷人也”。殷朝虽然已经灭亡，但其后七百年间，上边统治阶级与下边人民的习俗不同。绝对多数的老百姓是殷遗民，而三年之丧是殷民的制度；孔子自称殷人，所以孔子以三年之丧为天下通丧是不错的。而滕国大夫所讲“鲁先君莫之行，吾先君亦莫之行”，也没有错；因为滕是文王的子孙，鲁是周公的子孙，都是殷的统治民族，所以与老百姓不同。能够把这个观念来解释《论语·先进篇》第一章的，二千多年来，孟真还是第一个人。这章的原文是：

子曰："先进于礼乐，野人也；后进于礼乐，君子也。如用之，则吾从先进。"

孟真以为：

野人即是农夫，非如后人用之以对"斯文"而言；君子指卿大夫阶级，即统治阶级。先进后进，自是先到后到之义。礼乐是泛指文化，不专就玉帛钟鼓而言。名词既定，试翻译做现在的话如下：

"那些先到了开化的程度的，是乡下人；那些后到了开化程度的，是'上等人'。如问我何所取，则我是站在先开化的乡下人一边的。"

先开化的乡下人自然是殷遗民，后开化的上等人自然是周的宗姓婚姻了。

现在有许多人提倡读经。我以为对这几句话解释得通才配读经；如果解释不通，不配读经！

孟真有绝顶天才，他替我解决了《中国哲学史》上不能解决的问题。我接受了他的观念，写了一篇五万字的文章，叫做《说儒》，从这个观念来讲古代思想，根本推翻了我过去对于中国古代思想史的见解。所以今天在各位老朋友面前，格外表示我对他无限的哀思。

第三，是要说第三时期，也是他壮年的时期。他以伟大的力量将古代民族、古代历史问题和古代史料，作了一个继往开来的事业。但刚才所说的是他个人学术研究的部分，现在要说的这一部分则为他在历史语言研究所的工作。他是能够实行从前英国大哲学家培根所讲的“集团研究”的，一个人研究学问究竟精力有限；大规模的分工合作，团体研究是比较容易有成就的。培根三百年前的理想，到了一百多年前才由世界上一般先进国家慢慢地做到。孟真回国的时候，正是我国团体研究机关刚开始的时候。我们可以说，孟真在中央研究院的工作，是中国做团体研究最成功的；用不着我来详细介绍。他在民国十七年（一九二八年）时替历史语言研究所定出三个目标：一、凡能直接研究材料，便进步；凡间接的研究前人所研究或前人所创造的系统，而不能丰富细密参照所包含的事实，便退步。二、凡能扩张研究的材料，便进步；不能的，便退步。这就是他所说的“上穷碧落下黄泉，动手动脚找东西！”三、凡能扩充他作研究时应用的工具的，便进步；不能的，便退步。他以这三个目标与同人互相勉励；后来二十年的成绩可以证明他领导的能力。因为他有眼光，有方法，有领导能力，所以才有这样的表现。

第四，是他中年至晚年的思想。他早年思想，是站在文学思想革命的前哨，是一个领导者，是一个力量。以后到晚年，他仍是继续他早年在《新潮》时代的那种地位。

这一时期他的重要的思想，我可以提出三点。

一、（略）。

二、他讲教育的文章。他对教育方面，曾写了几十万字。他做台大校长的时候，就说过“一个理想的大学，应该办平淡无奇的教育”。他有两句话，第一句是“自己健康起来”，就是生活改善，加强功课，同时给以正当的娱乐。第二句是“品性教育”，就是人品、人格的教育，也就是“对人对物能立其诚”，就是“不扯谎”。这也就是他从青年至晚年根本的认识。

三、他晚年的思想，值得大家注意。我们也可以说，他从《新潮》时代以来三十多年中，只有一句话，就是希望国家近代化。反过来说，就是反中世纪主义；不要以中古时代的思想拿来误国误民，阻碍国家的前途。他说，民族的自信心是必须树立的；但是，与其自信过去，何如自信将来，而一步一步的作我们建国的努力。这就是说，与其寄托自信心于新石器时代，或者“北京人”时代，何如寄自信心于今后的一百年，把一个老大病国变成一个近代化的国家。土耳其的凯末尔是个好例。凯末尔为什么把许多回教[①]国家的国粹毁掉不爱惜它呢？正因为这些国粹是土耳其走向近代化的障碍。我们的国粹运动，如果无节制的发挥起来，只是妨碍我

① 伊斯兰教在中国的旧称。——编者

们国家民族的近代化，其流弊是无穷的。所以孟真在《独立评论》中曾有过几篇文章反对读经与中医。他说，建设近代国家，无取乎中世纪主义。

我觉得我们要纪念孟真，很值得把他的文章重新注解、重新考虑，这是我今天匆忙中经过稍许整理而提出的报告，来纪念这个没有法子弥补的好朋友。

一九五二年十二月二十日傅孟真先生
逝世两周年纪念会上讲

（原载《胡适作品集》第二十五卷，远流出版公司，一九八六年三月二十五日初版）

元气淋漓的傅孟真

罗家伦

感情不容许我写这篇文章，可是道义不允许我不写这篇文章。孟真有知，当知道我此时心头的难受。

在这万方多难的时候，突然看见国家民族丧失了这样一个最英勇的斗士，教育文化丧失了这样一股向开明进步和近代化推进的伟大原动力，已经够使我悲痛了，何况这个人是我三十四年的生死道义之交，打不散、骂不开的朋友。

我虽然伤感，可是我准备写这篇文章的时候，却是准备屏敛感情，尽量客观地描写一点我在三十四年来认识的傅孟真。大家却要首先放在心里，光芒四射的傅孟真，断不是这篇文章所能尽其万一。

我和孟真是民国六年开始在北京大学认识的。他经过三年标准很高的北大预科的训练以后，升入文科本科，所以他的中国学问的基础很好，而且浏览英文的能力很强。这是一件研究中国学问的人不容易兼有的条件。我是从上海直接考进文科本科的学生，当时读的是外国文学，和他的中国文学虽然隔系，可是我们两人在学问方面都有贪多务得的坏习惯，所以常常彼此越系选科，弄到同班的功课很多，就在哲学系方面，也同过三样功课的班。我们开始有较深的了解，却在胡适之先生家里。那是我们常去，先则客客气气的请教受益，后来竟成为讨论争辩肆言无忌的地方。这时期还是适之先生发表了《文学改良刍议》以后，而尚未正式提出"国语的文学，文学的国语"，也就是未正式以文学革命主张作号召以前。适之先生甚惊异孟真中国学问之博与精，和他一接受以科学方法整理旧学以后的创获之多与深。适之先生常是很谦虚地说，他初进北大做教授的时候，常常提心吊胆，加倍用功，因为他发现许多学生的学问比他强。（抗战胜利后的第二年，适之先生于北大校庆之夕，在南京国际联欢社聚餐时演讲，就公开有此谦词。）这就是指傅孟真、毛子水、顾颉刚等二三人说的。当时的真正国学大师如刘申叔（师培）、黄季刚（侃）、陈伯弢（汉章）几位先生，也非常之赞赏孟真，抱着老儒传经的观念，想他继承仪征学统或是太炎学派等衣钵。孟真有徘徊歧路的资格，可是有革命性、有近代头脑的孟真，决不徘徊歧路，竟一跃而投身文学革命的阵营了。以后文学革命的旗帜，因得孟真而大张。

在这当儿，让我小小的跑个野马，说一件孟真那时候顽皮的趣事，以见孟真那时候的学问基础；何况写文章跑野马原是孟真的惯技。就在当时的北大，有一位朱蓬仙教授（注意不是朱逷先先生），也是太炎弟子，可是所教的“文心雕龙”却非所长，在教室里不免出了好些错误，可是要举发这些错误，学生的笔记终究难以为凭。恰好有一位姓张的同学借到那部朱教授的讲义全稿，交给孟真。孟真一夜看完，摘出三十几条错误，由全班签名上书校长蔡先生，请求补救，书中附列这错误的三十几条。蔡先生自己对于这问题是内行，看了自然明白，可是他不信这是由学生们自己发觉的，并且似乎要预防教授们互相攻讦之风，于是突然召见签名的全班学生。那时候同学们也慌了，害怕蔡先生要考，又怕孟真一人担负这个责任，未免太重，于是大家在见蔡先生之前，每人分任几条，预备好了，方才进去。果然蔡先生当面口试起来了，分担的人回答的头头是道。考完之后，蔡先生一声不响，学生们也一声不响，一鞠躬鱼贯退出。到了适当的时候，这门功课重新调整了。这件事可以表示一点当时的学风。我那年不曾选这样功课，可是我在旁边看得清清楚楚。他们退出来以后个个大笑，我也帮了大笑。

那时候学生的物质生活非常朴素简单，可是同学间的学术兴趣，却是配合成一幅光怪陆离的图案。我住在校外松公府公寓，孟真住在校内的西斋四号。我早晨到校上课之前，首先要到他房里谈天，他没有起来的时候，我有时掀他棉被，他颇引以为苦，气得大叫。他房间里住了四个同学，一个顾颉刚，静心研究他的哲学和古史，对人非常谦恭；一个狄君武（当时名福鼎），专心研究他的词章，有时唱唱昆曲；一个周烈亚，阿弥陀佛的在研究他的佛经（后来他出家在天目山做了方丈）；一个就是大气磅礴的傅孟真，和他的一班不速之客的朋友罗志希等，在高谈文学革命和新文化运动。这是一个什么配合！可是道并行而不相悖，大家还是好朋友。

民国七年，孟真和我还有好几位同学抱着一股热忱，要为文学革命而奋斗。于是继《新青年》而起组织新潮社，编印《新潮》月刊，这是在这个时代中公开主张文学革命的第二个刊物。我们不但主张，而且实行彻底的以近代人的语言，来表达近代人的思想，所以全部用语体文而不登载文言文。我们主张文学主要的任务，是人生的表现与批评，应当着重从这个方面去使文学美化和深切化，所以我们力持要发扬人的文学，而反对非人的与反人性的文学。我们主张学术思想的解放，打开已往传统的束缚，用科学的方法来整理国故。我们推广这种主张到传统的社会制度方面，而对固有的家族制度和社会习惯加以批评。我们甚至于主张当时最骇人听闻的妇女解放。《新潮》的政治色彩不浓，可是我们坚决主张民主，反封建、反侵略。我们主张我们民族的独立和自决。总而言之，我们深信时至今日，我们应当重定价值标准，在人的本位上，以科学的方法和哲学的态度，来把我们固有的文化，分别地重新估价。在三十年前的中国，这一切的一切，是何等的离经叛道，惊世骇俗。我们主张的轮廓，大致与《新青年》主张的范围，相差无几。其实我们天天与《新青年》主持者相接触，自然彼此间都有思想的交流和相互的影响。不过，从当时的一般人看来，仿佛《新潮》的来势更猛一点，引起青年们的同情更多一点。《新潮》的第一卷第一期，复印到三版，销到一万三千册，以后也常在一万五千册左右，则声势不可谓不浩大。到了民国八年上半年，文学革命运动已经扩大为新文化运动。等到五四运动的巨浪发生，更把他澎湃至全国的每一个角落，这股伟大的思潮，在许多方面很像是十八世纪后期由法国开始，以后弥漫到全欧的“启明运动”[①]。（这个运动，英文叫作Enlightenment，意为“启明”。而德文称为Aufklärung，带“扩清”的意义，似更恰当。）

《新潮》能有这种成就，得力于孟真为最多。当时孟真和我虽然一道从事编辑的工作，可是孟真实为主编，尤其是开始的几期。孟真把握新文化运动的主张很坚定，绝不妥协，而选择文章的标准又很严。他批评的眼光很锐利，而自己又拿得出手。许多投来的稿，我们不问是教员或同学写

① 即启蒙运动。——编者

的，如果还有可取，就老实不客气地加以删改。我虽然同他一道做删改文章刀斧手，然而看见他这样严格的标准，使我对于自己的稿子，也有戒心，不能不先慎重一点，才敢交出来。从这方面来说，我深得孟真的益处。益友之所以对友能益，这就是一个例子。当时我的文章，虽然也有人喜欢看，可是我总觉得不如孟真的厚实，这使我常常警惕在心。（我们后来重看当年我们在《新潮》上的文章，常觉惭愧。至少我对于我所写的，永远不愿再印；可是在那时候扩清和兴奋的力量，据说确是不小。）我们在办《新潮》以前和在办《新潮》的时候，有一件共同的嗜好，就是看外国书。因为第一次大战时外汇非常便宜，所以我们每人每月都能向日本丸善株式会社买几本新书；而丸善又非常内行，知道我们的口味，于是凡是新到了这类的书，常常用“代金引便”（即向邮局付款提书）的办法寄来，弄到我们几个手上零用钱都被他吸光了，有时眼见要看的书到了而无钱去取，只得唉声叹气。我们常是交换书看，因此增加了许多共同的兴趣和见解。当年孟真不免有一点恃才傲物，我也常常夜郎自大，有时彼此间不免因争辩而吵架。有一次吵得三天见面不讲话，可是气稍微下去一点立刻就好了，因为我们有许多共同的理想、共同的认识，以后成为彼此人格间的信任。我们都不免自负，可是我们都能努力做到屈伏在道理的前面。

孟真在“五四”的前夕，是参加发难的大会的，为当时被推的二十个代表之一。“五四”那天，他是到赵家楼打进曹汝霖住宅的。不知为何第二天在开会的时候，有一个冲动到理智失了平衡的同学，同他打了一架，于是他大怒一场，赌咒不到学生会里来工作。可是他在旁还是起劲，大约他看见书诒出来主持一切，他可以放心了。就在“五四”那年的夏天，他考取了山东的官费，前往英国留学，进了伦敦大学研究院，从史培曼[①](Spearman) 教授研究实验心理学。这看去像是一件好奇怪的事，要明白他这种举动，就得要明白当新文化运动时代那一班人的学术的心理背景。那时候，大家对于自然科学，非常倾倒，除了想从自然科学里面得到所谓可靠的知识而外，而且想从那里面得到科学方法的训练。在本门以内固然可以应用，就是换了方向来治另一套学问，也可以应用，这是孟真要治实验心理学的原因。孟真为了要治实验学，进而治理化学和高深的数学。他对于数学的兴趣比较浓，因为他在国内的时候，就喜欢看逻辑的书，研究皮尔生[②]的《科学规律》(Karl Pearson 的 *Grammar of Science*) 和或然律 (Law of Probability)。后来像金斯[③] (J. M. Keynes)

① 即斯皮尔曼，英国心理学家。——编者

② 即皮尔逊，英国哲学家、数学家，现代统计学创始人之一。——编者

③ 即凯恩斯。——编者

所著的《或然律研究》[①]（*Treatise on Probability*）一类的书，都是他很欣赏的。所以可以说，孟真深通科学方法论。当然以贪多务得细大不捐的傅孟真，他的兴趣决不会限于一方面。他对英国的哲学、历史、政治、文学的书籍，不但能看，而且能体会。我想他对于萧伯讷的戏剧，几乎每本都看过，所以萧伯讷死后，他有做文章批评的资格，而且批评得很深刻。（可是孟真所了解的易卜生主义，最初却是萧介绍的。）以后到了德国，因为一方面受柏林大学里当时两种学术空气的影响（一种是近代物理学，如爱因斯坦的相对论，勃朗克[②]的量子论，都是震动一时的学说；一种是德国历来以此著名的语言文字比较考据学）；一方面受在柏林的朋友们如陈寅恪、俞大维各位的影响，所以他到柏林大学去既听相对论，又听比较语言学。他有了许多科学的方法和理论，又回头发现了他自己曾经储藏下的很丰富的中国历史语文的知识，在此中可以另辟天地，所以他不但配谈科学，而且是具备了解一般科学范围的通才，并且更配做中央研究院历史语言研究所的所长了。这是孟真忽而研究中国文学，忽而研究实验心理学，忽而研究物理、数学，忽而又成为历史语言学的权威的过程。

① 即《论概率》。——编者

② 即普朗克，德国物理学家。——编者

还有一种，这群人的学术的心理的背景若是明白了，可以帮助了解当时那种旁征侧掔，以求先博后专的风气。因为当时大家除了有很强的求知欲而外，还有想在学术里求创获的野心。不甘坐享现成，要想在浩瀚的学海之中，另有会心，“成一家言”。这种主张里，不无天真幼稚的成分，可是其勇气雄心，亦不无可嘉之处。朋友中如陈寅恪虽自谦谓所治乃“咸同之间不古不今之学”，其实他从哲学、史学、文字学、佛经翻译，大致归宿到唐史与中央亚细亚研究。而其所通，除近世重要文字外，还有希腊、拉丁、梵文、巴理文[①]、中波斯文、突厥文、满文、蒙文、藏文等，供他参考运用的总计不下十六七种。他是由博到精最成功的一个人。俞大维则天才横溢，触手成春；他从数学、数理逻辑到西洋古典学术的研究（即希腊、罗马学术思想的典籍所谓classical studies）；从历史、法理，到音乐，再从音乐到开枪放炮的弹道学，和再进而研究战略战术。我想他心目中最向往的是德国大哲学家莱白尼兹[②]（Leibnitz）是不见得十分冤

---

① 即巴利文。属印欧语系印度－伊朗语族印度语支。古代印度一种语言，消亡后仍作为书面语和宗教语言沿用至10世纪，并随佛教的传布，成为斯里兰卡、缅甸、泰国等国小乘佛教的经堂语言。今存阿育王时代小乘经原本多用巴利语写成。无专用字母，在印度使用天城体，在斯里兰卡、缅甸、泰国使用当地流行字母。——编者

② 即莱布尼茨。德国自然科学家、数学家、哲学家。——编者

他的。如毛子水本来是研究数学很好的，不幸他的中国学问比他的数学更好，于是他就以数学的精神应用到中国文字考据学上去。他在德国研究科学地理，然而在柏林大学的古典学问空气之中，又爱上了希腊文，于是他研究了去把利玛窦所译《几何原本》改译一遍，也许是纯粹由于智识的兴趣，也许其下意识中带了一点要和这位最著名的耶稣教士的最著名的译本争胜，这我可不一定知道了。诸如此类的情形还有，我所写的不过是那个环境里的空气。孟真是好强好胜的人，这种空气自然更刺激他博学好问的精神。孟真在这阶段里学术思想变迁的过程，我在上面已经简略的说过。其实他涉猎的范围尚不只此。有一天，在柏林康德街廿四号中国餐馆吃晚饭，孟真夹了一个其重无比的书包来了。经我们一检查，发现了三厚本一部的地质学。子水是不甚开玩笑的，可是这次却很幽默的说道："这部书是'博而寡约'，傅孟真读他是'劳而无功'。"这话当时气得孟真直跳，可是大家都默认这个幽默中的真理。现在有人误以为我的学问很博，其实哪有这回事。他们才是真正的渊博，我见到这些大巫，比小巫都不如呢！在民国十二年至十四年之间，不期然而然的，这些人大都集中在柏林。如赵元任、徐志摩、金岳霖诸位，也时来时去。有时候大家在晚上闲谈的时候，各拈妙谛，趣语横生。回想起来，真是人间一种至乐，可是此乐已不可再得了！

若是新文化运动好比法国的启明运动，那么上面说的风气，也颇有一点像当时法国“百科全书家”（encyclopaedist）的风气，虽然各人的造诣和成就，各有不同，也就各有千秋，绝难对比。而孟真的号召力和攻击精神，则颇与伏台尔[①]（Voltaire）相似。他们都愿意为自由和开明而奋斗，对于黑暗和顽固有强大的摧毁力，而且爱打抱不平，也是相似之处。不过伏台尔不免刻薄，而孟真则厚重，伏台尔有些刁钻古怪，而孟真则坦白率真。我笑他有时把伏台尔的精神，装在赛缪·约翰生[②]（Samuel Johnson）的躯壳里面。（约翰生是大胖子。）孟真在后来对伏台尔的观念容有改变，我不知道，可是在当时他却是恭维他。我有一次和孟真开过一个大玩笑。大约是民国十三年，蔡先生重到德国，孟真和我，还有几位同学，陪蔡先生同游波次坦的无愁宫[③]（Sanssouci），行经佛雷德烈大王招待伏台尔住的房间，房中有一个大理石雕刻的伏台尔像，非常精美。孟真颇为欣赏流连，因此落后了。我回身去找他，同他回群以后，蔡先生问我孟真在看什么。我以顽皮带笑的态度，当面编了一个故事，说孟真在对

---

① 即伏尔泰。法国启蒙思想家、作家、哲学家。——编者

② 即塞缪尔·约翰逊。英国作家、文学评论家、辞书编纂家。——编者

③ 即无忧宫。——编者

伏台尔深深一鞠躬，口中念念有词，我听他念的是什么，原来是李义山“词客有灵应识我，霸才无主始怜君”那两句诗。孟真气得要上前来打我。我大笑向蔡先生侧边一闪，蔡先生也不禁失笑，于是孟真的幽默跟着就恢复了。至于说到孟真像约翰生，他倒不以为侮的；有时他拍拍肚子，还以他自己是胖子自豪。约翰生在他的时代的英国，名重一时，为文人学者集团的中心。他有渊博的学问、极健的谈锋，他的一言半句，别人以为字字珠玑。他有一个信徒，名叫鲍斯威尔（Boswell），常常不使他知道，躲在椅子背后记录，有时被约翰生发现了，还要把他赶走。可是以后根据这些材料，鲍斯威尔写了一部《约翰生传》，为至今传诵的不朽之作。我现在觉得最可惜的是孟真不曾有过这样一个鲍斯威尔，使他许多思想、许多见解、许多名言隽语，自私一点说罢，甚至于我们吵架的话，不曾有人记下来。李济之说：“你说孟真与伏台尔有相像之处，在反对愚昧一点，的确相像。最可惜的是伏台尔活到八十四岁，把他要写的都写完了，但孟真只活到五十四岁就死了。他满肚子的学问、满肚子的见解，正在成熟的时候，正在开始写的时候，忽然死去，真是最可伤心的事，不可补偿的损失。”我听了只能仰天长叹道：“天夫！天夫！何夺我孟真之速也！”

孟真比我回国为早，他在广州中山大学担任教授，兼任文学院长。以后我加入了北伐的工作，于北京克复后，我任国立清华大学校长，他任中央研究院历史语言研究所所长，同在一个读书时代的故乡，过从又亲密起来。他办历史语言研究所时所树立的标准很高，观念很近代化。他的主张是要办成一个有科学性而能在国际间的学术界站得住的研究所，绝对不是一个抱残守缺的机关。他对于外国研究中国学问的汉学家中最佩服的只有两个人，认为其余的许多都是洋骗子。一个是瑞典的高本汉（Karlgren），讲中国语音学的专家；一个是法国的伯希和（Pelliot），讲中国唐史、中央亚细亚研究的专家。这两个人对于中国学问的科学性的造诣，给予了孟真很大的刺激。可是孟真办理历史语言研究所的成绩，反过来得了他们两人很深的敬佩。行家的事，只有行家真能懂得。历史语言研究所的《集刊》和《分刊》，得到国际学术界很高的重视，这研究所的本身也取得了国际学术界很高的地位。这自然是经由许多学者协力造成的，可是孟真领导的力量是不可磨灭的。他不只能领导，而且自己真能动手呀！他办的只是这一个研究所，但是他常为整个中央研究院策划。因为他是能贯通中西的通才，所以他的意见，常有压倒的重量，因此许多人以为他好管闲事而讨厌他，可是他却不管一切，因为他认学术是国家之公器。

以后我长中大，他仍在北平，只是我们易地开会的时候，才能相见。不见要想，见面就吵，真是奇怪的事。这几年中可以为他高兴的，就是他能和俞家八小姐大綵女士结婚，使他得到许多精神的安慰和鼓励。俞家的兄弟姐妹，我个个都很熟，个个都非常的聪明，大綵自然也是卓越的一位。孟真常是向我恭维大綵的小品文如何写得好，小真书如何写得好，他言之津津味。有一次我和他开玩笑说："大綵赏识你，如九方皋伯相马。"他为之大怒，要来扑我。又有一次，他对我盛夸他的儿子仁轨如何聪明，我带笑地说："犬父竟有虎子。"他却为之大喜。孟真是人，不是做作的超人，是充满了人性的人。说到聪明的孩子仁轨的命名，确有一件可纪念的故事。有一天孟真对我说："我的太太快要生孩子了。若是生的是一个男孩，我要叫他做仁轨。"我一时脑筋转不过来，向他说："为什么？"他说："你枉费学历史，你忘记了中国第一个能在朝鲜对日本兵打歼灭战的，就是唐朝的刘仁轨吗？"从这种史迹上，要预先为儿子命名，他内心所蕴藏的是多么强烈的国家民族意识！

说到抗日精神来，孟真在北平环境里所表现的真是可敬可佩。当冀察事变发生，日本在闹华北特殊化的时候，许多亲日派仰人鼻息太过度了。北平市长萧振瀛招待北平教育界的一席话，俨然是为日本招降，至少是要北平教育界闭口。在大家惶惑之际，只有适之先生和孟真挺身而起，当面教训萧振瀛一顿，表示坚决反对的态度，誓死不屈的精神；于是北平整个浑沌的空气，为之一变，教育界也俨然成为左右北方时局的重心。孟真这种声张正气的精神，是使他不顾一切的。大家不要忘记，那时候的华北，不但是亲日派横行，而且日本特务也公开活动，这是一个生命有危险的局面。

在抗战开始的时候，将北大、清华、南开三校合组而为西南联合大学的主张，是孟真出的，他为西南联大，颇尽维护之能事。他坚决拥护抗战建国的国策的情绪，何消我说。苦苦地熬了八年，最后得到了胜利，所以在日本投降的消息传到重庆的晚上，孟真疯了。从他聚兴村里住所里拿了一瓶酒，到街上大喝；拿了一根手杖，挑了一顶帽子，到街上乱舞。结果帽子飞掉了，棍子脱手了，他和民众和盟军大叫大闹了好一会，等到叫不动闹不动了，回到原处睡觉，等到第二天下午我去看他，他还爬不起来。连说："国家出头了，我的帽子掉了，棍子也没有了，买又买不起，晦气，晦气。"这是孟真的本色，孟真不失为真！

抗战期间，孟真在国民参政会里所表现的固然为一般人所钦所佩，可是许多人更觉得有声有色。除了他坚定的拥护抗战而外，他还为两种主张而积极奋斗，一是反对一切违背时代精神、科学理论而开倒车的议案；一是反对危害国计民生的贪污事实。在前一项目之下，如他反对提倡所谓国医，就是显著的例子。他认为哈维发明了血液循环三百年之后，到今天还要把人的身体分为上焦、中焦、下焦三段，简直是对于人类知识的侮辱。他为这个问题从抗战前在南京的时候就写文章讨论起。因为他研究过实验心理学，同时自然他也很懂得生理学和生物化学，所以他这些文章，理论非常精辟，文字也写得非常精彩。说到此地，我又忍不住要提孟真一件趣事，很可以表示他一种特殊可爱的性格。有一次，为中医问题孟真反对孔庚的议案，激烈的辩论了一场，当然孔庚辩孟真不过，于是气了在座位上辱骂孟真，骂了许多很粗的话。孟真也气了，说是："你侮辱我，会散之后我和你决斗。"等到会散之后，孟真在会场门口拦着孔庚要决斗了。他一见孔庚年纪七十几岁，身体非常瘦弱，孟真立刻把双手垂下来说："你这样老，这样瘦，不和你决斗了，让你骂了罢。"这虽然是一个插曲，也可以看出孟真决不是硬心的人。我常笑他"你这大胖子怎样能和人打架！"他说："我以体积乘速度，产生一种伟大的动量，可以压倒一切。"我为之大笑。可是他真用这个方法，打胜过人，这件事在此地只有张道藩知道。

至于说到为了他的第二种主张，他真能表现不畏强御的精神。他认为现在革命过程中的一切牺牲，是为民众利益的，不是为贪官污吏中饱的，不是为买办阶级发财的。他说："我拥护政府，不是拥护这班人的既得利益，所以我誓死要和这些败类搏斗，才能真正帮助政府。"他主张"除恶务尽"，他主张"攻敌攻坚"，而且他一动手攻坚，决不肯中途罢手。有一次，在重庆为了某一种公债的案子，他在国民参政会发言到结束的时候，郑重声明他这番话不但在会场以内负责，而且在会场以外也负责，他愿意到法庭对簿。这话使全场兴奋，可是使我为他捏了一把汗。会后我去看他，问他为什么敢作这样肯定的话，他说：“我没有根据，那能说这话。”于是他取出两张照片给我看。可见他说话是负责的，绝对不是所谓大炮者可比，也绝不是闻风言事的一流。这种有风骨的人，是值得敬佩的。

孟真主张经济平等，消除贫富界限。他自称为主张自由社会主义的人。他不曾有任何经济学说和制度的系统，不过他这种经济平等的观念是很对的。他自己不但生活简单，而且很穷。在开第一次治丧会的时候，刘瑞恒先生报告出来，说是在孟真临死前的两天，他托刘先生托便人到香港去为他带一件西装的上身，因为他有两条裤子，可是上身破了；他并且限定刘先生不能替他花过港币一百元；刘先生说稍微像样一点的要值一百五十元，他就有难色。孟真的廉洁是可以说是很彻底的。我们可以说，孟真贫于财，而富于书（他的书确不少），富于学，富于思想，富于感情，尤其富于一股为正气而奋斗的斗劲。

孟真因为富于斗劲，所以常常好斗。人家一有不正当的批评、不正确的主张，就立刻用口用笔和人家斗起来。许多朋友都好意劝他，说他血压已高，此非养生之道。在他去世前两天，我还用讽刺的话来激劝他，要他不要和蟋蟀一样，被人一引就鼓起翅膀来，结果反引起他一顿反攻。孟真好动气而不善于养气，是无可讳言的事实。可是其中有一部分是由于他办事太认真，和是非观念太强之所致。一个优点里可以带弱点，一个弱点也常由优点出发。

孟真丢我们而去世了，我在哀痛的情绪之下，匆促赶成这篇文章。我所写的不过是孟真和我接触较多时期的动态，因为在这时期我所知道的或者比他人清楚一点。至于复员后孟真主持北大时期，和最近两年来主持台大时期，都有伟大的贡献。可是现在知道的太多了，何消我说。我只想说一句话，就是一个人死后，弄到这许多朋友们流泪，许多青年学生们，千百成群来痛哭，不是一件容易的事！不是一件普通的事！

孟真死后的第二天的上午，我到他家里。大綵方才由极乐殡仪馆为他换好服装回家，她忍不住痛哭。她说："我在殡仪馆不敢哭，恐怕他听见！"这话我们听了，真是心如针刺，朋友们又是全体掉泪了。此时失了此人，实在是不可弥补的损失。大家的悲痛，都是情不自禁的。大綵别过于哀伤了！因为这不是你一人或是你一家的哀伤！我也万万想不到这次回台湾来和三十四年的老友，见最后的一面！

我想以"纵横天岸马，俊逸人中龙"两句话来形容孟真，第一句形容他的才气，第二句形容他的风格。子水在他一死以后，立刻就说"孟真一生代表的是浩然之气"。子水引用的这四个字，比我上面所想到的两个语更要浑成而接近孟真一些。可是浩然之气，还要靠养成的，而孟真却是最不善于养气的人，所以我认为孟真所代表的是天地间一种混茫浩瀚的元气。这种淋漓元气之中，包含了天地的正气，和人生的生气！

一九五〇年十二月三十日台北深夜

（摘自《逝者如斯集》，最初发表在当年十二月三十一日“《中央日报》”）

悼亡友傅孟真先生

朱家骅

民国六年（一九一七年）在北平，沈尹默先生对我说："傅孟真这个人才气非凡！"我当时并不认识他，到了民国十五年我在中山大学，为了充实文学院，要找一位对新文学有创造力，并对治新史学负有时名的学者来主持国文系和史学系，和戴季陶、顾孟余两先生商量，聘请他来担任院长兼两系主任。是年冬，他从德国回来到校，马上全力以赴，他延聘有名教授，自任功课亦甚多。十六年春，更在文学院内，创办历史语言研究所，他对教务贡献甚大，当时中山大学的声誉隆盛，他出力很多。

我从那时起和孟真先生相处，二十多年来很少分离。十七年夏，中央研究院成立，他于是年底应聘任历史语言研究所所长，所务以外，并襄助蔡孑民先生策划院务，院内一切制度的确立和各种方案的订定，他贡献了不少的意见。后来中央研究院的发展扩充，他有很大的功劳。他一生的兴趣，都寄托在史学方面，平素的精力，也都放在史语所里面。抗日军兴，史语所由南京而长沙而昆明，最后迁至四川宜宾李庄。胜利以还，搬回南京，规复设施。喘息方定，复以撤退台湾。这十数年来一再播越，所内各项研究工作之进行，由于物质条件之欠缺，当然不能悉如原定计划，但是他深自刻苦，领导工作，成绩斐然。自始至终，未尝稍有松懈。

中国虽是几千年来史籍最完整的一个国家，却是史学的研究，尤其在方法上，一直没有什么进步。到了章实斋才算有些革新的见解。若是要说真正的新史学，那还是最近廿余年来的事情。在这一方面的领导，孟真的确是个主要的力量。

因为他是史学家，从历史的研究，他深知人类的文化是怎样的演进，他更深知人类是爱好自由，爱好平等的。极权统治，阶级斗争，都是灭绝人性，违反进化，暂时容或得逞，终久必归失败，决不会把文化的体系从此推翻。文化的演进，本来常有曲折，并非直线向前，譬如海上惊涛，因风而起，风过自止。

孟真为人，磊落轩昂，自负才气，不可一世。执笔为文，雄辞宏辩，如骏马之奔驰，箕踞放谈，怪巧瑰琦，常目空天下士。因此，有人目他为狂，也有人说他是狷。狂也好，狷也好，正是他过人之处。唯其狂，所以富于情感，笃于友谊。唯其狷，所以办事能坚持主张，确守职责，为要贯彻他的主张，完成他的职责，他常常能力排群议，独行其是。因为我对他有了这个深切的认识，所以有许多事情，认为非他莫属的就时常推在他的肩上，而他自己为了国家，为了友谊，也时常见义勇为，不辞辛劳。

说到这里，我觉得在友谊上实在对他很多抱歉。二十二年春，我还服务于教育部，以很少的经费，请他负责筹备中央博物院，他竟能以这些少得可笑的钱，血心规划，树立初基。以后他虽因职务关系，推请李济之先生继任，但是他也始终深切关心的。廿五年春，我应蔡先生之约，任中央研究院总干事，冬间奉命主浙，一再坚辞未果，而势难兼顾，其时蔡先生又患重病在沪，同仁等集议结果，要我暂勿向蔡先生提起，只得勉强拖延下去。虽有时亦分身到院工作，但所有事务，都偏劳孟真代为处理。次年七七之变，淞沪战事旋起，浙江首当其冲，不能稍离，而京中告急，更无法兼顾院事。在这一年余之中，院内诸事，无论巨细，悉承孟真照料，甚至全院西迁，也都由他一手办理。廿七年夏，蔡先生始准我辞，廿九年，我继蔡先生之职，请孟真担总干事，为了院，为了朋友，他欣然的答应下来。总干事是院内实际行政的总枢，而孟真办事又是特别富于责任心，因而在这个时期里，他就得了高血压的病，病后始脱离总干事职务，这件事使我至今犹觉耿耿。抗战胜利，各校复员，北京大学地位重要，我和他商量，想请胡适之先生担任校长，他也竭力的主张，不过胡先生不能立即回国，结果，又把代理校长推在他的身上。他当时虽表示不愿，但北大是他的母校，而胡先生又是他的老师，我以大义相劝，也不得不勉强答应。从昆明迁回北平，再以后来的规复设施，又是一件极繁重的事情，使他身体再度的吃了大亏。所以到卅五年冬天胡先生回国以后，我就力劝其赴美疗养，临行的时候，还赠我一张照相，并且说了一句很沉重的话，他说："这次出去，能否再见，难说得很，希望以此为念。"我当时听了这话，十分难过，也只得说了几句安慰的活，使他宽怀。后来屡次接他函电，知道健康逐渐进步，友好之间，大家都为之欣慰。卅七年冬，史语所完整移台，不久台大校长出缺，大家正感到台湾的重要性，或将因此而更为增加，想把它变成为文化的中心，所以对台大校长的人选，也不能不特别慎重。我考虑再三，觉得只有再和孟真先生商量，当时他回国不久，夙疾方瘥，当然不愿再任繁剧，重损健康。可是我复相劝，他又公而忘私，慨允担任，这两年多来，他不但处理校务辛勤备至，而且对教育文化界撤退来台之人士，亦竭诚接待。在他去世的前几天，闲谈之中，他忽然对我说："你把我害了，台大的事真是多，我吃不消，恐我的命欲断送在台大了。"当时我只以为他因感觉办事的辛苦，而出此苦语。不意数日以后，便成谶言，更使我悲痛万分，有负良友。至于他的逝世，对于国家社会的损失，尤其无可补偿了。

回忆廿五年前，在广州相识之初，情景历历，还仍在目前，而人命危浅，倏已淹忽，搦笔书此，有陨如雨！

一九五〇年十二月二十九日于台北

（原载台北“《中央日报》”一九五〇十二月三十一日）

纪念史语所傅故所长孟真五十六岁诞辰特刊序

朱家骅

这个特刊，是本院为纪念历史语言研究所傅故所长孟真先生五十六岁的诞辰而辑的。

历史语言研究所自从十七年（一九二八年）春筹备之初，就由他负责主持的。当时，他在广州中山大学任文学院院长兼史语系主任，他在系内本来已办有语言历史研究所，所以为便利起见，就在广州筹备。名称上把“历史”两字，改列“语言”之先，“历史”“语言”同列合称，是他根据德国洪保尔德[①]一派学者的理论，经过详细的考虑而决定的。筹备既竣，就正式聘他担任所长，一直到去年十二月的

① 即洪保。德国自然科学家、探险家，近代地理学奠基人之一。——编者

逝世，他始终坚守着这个岗位，对所里的事情，他都以全副精神，悉心处理。他对“中央研究院”院务，尤其对各种重要的规划设施，总是竭尽智虑，贡献意见。他曾一度兼任过总干事的职务，虽患高血压病，仍力疾从公，这种高度负责的精神，实在值得我们钦佩。

历史和语言这两门学问，在中国发轫甚早，尤其关于史料的保存，比较最为完整，只是二千余年来，没有多大进步。傅先生自从学成回国以后，就立志要为这门学问开辟一个新的途径，他在筹备历史语言研究所的报告书中，曾经写过这样的一段：

> 此虽旧域，其命维新。以我国此项材料之富，欧洲人为之羡慕无似，果能改从新路，将来发展，正未有艾。故当确定旨趣，以为祈向，以为工作之径，以吸引同好之人。此项旨趣，约而言之，即扩充材料，扩充工具，以工具之施用，成材料之整理，乃得问题之解决。并因问题之解决，引出新问题，更要求材料与工具之扩充，如是伸张，乃向科学成就之路。

他的主张，就是要把历史语言和自然科学一样看待。用新的工具，新的材料，研究新的问题。二十余年来，中国历史语言学所以能树立一个相当的基础，和本院历史语言研究所所以能博得国际的赞许，他领导研究的力量，实在不小。

傅先生治学范围，相当广大，他在文学上的造诣也是很深的，并且对于数学，也有相当研究，所以他对一般科学能有深切的认识。他在教育界也服务过多年，所以同时也是一个著名的教育家。去年他逝世以后，各界为他举行一个盛大的公祭，本院同仁本想另外举行一个较有学术性的纪念，来表示追悼之意。后来想到离他的诞辰不远，不如届期在杨梅所址来举行纪念会，更有意义。杨梅所址，是前年本院撤退到台湾时，他亲自选定的。而且生前和他直接工作的一般同仁，也大都在那里。在那里举行纪念，定会使他感到格外的安慰。

本刊的内容，只讲到傅先生对学术的贡献，作者多是所内的同仁，所以更偏重他的历史语言方面的贡献。至于纯粹学术性的纪念论文集，只有留待将来，再为编刊了。

一九五一年三月十日于台北

（选自《傅斯年印象》，学林出版社，一九九七年版）

忆孟真

蒋梦麟

十二月二十日午前，孟真来农复会参与会议，对于各项讨论的问题他曾贡献了很多宝贵的意见。其见解之明澈，观察之精密，与会的中美两国人士，无不钦佩。他忽尔讲中国话，忽尔讲英国话，庄谐杂出，庄中有谐，谐中有庄，娓娓动听，我们开了两个钟头的会，他讲的话，比任何人多。孟真是一向如此的。他讲的话虽多，人不嫌其多，有时他会说得太多，我们因为是老朋友，我就不客气地说："孟真，你说得太多了，请你停止吧！"他一面笑，一面就停止说话了，我们的顾问美国康奈尔大学农业社会学教授安得生先生会后对我说："你太不客气了，你为何那样直率地停止他说话。"我回答说："不要紧，我们老朋友，向来如此的。"我记得好几年前有两次，我拿起手杖要打他，他一面退，一面大笑，因为我辩他不过，他是有辩才的，急得我只好用手杖打他。

同日午后，他在“省参议会”报告，他就在那里去世了。我于第二天早晨看报才知道，那时我有说不出的难过，我就跑到殡仪馆里吊唁了一番，回到办公室做了一副挽联，自己写就送了去，算是做了一个永别的纪念。挽联说：

学府痛师道，

举国惜大才。

孟真办台湾大学，鞠躬尽瘁，以短促的几个年头，使校风蒸蒸日上，全校师生爱戴，今兹逝世，真使人有栋折梁摧之感。

孟真之学，是通学，其才则天才，古今为学，专学易，通学难，所谓通学就是古今所说之通才。

孟真博古通今，求知兴趣广阔，故他于发抒议论的时候，如长江大河，滔滔不绝。他于观察国内外大势，溯源别流，剖析因果，所以他的结论，往往能见人之所不能见，能道人之所不能道。他对于研究学问，也用同一方法，故以学识而论，孟真真是中国的通才。

但通才之源，出于天才，天才是天之赋，不可以侥幸而致。国难方殷，斯人云亡，焉得不使举国叹惜！

我识孟真远在一九一九年，他是五四运动领袖之一，当时有人要毁掉他，造了一个谣言，说他受某烟草公司的津贴。某烟草公司，有日本股份，当时全国反日，所以奸人造这个谣言。我在上海看见报上载这个消息，我就写信去安慰他。但是当时我们并没有见过面，到这年七月里，我代表蔡孑民先生，到北平去代他处理北京大学校务。我们两人才首次见面，他肥胖的身材，穿了一件蓝布大褂，高谈阔论了一番五四运动的来踪去迹。那年他刚才毕业，但还在北大西斋住了一些时，此后他就离校出洋去了。我们直至一九二二年方才在英国见面，他那时在学心理学，后来我在德国，接到他的一封信，他劝我不要无目的似的在德、奥、法、意各国乱跑。他提出两个问题要我研究：第一个是比较各国大学行政制度；第二个是各国大学学术的重心和学生的训练。这可证明他不但留心自己的学业，而且要向人家贡献他的意见。

他后来在广东中山大学担任教授。我在北平，他在广东，彼此不见面好几年。直到后来他担任中央研究院历史语言研究所所长，见面的机会就多了。

当时我在南京教育部，中央研究院也在同一街上，两个机关的大门正对着，所以见面的机会特多。当我在一九三〇年回北京大学时，孟真因为历史研究所搬到北平，也在北平办公了。九一八事变后，北平正在多事之秋，我的“参谋”就是适之和孟真两位。事无大小，都就商于两位。他们两位代北大请到了好多位国内著名的教授，北大在北伐成功以后之复兴，他们两位的功劳，实在是太大了。

在那个时期，我才知道孟真办事十分细心，考虑十分周密，对于人的心理也十分了解，毫无莽撞的行动。还有一个特点使我永远不能忘记的，就是他心里想说什么就说什么。他说一就是一，说二就是二，其中毫无夹带别的意思，但有时因此会得罪人。

十二月十七日为北京大学五十二周年纪念。他演说中有几句话说他自己。他说梦麟先生学问不如蔡孑民先生，办事却比蔡先生高明。他自己的学问比不上胡适之先生，但他办事却比胡先生高明。最后他笑着批评蔡、胡两位先生说："这两位先生的办事，真不敢恭维。"他走下讲台以后，我笑着对他说："孟真，你这话对极了。所以他们两位是北大的功臣，我们两个人不过是北大的'功狗'。"他笑着就溜走了。

孟真为学、办事、议论三件事，大之如江河滔滔，小之则不遗涓滴，真天下之奇才也。今往矣，惜哉。

（原载台北"《中央日报》"一九五〇年十二月三十日）

我与孟真的交往

毛子水

我在北大读“天算科”

我在北大读书期间，同学中我最佩服的，是傅孟真。我从和他谈话里，知道他在没有进北大预科以前，对于“国学”，已有很好的根柢了，我这所谓根柢，并不是世俗常以称早慧的“读毕十三经”或“下笔千言”那些话的意思，而是在我起初和他闲谈时，从他谈话中，知道他对于治“国学”，非特能够利用乾嘉以后的学者所得的成果，且时有很合理的新观念。

北大预科分二部：一部是为将来进理科的人设的；一部是为将来进文科和法科的人设的。（好像当时是以甲乙分别的，我已记不清楚了。）我在中学时，受了章太炎先生“学术万端，不如说经之乐”一句话（章先生在给人的信中说的）的影响，所以想进大学的经学门。民国二年（一九一二年）北大预科招生时，大学本部已没有经学一门。但在预科入学时，须填写将来进大学本部时的科别，我就填一个“天算科”。一因，我想，清代许多经学家都是通晓天算的，视天算为治经所必需。我于文字训诂虽略知门径，但天算则非有名师指授不可。二因，我在中学时对于所习功课，似最爱好几何一科。三因，我在到北大入学以前，在杭州旧书铺里买得江宁书局同治年刻版的《几何原本》和《则古昔斋算学》二书。二书版式装订一律，整齐似一部书，当时颇引起我对算学的兴趣。而孟真则于入学时似即定进国文科的。我们在预科功课上虽各属一部，而上课和住宿则同在译学馆，因此，常得于课余晤谈。我们所谈的题目，多半在学问上，亦间及政治。无论在哪一方面，我们的志趣大致相同。

任教国文系由于孟真的推荐

当孟真在预科毕业将要离开宿舍时，他约我作一长谈。他劝我将来进本科时，改入国文系。他譬谕百端，以为我非专治国文必难有成就。我对他的话极为了解：我知道他这个对我郑重的劝告，并不是专为我个人学问的成不成设想，而是希望我对本国语言文学方面作些有用的贡献。我心里虽亦感激他的正大的好意，但我仍不能接受他的劝告。上段所提到的三个原因，在那时固然已不为重要，但我在预科那些时间，使我觉得我已不能成天算专家，又不能成国文专家。我自量只能做一个有健全常识的普通读书人。要做这样的读书人，似应该多知道一些逻辑，使自己在思辨事理时有较好的工具。我想，我若能多学一点数学，则学逻辑时可以有稳固的基础。所以当我升大学本科时，我仍入数学系。

我在北大数学系毕业时，北大的当局颇想对预科的国文教学施行新法。当时因校中国文系几位教授的主张，我便留校任教理预科的国文，这件事引起我一生以教授中国经典为业的端绪。我后来似听说国文系所以找我，和孟真亦有关系。这很可能；因为孟真毕业时，系中本拟请他的，而他已考上山东公费留学英国，所以他有机会推荐我。（我后来亦没有提起这事问孟真。）

民国十七年（一九二八年），我在德国柏林。一天，中国驻德使馆告诉我，广州中山大学有电来请我到中山大学教书。我虽然事先没有接到孟真的信，知道这必出自孟真的意思；因他那时任中山大学文学院院长，而中山大学里只有他会有请我教书的主张。我当时已不能如期回国任教，亦没有写信告诉他不能即回去的原因：这是我懒惰的毛病。后来他离开中大，我便没有机会去应约了。

兼任北大图书馆馆长

十八年，北平各国立学校恢复秩序，北大史学系要我回校任教。我是十一年由北大史学系资送赴德留学的；后虽因政局混乱，公费久停，但因母校关系，我不得不回国。我十九年春天回到国内，孟真早已在北平了；他所主持的中央研究院历史语言研究所即设在北平北海公园内。我回北大后，在史学系任教；二十年春兼任北大图书馆馆长。这个兼任，是由于孟真的推荐。他知道我教书非所长，对于网罗文献，则向所爱好。那时北大正缺一图书馆馆长，他便极力推荐我来兼任。（抗战后北大复校，在胡先生由美回国前，孟真任北大代理校长，嘱我再兼任图书馆长，当亦由于同一心情。）

我生平教书做事，可以说多半由于孟真的提携。我安于优游，常以一个 dilettante 自居；这是孟真所最不满意的。我有时亦自恨不自振作，实对不起对我有期望的人。来台后，孟真曾对我说，不是因时局关系，我决不会请你教书的。我深以他的话为合理。

人间一个最稀有的天才

胡适之先生以孟真为“人间一个最稀有的天才”（《傅孟真先生集·序》），这话并不过分。他在做学问的一方面，是大家所知道的，我不必再说了。在他的鉴识人才的方面，我在本社十一月二十日的座谈会中曾说了一个故事：在北大预科读书时，有一次他对我说，“张皋文在清代学者中，文章和学问，都是第一等的，而都不是第一”。我虽然对他所说的“第一”的含义不十分清楚，但颇惊骇他诵读的广博，见解的卓越。弱冠前已这样，所以后来主持学术机关能有极可观的成绩。那天许多孟真的生前的朋友在座谈会中所举出孟真知人善任的实例，都是对孟真先生的生平最有价值的谈话。

讲到这里，我有一个比较重要的感想作我这篇文字的结束。我以为孟真的伟大，似不止于能够知人，能够洞观现代学术的流向。他的最伟大的地方，在他的大公至正的存心。从我知道他以来，他所最关心的事情，自然是我们国家里的学术。他竭尽所能使我们国家的学术得以进展。从他主持中研院的史语所，以至代理北大校长和任台湾大学校长，凡所设施，决没有丝毫为私的意思。我常想，对一个国家学术机构的首长，学识固然重要，公正无私尤为重要。孟真学问上的天才，固然是稀有的；而他的大公至正的心胸，则尤为罕见！

（原载《传记文学》一九七六年第二十八卷第一期）

傅孟真先生和文学

毛子水

故校长傅孟真先生，少时即于国学造诣极深，尤擅长文言，非特没有中了桐城派和龚魏“伪体”的遗毒，神到的地方，且高出魏晋。但是从胡适之先生提倡白话文以后，孟真先生即毅然以宣扬新文学为自己的责任。他在《文学革新申义》(《新青年》四卷一号）一文中说到：“今后但当从建设的方面有所抒写。至于破坏既往，已成定论，不待烦言矣。”这句话到今天，已满三十四年了。三十四年的工夫，就出产一种伟大的文学作品讲，是一个极短的时间。但以孟真先生卓荦的天姿，若使不从事学术和教育，而致力于文学，则我国文坛，或许已显呈奇光异彩了！

孟真先生以为新文学应是“容受人化”的文学。这个意思，说起来很容易，做起来却不容易。一个人必须真正了解“人化”的做人道理，才能做出“容受人化”的文学。

孟真先生的伟大，就在他在做人上面，“人化”的程度极高。他自己的纯文学的作品虽不多，但从他的批评，我们亦可以看出他是能真正了解“人化”的做人道理的。且举二事为证：

（一）韩退之的《元和圣德诗》中有这样的四句：“婉婉弱子，赤立伛偻；牵头曳足，先断腰膂。”世綵堂《昌黎先生集》在这四句下有注云：“南轩曰：诵退之《圣德诗》，至‘婉婉弱子，赤立伛偻；牵头曳足，先断腰膂’处，世荣举子由之说曰：‘此李斯颂秦所不忍言，而退之自谓无愧于《风》《雅》。何其陋也！’‘此说如何？’曰：‘退之笔力高；得斩截处即斩截。他岂不知此；所以为此言者必有说。盖欲使藩镇闻之，畏罪惧祸，不敢叛耳。今人读之至此犹且寒心，况当时藩镇乎？此正是合于《风》《雅》处。’”我偶翻孟真先生所藏之影印世綵堂韩文本，看见他于苏黄门所云“此李斯颂秦……”三句旁，则加密圈；于“盖欲使藩镇……”六句旁，则加直杆，且于上边批了“此真胡说”四个字。

（二）英国一个大文豪萧伯纳新近死了。孟真先生在《自由中国》杂志第三卷第十期发表一篇短文，题目是“我对萧伯纳的看法”。这三千个字，将永为文学批评史上重要的文献，是要“知人论世”者所不可不读的。他把萧伯纳看作一个“滑稽之雄”，以为萧伯纳并“不够大，因为他自己实在无多创造的思想，而善于剽窃别人的思想。……他在政治上，是看效能比人道更重的”。孟真先生以萧伯纳“看效能比人道更重”的理由而不满萧伯纳，对极了！

（原载《台大校刊》第一〇一期）

蔡元培·胡适·傅斯年

毛子水

把这三个名字连写起来做这篇短文的题目，是台大一位同学向我建议的。用大题目做小文章，似乎不很合适。但我想如果能够使青年人得到这三位先生行谊的一鳞半爪，亦可以有益于他们进德的工夫，所以便采用这个题目。

这篇短文只是记一些我现在心目中所留存关于三位先生的印象，并不是三位先生的合传。这三位里边的每一位都应该各有一本写得很好的传；必须这样，我们才可以算一个“有文学”的民族。但一直到现在，并没有一位的出现。听说各已有人在做了；我希望我还能够读到一两种写得好的！为国民的教育计，像他们这样“言为士则，行为世范”的人的传，愈出得多愈好，只要是写得不错的。

蔡先生考到翰林的时候，年纪很轻——才二十六岁。那时的翰林，是学问到家的证明（当然，这只能说是世俗的见解！)，亦是做大官的一种最好的资格。但先生进入翰林院后不久，便开始抽读西书的译本。以后他的学习日文和德文，以及游学日本和欧洲都是为了充实自己知识的缘故。三十岁时［光绪戊戌（一八九八年）]，因为时局的关系，弃去官职以从事家乡的教育。我想，蔡先生一生所以专致力于教育事业，乃是因为他认定要改良社会，非把组成各个社会的民众的知识和德性弄好不可。他在三十六岁时筹组中国教育会，虽说是一个革命性质的团体，亦是他以教育为政治改革一种重要工具的缘故。(但我在这里要插一句话：蔡先生是主张和平的人，主张以知识改良社会和政治的人；如果不是十分不得已的时候，他决不会赞成革命的。)

总之，蔡先生一生志在淑身淑世；“学不厌而教不倦”，便是他一生的事业。

蔡先生的做人，凡认识他的都是衷心敬仰的。我国古人所称的六德（知、仁、圣、义、中、和)，都可在蔡先生生平行为里取证；而他的行为，亦可以用这六德来做标记。他曾写有《德育讲义》；台大中文系曾把它重印出来以供学子的诵读。这是一本值得每个人仔细一读的书！虽然写成的时候到现在已有五十年了，但大体说来，还可以为我们做人的规律。并且，在一本好的蔡先生的传没有出来以前，这本《德育讲义》可以看作蔡先生的“自传”，因为蔡先生乃是一个“先行其言，而后从之”的人。

人说蔡先生是主张在学术上兼容并包的人；我以蔡先生为“独扶正学”的人。

胡先生曾在台大讲过几次，傅先生则可以说尽他的最后精力于台大的整顿工作的。当时台大的同学，多有得亲炙于两先生的。十余年来，两先生的嘉言懿行，还不断的为许多同学所传述。所以有若干地方我可以不必提及了。

胡先生的伟大，有人说在他的提倡独立的思想；有人说在他的把西方做学问的方法介绍到中国来；有人说在他的提倡白话文；有人说在他的主张表现时代性的文学；有人说在他的处处尊重他人的自由；有人说在他的拥护民主而能够容忍；有人说在他的懂得真正爱国的道理；有人说在他的公德和私德都修养到至善的境界：当然这些都是成就一个人的伟大的德行，而胡先生实是兼具这些德行的人。

我常觉得胡先生生平最大的愿望是天下太平。他希望天下人能各得其所而致太平；他希望天下人各遵循理性而致太平。因为愿望天下太平，他崇尚自由和民主；凡可用讨论方式而解决的事情，他总主张采取讨论方式。他的拥护言论自由，是根据他的实验哲学的，亦是由于他的爱和平的缘故。

傅先生在立身上依照蔡、胡两先生的榜样，而在办事的魄力上则好像胜过他的两位师长。蔡、胡两先生对国家学术和文化的贡献，有许多地方得到傅先生很大的帮助。他的翼赞蔡先生筹划中央研究院，他的替胡先生代理北大校长的职务，都值得我们赞美的。胡先生在傅先生遗集序言中的话，可以说是对于傅先生一篇最正确的评语。

傅先生一生虽然没有担任过国家行政的职务，但他在国家政治上的功绩亦是不可磨灭的。他的这种建树，完全由于他的爱国的赤忱。因为他的赤忱为全国上下所共谅，所以他的说话有力量。

傅先生在他的生命的最后两年做台大的校长，乃是我国大学历史上一件最重要的事情。他继承了我国学术文化上一种最开明、最优美的传统而把它移植在台大，使后来无数青年得有一个进德修业的好地方；这实在是我们今日所当庆幸的事情。

在行为的小节上，蔡、胡、傅三先生可能是不十分相同的人。但在做人的大节上——如居心的正直，对国家的忠贞，“民胞、物与”的胸怀，“无我、无私”的风度，“仁以为己任”的抱负——这三位先生可以说是一样的。我希望台大永远保持这个优美的传统。

（原载台湾大学《大学新闻》第一一一期）

创办史语所与支持安阳考古工作的贡献

李　济

认识傅孟真先生的经过

我认识傅先生时，傅先生已经是一个名人了！傅先生跟我同年，但是在学术上面，我认为他是我的前辈。他那时在广州的中山大学。我刚从欧洲回来，路经香港，因为我向来不曾到过广东，所以顺便到广州去看看。又因为我不懂广东话，而那时刚成立的中山大学，有许多从北方来的教授在那儿教书，我也不知道有什么人在那儿，我只是去碰碰看。谁知一去，在门口碰到清华的老教授庄泽宣先生，我们彼此很熟。他一见我就说，你什么时候来的？正有人在这儿找你呢！快去快去！我带你见他去！我不免吃了一惊，问他什么人要找我呢？他说："这个人你也知道的，就是傅孟真先生。"哦！我真大吃一惊，因为我过去虽说很羡慕孟真先生在五四运动时创办《新潮》的成就，不过也仅是羡慕而已，因为那时我正在美国。不过我在美国碰见过罗家伦先生，他常常提到一些孟真先生的事情。我说："孟真先生找我有什么事呢？"他说："你到那儿去就知道了。"于是庄泽宣先生就领我去见傅先生。他一见面就像是老朋友一样一定要我在他那儿住。而我是乘坐 P&O 的船从印度加尔各答转过来的，船在香港只停泊三天。我说："不行啊，我不能在这里待这么久，我的船期后天就到了，今天就得走。"他说："不行，你的船可以延期。他马上就陪我到香港去办交涉，延期一个礼拜。"这次，他跟我谈的事就是在中央研究院办历史语言研究所这件事。谈了不久，他就要我担任田野考古的工作。我说："这个工作究竟有多少事情可做呢？"我知道当时从事考古不是一件很容易的事情，因为我已经尝过那种味道，地方上的势力，古董商的势力，政治上、社会上一切的势力，都不容易公开地从事发掘，所谓掘人祖先庐墓的工作，这种事情并不简单。他说他要从事新式的田野考古工作。这事当然经过许多商量，他告诉我，史语所将来怎么组织，在此以前，他在中山大学办了一个语言历史研究所，现在他要在中央研究院办一个历史语言研究所，名称倒过来了，这有他的道理。我对这没有什么特别的意见。我记得他又约我到语言历史研究所去和他们的同仁见面，我一看，有许多是北方来的先生，其中好像有丁山先生，还有罗膺中先生，顾颉刚先生等。那是民国十七年（一九二八年）冬天的事情，傅先生已经送了董作宾先生到河南从事殷墟的试掘，并且那次试掘已经完了，董作宾先生在安阳发掘殷墟的遗址，发现了若干新的甲骨文，所以研究院对于甲骨文的报导，最早是董先生在安阳殷墟发现的三百几十片。当然，那时我从事田野考古的工作已经有若干次，而且当时年纪很轻。而我感觉陈寅恪和赵元任先生都已答应他参加中央研究院史语所工作，分别主持历史组和语言组，现在要我来主持考古组，地位和他们平等，而我的年纪比较轻，这使我感觉到很大的荣幸。在学术上，傅先生可以说是给我一个很好的待遇。这是我结识傅先生的经过。他的计划是想把历史语言研究所搬到北平，不过当时的局面不十分安定，国民革命军刚刚克复北平。

从此以后我一直在傅先生创办的历史语言研究所工作，到现在已经四十七年（一九二八至一九七五），将近五十年了。我一直在那里待下去，甚至他去世之后，我继续了他的职务，所以对于他办历史语言研究所的旨趣，我稍微有一点认识，不过对于傅先生的整个学术，我不敢说有全面的认识，因为傅先生是一个多方面的人。

办史语所及治学的态度

但是讲到办史语所的事情，我记得傅先生过世之后，我写过一篇《傅孟真先生领导下的历史语言研究所》，我在其中的几点意见都说得很清楚，在傅先生过世之后发表的纪念刊物上。我自己个人的印象，孟真先生做学问，我想他的背景，不但有很深厚的中国的学术基础，对西洋现代科学的知识也有很深切的了解，像他这么对现代科学有清楚认识的人，虽也不少，像毛子水先生和俞大维先生，因为他们都是同时代的人，都有这一方面的认识。孟真先生觉得中国学术方面，毛病在什么地方，短处在什么地方；长处在什么地方，而西洋方面我们必须要学的又在什么地方，这些他都有很深切之了解。所以他办历史语言研究所能够在很短期间集中人才，都能照他的方法，照他的理想和计划去做。这都是因为他有这一种令人佩服的见解。我不相信他对于什么物质文化、什么精神文化这一类的名词，像现在一般人的利用法，有任何同意。他对学术的见解，因他受过很多年的心理学的训练，他认为思与心，物质与精神，是分不开的。他告诉研究所的同仁一个原则，要大家找新材料，他说："有新材料才有新问题，有了新问题必须要找解决问题的方法；为了解决新问题必须再找新材料，新材料又生新问题，如此连环不绝，才有现代科学的发生。"他这一原则我想历史语言研究所的同仁到现在还一直遵守的。例如他讲考古，他不做纸上的考古，而要做田野工作；他对于语言学，即元任先生和方桂先生领导下的语言学，他也是从调查方言，调查语音学着手。他尽管过去佩服过章太炎，但绝不从书本上去研究语言学，当然书本上材料他并不忽视，但必须要有新材料才能解释旧的书籍。后来他对民族学也相当的注意。就算历史的入手与方法吧，最初不止历史、语言、考古三组，最初包括所有新的资料，像敦煌、内阁大库的档案，这些都是他一手创立的。雪屏先生刚才说他要材料，要东西的能力，那的的确确是行政上的一个天才。比方就我这考古方面来说，最初我们到安阳发掘之时，地方政府认为我们是挖河南的宝贝，中央把河南的宝贝给抢走了，河南省政府有一群人，并不是所有的人，就反对我们发掘，而自行组织一队也在安阳发掘，于是在安阳就有两队考古队伍，一是奉中央研究院之命，一是奉河南省政府之命，这弄得我们非常尴尬，不能工作，停了工。傅先生亲自到开封办交涉，一待待了三个月，他常常指着自己的鼻子对我们说："你瞧，我为你们到安阳，我的鼻子都碰坏了！"他对我们说这个笑话说了好些年。他为这个事情直接找到蒋介石，请蒋介石出一个条谕在安阳，才把这个问题解决。这件事情若不是傅先生办，别人也办不下来，而安阳的田野考古工作也就做不下去。在安阳，先后九年，我们一共做了十五次田野考古工作。他很关心这件事，就因为他始终注意，我们考古组的同仁全体的努力，安阳的发掘找到了若干紧要的殷商的文化遗存，一直到现在，仍然为世界所重视，认为是国民政府最大的科学成绩。

我个人认为，若不是傅先生提倡考古，我的考古工作也许就中断了，我所以终身安心从事考古的工作，的确是因为碰到了这位又是朋友，也可以说是我的前辈，也是我的上司［的杰出人物］，这是我认为我最幸运的一件事。

不分东方与西方，真理只有一个

至于他的学术见解，历史见解，当然我常常听到他的议论，我就有一印象，他对整个学术上的见解，认为世界上没有什么东方、西方之分，他向来不用什么东方文化、西方文化这一名词，他认为真理只有一个，发现这真理的人，不管他是东方人也好，西方人也好。譬如他最佩服的人，汉学家伯希和、高本汉，他们虽然是西方人，他们所做学问，我们当然应该一样地接受，一样地去追求。这一类的例子很多，今天在座的像屈万里先生，都知道的很多，我这里不必多说。我个人这些年来病足，行动不便，特地跑出来参加，我想我也算表示对傅先生的怀念。

（原载《传记文学》一九七六年第二十八卷第一期）

傅孟真先生领导的历史语言研究所

——几个基本观念及几件重要工作的回顾

李　济

……在中国境内语言学和历史学的材料是最多的，欧洲人求之尚难得，我们却坐看他毁坏亡失。我们着实不满这个状态，着实不服气就是物质的原料以外，即便学问的原料也被欧洲人搬了去乃至偷了去。我们很想借几个不陈的工具，处治些新获见的材料，所以才有这历史语言研究所之设置。(《历史语言研究所工作之旨趣》，《集刊》第一本，第一分，第七页。)

这一段文字说明了廿余年来历史语言研究所工作的动力所在。文中所说的“不满”与“不服气”的情绪，在当时的学术界，已有很长的历史；等到中央研究院成立后，傅孟真先生才把握着这一机会，把那时普遍存在学术界的“不满的意”与“不服的气”导入正规。现在回想十七年（一九二八年）的前后情形，我们可以说，历史语言研究所的意识形态是综合若干不同的历史因素形成的；在这些因素内，潜伏在知识界下意识内的不满与不服，都是重要成分。

历史语言研究所成立以前，北方的学术界，以科学方法整理国故的呼声已发出了十余年，并曾得到快速的反应。北京大学的国学门，以及清华学校的研究院均是在这一号召下先后成立的。两机关的工作成绩都留有新鲜及深刻的印象于那时的教育界；不过真正了解这类工作意义的，却限在一个很小的圈子内。这一个小圈子的同情，自是极可宝贵的，至少曾使实际的工作人感到一点奖励，但于实际工作之进行及推广，并没有大的帮助。

同时在北方进行的自然科学工作的发展，不但一步一步地推及到人类历史的边缘，并且伸入历史范围以内了。地质调查所倡导的地质学与古生物学，协和医学校进行的体质人类学，以及以北平为活动中心的外国学术团体所遣送的各种科学工作远征队，皆是坚强的组织；气势极盛，愈来愈猛。主持这些事业的，除地质调查所外，都是外国的科学团体。这些外国人，挟其丰富的物质配备以及纯熟的科学技巧，不但把中国境内的自然科学资料一部分一部分地搜集走了！连历史的、考古的、美术的以及一般人类学的资料也引起了他们的绝大的兴趣。他们很坚决地跑到中国来，调查我们的语言，测量我们的身体，发掘我们的地下古物，研究我们的一切风俗习惯——这些“学问原料”真是一天一天的被“欧洲人搬了去乃至偷了去”！

这些野心蓬勃的西洋科学家，万里长征跑到中国来工作，不是专凭着他们的政治优势来的；他们更有一套学术上的理由说给中国人听，使听的人亦可感觉到他们持之有故，言之成理。乱烘烘的中国能够拒绝这些学问上的访问么？残余的北洋军阀政府认识这些工作的意义么？并且他们所注意的资料，大半都是我们自己所忽视的。无论照什么标准说，我们找不出充分的理由，反对别人来检取我们自己所毁弃的资料。

要反对这种文化侵略，应该先从反对自己的愚蠢起。要了解自己的灵魂，应该先教育自己认识自己的历史，懂得自己的语言。这些大道理，是五四运动后，一部分学术界所深知的；却是直等到中央研究院成立后，才得到有组织的表现。中央研究院的设置，第一任务为实行科学研究；在开始筹备期间，很自然地，侧重在与国计民生有直接关系的方面；故最早成立的研究所，并无历史语言的项目。总办事处所发表的筹备经过有下列的一段：

> ……至三月底……复因历史语言研究之重要，决设历史语言研究所于广州，任傅斯年、顾颉刚、杨振声为

常务筹备委员……(《国立中央研究院十七年度总报告》第四十六页)

这一简略的叙述，包括另一段未发表的重要经过，就是一部分热心文史学的先进，说服中央研究院筹备人的两点：(一)历史语言研究的特别重要，(二)现代的历史学与语言学科是科学。这一努力显然是很快地成功了；更巧的，所选的这一所的筹备委员是以傅斯年先生领首。

以历史语言研究所为大本营在中国建筑“科学的东方学正统”，这一号召是具有高度的鼓舞性的；举起这面大旗领首向前进的第一人，是年富力强的傅斯年。那时他的年龄恰过三十不久，意气丰盛，精神饱满，浑身都是活力；不但具有雄厚的国学根柢，对于欧洲近代发展的历史学、语言学、心理学、哲学以及科学都有彻底的认识。他是这一运动理想的领导人；他唤醒了中国学者最高的民族意识；在很短的时间内聚集了不少的运用现代学术工具的中年及少年学者。

口号是喊响了，热忱是鼓起来了，如何实行？若是这进一步的问题不能圆满的解决，口号将止于口号，热忱终要消散的。历史语言研究所筹备期间第一次所拟的工作计划，正像廿年来见于政府各部门的建设计划，是极广泛的，列有九组：

一、文籍考订；

二、史料征集；

三、考古；

四、人类及民物；

五、比较艺术；

六、汉语；

七、西南语；

八、中央亚细亚语；

九、语言学。

上项计划是民国十七年五月所订的，经过了一年的筹备经验及各方面的考虑，在十八年六月的时候，傅所长主持的所务会议乃把全所的工作范围，改为三组，即历史、语言与考古，通称为第一组、第二组、第三组。

这一决议，较之原来的设计，不但是一件切合实情的改进，同时在理论上及组织上也是一大进步，廿余年来，三组工作之相辅相成，就是这一决议案合理的最大证据。由此也可以看出创办人刻意求进的精神及他的远见。

科学的东方学正统在中国能否建设起来，最后的考验自然是在工作的本身。好的工作计划，固然大有益于工作的进行，但并不保证工作的成功，计划只能划定工作的范围，科学的方面却另有其他的问题，有些是与工作的范围无涉的。譬如以“研究的材料”这一观念论，说来似乎简单易了，略加追求，就有许多麻烦。什么才能算着研究材料是不容易下一界说的。一块化石，一部佛经，一次日食，在有科学训练的人看来，都可以算着研究的材料；没有科学训练的却只把它们当着药吃，当着咒念，当着神求。更困难的是，同是有科学训练的科学家，因为着重点的不同或问题的不同，对于材料的观念可以轻重异趣；看得深的，可以在短时期解决若干基本问题；看不出轻重缓急分别的，也许一辈子只能解决次要的问题，到不了基本问题的边缘。这一分别与科学训练的关系较少；大半起源于个别的智慧。一个聪敏的领导人，在很短时间，就可以抓住一大批重要材料，解决若干基本问题。这一点，傅所长是做得十分精彩的。最初创办的时期，他以全力鼓吹并奖励在所的工作人员扩张研究的材料，他的两句脍炙人口的标语是："上穷碧落下黄泉，动手动脚找东西。"这两句标语，初看是漫无限制的，不知由何处开步，从何处着手；不过在很短的时间，他就为第一组找到了内阁大库的档案，指定了汉简与敦煌材料的范围；为第三组划定了安阳与洛阳的调查。二十年来的工作充分地证实了作这些决定的远见。

"安阳调查"，在十七年度的报告内，即历史语言研究所成立后向总办事处所作的第一次工作报告，列为甲项，其说明如下：

安阳之殷故墟，于三十年前出现所谓龟甲文字者；此种材料，至海宁王国维先生手中，成极重大之发明。但古学知识，不仅在于文字；无文字之器物，亦是研究要件；地下情形之知识，乃是近代考古学所最要求者。若仅为取得文字而从事发掘，所得者一，所损者千矣。安阳龟甲文字，近尚陆续出土；本所欲察其究竟，即托董君（通讯员董作宾）前往。董君于十七年八月至安阳，经探察后，始知罗振玉所称洹阳宝藏搜采一空者，实系虚语。……董君于十月间先作小试之发掘……所得结果——约言之，龟甲文字，虽大致未必可多得，而其他知识，必含甚多之材料。……此次初步试探，指示吾人向何处工作，及地下所含无限知识，实不在文字也。（《国立中央研究院十七年度总报告》，第二一六页）

这可以算着安阳发掘的开场白，今日重读，实在是一件重要的历史文件。自民国十七年起至廿六年六月底，七七事变发生的前一周止，历史语言研究所在安阳举行的发掘工作前后共十五次；但是推进这一长期田野工作所依据的基本观念，都在这第一次报告中，简单地扼要地阐明了。这些观念虽只是一般的考古学常识，中国学术机关发挥这种科学常识，尚是第一次。恰巧所选的第一个遗址为安阳殷墟。

殷墟发掘在考古学的重要有三点特别值得申述。第一，科学的发掘证明了甲骨文字的真实性。这一点的重要，常为一般对于甲骨文字有兴趣的人们所不注意；但实富有逻辑的意义。因为，在殷墟发掘以前，甲骨文字的真实性是假定的，就是没有章太炎派的质疑，科学的历史家也不能把它当着头等的材料看待。有了历史语言研究所的发掘，这批材料的真实性才证明了；由此，甲骨文的史料价值程度也大加提高。此后就是最善疑古的史学家，也不敢抹杀这批材料。章炳麟晚年偷读甲骨文是他自己的门人传出来的。第二，甲骨文虽是真实的文字，但传世的甲骨文却是真假难分；在殷墟发掘以前，最有经验的收藏家也是常常受骗的；有了发掘的资料，才得到辨别真假的标准。第三，与甲骨文同时，无文字的器物出土后，不但充实了史学家对于殷商文化知识的内容，同时也为先史学及古器物学建立了一个坚强的据点，由此可以把那丰富的但是散漫的史前遗存排出一个有时间先后的秩序与行列。

以上几点是专由考古学的理论说殷墟发掘的重要；至于所得材料本身的价值不是在这一短篇内所能谈的。考古组的工作不以殷墟发掘为限，但殷墟发掘实为考古组工作的重心，其他古迹与古物的调查及发掘，大半都由殷墟的考古问题引导出来。

孟真先生与殷墟发掘的关系是多方面的，除了领导的作用外，行政的交涉与经费的筹划，他担负了最大部分的责任。初期发掘时，这一工作曾遭少数人无理的阻挠，为这件事，他曾亲自跑到开封接洽，因此收到地方上合作的效果。他对于这事的关切，直到研究报告出版时才告一段落；考古组编辑的几种刊物，全是他命名的。他对于写科学报告，有一个很清楚的标准，在《城子崖》的序内，他说：

> “过犹不及”的教训，在就实物作推论时，尤当记着。把设定当作证明，把涉想当作假定，把远若无关的事办成近若有关，把事实未允许决定的事付之聚讼，都不足以增进新知识，即不促成所关学科之进展。……“多闻阙疑，慎言其余。”……写近代考古学报告本当如此的。(《中国考古学报告集》之一《城子崖》序一)

以这一标准衡量历史语言研究所出版的报告，可以说很少是不合格的；做得尤其谨慎的是第一组编辑的史料。在北平的时代，史语所在室内推进的一种合众工作，为整理清代所藏内阁大库的档案；这批材料共重十二万余斤，是以一万八千元的代价由李木斋的手内购到的。档案的类别有：(一)天启、崇祯两代案卷，(二)清初旧档，(三)顺治至乾隆四代档案，(四)嘉庆以下至光绪档案。以上档案以揭帖为大宗，附有提奏、三法司案卷、移会，以及誊黄、贺表、各项簿册等等。“清内阁在雍、乾以前为国家庶政所自出之地，在雍、乾以后犹为制诰典册之府，所存档案，皆当日构成史迹者自身之叙述……”（《中央研究院十八年度总报告》二二五页）这些原始史料，正是史语所寻求的工作对象，价值的珍贵自不待言。完全客观的看去，内阁大库档案可靠性的程度与敦煌卷子、长城汉简以及殷墟甲骨是相等的或竟超过；其内容的丰富又远在这三批材料以上。但这一宗档案最老的不过三百年上下，有点吃了年纪太轻的亏；故所得到的学术界的认识远不及敦煌卷子、长城汉简，以及殷墟甲骨。物以稀为贵，有科学训练的人亦难免有此感觉。记得有一次在北海静心斋与孟真先生闲谈，说起午门档案整理工作，他颇有点失望的表示。问他为何有此不满，他说：“没有什么重要的发现。”我听了有些不大懂他的意思，因再问他：“什么叫作重要发现？难道说先生希望在这批档案内找出清朝没有入关的证据吗？”他听了为之哈哈大笑，从此再不说这件事了。这一对话虽有点两不对账，但他最后的一笑，却把我们两人各个的意思接了线。那时在史语所工作的同仁，大家有一默契：一致同意史料的价值完全在它本身的可靠性；可靠的程度愈高，价值愈高。就这一标准判断史语所刊行的四十本《明清史料》，没有疑问的都占最高的地位。

语言与历史在本所是两个平等的重心。史学的发展，从田野考古入手已有了一个正常的途径。至于语言学，在现代科学的丛林内，所占的园地，虽无史学之开展，却经过了科学家更小心的培植与修整，已产生过更完整的果实。史语所创设之始，即毅然地摆脱了章炳麟的权威，而得到赵元任先生的合作，以百分之百的现代科学工具，复兴中国的语言学。自民国十七年起，直至七七事变的一年，复兴的中国语言学的进步，是一线直上的。在这一时代，史语所的第二组建设了一个正确的研究标准，提出了并解决了若干中国语言学的基本问题，完成了不少的方言调查，同时并造就了不少的青年语言学家。南京北极阁语音实验室的建设工作，在那时是一件国际注意的科学事业，所呈献的急追猛进的阵容，曾使坐第一把交椅的欧洲中国语言学家、瑞典高本汉教授为之咋舌。这固然完全由于第二组同仁的共同努力，孟真先生的支持，实是这一灿烂运动的原动力。他虽没积极地参加语言学的研究，但对这一学业的认识是深邃的。毛子水先生在《傅孟真先生传略》中有一段叙述他的学生时代，说：

> ……他那时的志愿，实在是要通当时所谓“国学”的全体，惟以语言文字为读一切书的门径，所以托身中国文学系。……当时北京大学文史科学生读书的风气，受章太炎先生学说的影响很大。傅先生最初亦是崇信章氏的一人。终因资性卓荦，不久就冲出章氏的樊笼，到

后来提到章氏，有时不免有轻蔑的语气。与其说是辜负启蒙的恩德，毋宁说是因为对于那种学派用力较深，所以对那种学派的弊病也看得清楚些，遂至憎恶也较深。

孟真先生所以放弃章太炎学派的理由，已很翔实地在本所《集刊》第一本第一分第四页由他自己说明了。假如说他有所爱憎，为他所偏爱的就是“科学的语言学”。这一点倒是很显然的，他在中山大学初办研究所时，把语言放在历史前面，那时他的中心信仰大概是如毛先生所说的，以“语言文字为读一切书的门径”。二十七年写《〈性命古训辨证〉引语》时，他的意见仍是：

……思想不能离语言，故思想必为语言所支配，一思想之来源与演变，固受甚多人文事件之影响，亦甚受语法之影响。思想愈抽象者，此情形愈明显。……(《性命古训辨证》上卷，第三页)

讲历史，归根总要讲到思想史；讲到思想史，原始的材料就是语言。这一中心观点不但解释了历史与语言的研究为什么分不开，由此也可以看出，蕴藏在他的内心最深密处为他最关切的学术问题，实是中国民族文化的原始阶段及其形成的主动力量。这一问题所牵涉的，除了历史学、语言学，还有民族学与体质人类学。

筹备期间的研究计划，本包括了若干民族调查的题目，并约有一位白俄的学者史禄国教授担任此事。后以社会科学研究所已有蔡故院长领导的民族学组，故北平改组时，史语所就决定不在本所重复这门研究。民国廿三年，复由总干事丁文江先生之建议，将社会科学研究所的民族组改归历史语言研究所，列为第四组，并命名为人类学组；从此史语所的工作范围更扩大了，包括人体测量及原始民族的研究。但这一组开始所担任的最重要的研究项目为整理安阳出土的殷商时代人骨。这一课题直到民国卅六年吴定良先生向中央研究院辞职时尚未交卷，实在是中国科学研究的一大遗憾。

假若没有七七事变，历史语言研究所的工作现在发展到什么状况，是不易揣测的。历史不谈“假若”；七七事变终于发生了。发生后，历史语言研究所及其工作人员即开始迁徙生活；由南京而长沙，而昆明，而李庄，而南京，而杨梅——在西南绕了一圈再转到东南的宝岛；到现在这流浪生涯已经是第十四个年头了。计自十七年在广州创办起至现在，廿三年内历史语言研究所前后共搬家九次，如下表。

开始年月	所在地点
一、十七年三月，开始筹备	广东广州东山柏园
二、十八年春，由广州迁北平	北平北海静心斋
三、廿二年四月，自北平迁上海	上海曹家渡小万柳堂
四、廿三年十二月，自上海迁南京	南京钦天山北极阁史语所大厦
五、廿六年秋，自南京迁长沙	长沙圣经学院
六、廿七年春，自长沙经桂林迁昆明	昆明拓东路六六三号又昆明青云街靛花巷三号
七、廿七年十月，自昆明城内迁郊外	昆明龙泉镇棕皮营响应寺及宝台山弥陀殿
八、廿九年冬，自昆明迁四川	四川南溪县李庄镇板栗坳
九、卅五年冬，自李庄返南京	南京钦天山北极阁本所
十、卅七年冬，自南京迁台湾杨梅	台湾杨梅镇

九次的迁移，都是傅先生经手的。前三次是建设时期，每动一次即发展一次；工作的计划一次比一次扩大，都是有理想的。自七七事变起，到卅五年复员南京止，九年的时间，在西南山地，带了一千一百三十二箱图书仪器档案标本绕了一个大圈子；这一时代的生活虽苦，精神却极振奋。计划的工作固然大半停顿；利用特别的机会，也作了不少的语言、民族的调查及考古的发掘。室内的研究，虽然不能顺利地进行，但成熟的著作亦渐有完成的，如陈寅恪先生的《唐

代政治史述论稿》及《隋唐制度渊源略论稿》，董作宾先生的《殷历谱》，赵元任先生等编辑的《湖北方言调查报告》都是抗战时代出版的巨著。但这一时代最艰难的任务却在如何保存从南京带出来的千余箱图书仪器档案及本所开办以来费尽辛苦搜集的数百箱第一等历史学、语言学、考古学、人类学的原始资料。到了卅五年回南京时，似乎可以安居报命了；不意不到三年，又来一次大移动！现在，我们的创办人已“归骨于田横之岛”以身殉了他的职守；但是在他领导下，廿年来，他的信徒所搜集的这批宝贵的“学问的原料”，仍有是否能够保存的问题！

孟真先生虽死在台湾大学校长的职守上，但是他的心，我坚决地相信，是留在历史语言研究所的学术事业上。假如我们知道他的最后的一念，我更坚决地相信，那一念也必是与历史语言研究所事业有关的。

一九五一年二月廿八日

（原载《感旧录》，传记文学出版社一九八五年版）

忆傅孟真先生

黄季陆

十一月十五日是台湾大学的校庆日，我因故未能参加，次日从报纸的记载中知道今年的台大校庆比以往历次校庆都热闹，台大校友会亦在那天正式成立。校友会成立后全体校友曾到“傅园”向傅故校长献花表示哀悼。报上又说：“几年来台大校园内虽增设了许多设备及建筑物，但傅园仍然是留下校友们足迹最多的地方。”读了这段新闻后又勾起我对台大傅故校长孟真先生的忆念。

一九五〇年的冬天，“行政院陈院长”辞修先生为明了三七五减租施行的情形，特由专家数人、“立法委员”及有关机关所派人员组织三七五考察团，分赴各县市考察，以便于情况明了之后，对施行中所发生的弊害迅予补救，对施行中所获致成效之经验予以检讨，以作进一步土地改革之参考。我被推为考察团团长。出发之前一日下午，在“内政部”集会商议出发后各项预备工作。因为“内政部”地点在罗斯福路四段，与台湾大学邻近，散会后我于路过台大时，忽然好似心血来潮，急切要一晤傅孟真先生；本来车已越过台大的校门十余公尺，我仍命司机折转至大学办公大楼，而此时适已过了办公时间。屋内已无职员，楼上有一二间室内电灯仍然开着，我急忙把手表一看，方知已是六点二十分，过时访友不遇，咎在自己，只得乘车回家，另图良晤。我在归途的车中独自凝想：为了筹备出发考察，竟开了半天的会，天色已晚，办公时间已过也不自知，今日参加会议的人必定会感觉不快。同时我又想，好在办公时间已过，不曾遇着孟真，否则他必定要说我是“顺带公务一角”，而不是“专诚拜访”了。

第二日的早晨，我依自己习惯，在未洗脸漱口之前照例必先阅读当日报纸，不料翻开报纸即发现孟真在“省参议会”中风逝世的消息。天呀！孟真就这样的死了！查阅报载孟真中风逝世的时间，正是昨日六点二十分钟，与我访他未遇时手表告诉我的时间一秒不差！天呀！竟有这样凑巧的事，冥冥中究竟在玩弄什么？人生聚合离散竟这样地不由人来把握，我至今仍感觉迷惘与悲伤。

我和孟真认识虽久，往来却不能算密切。在广东中山大学虽同事多年，因为他在文学院任院长，我在法学院任教授，各人所治的学问门路不同，兴趣方面自也不甚相合，接触的机会也就不多了。在抗战时期，他在重庆的时间多，我因职务的关系长住成都，偶然因事到重庆，而会面畅谈的时候也少。不知是何道理，在我的心目中他总是一个别具风格的人，值得人亲近和怀念。

记得民国十七年（一九二八年）我同孟真在中山大学同事的时候，一次由我作东邀请校中一部分朋友餐聚，那天大家的兴致似乎都很好。校长朱骝先先生向在座的朋友鼓吹我的酒量大，而我亦不甘示弱，结果竟喝得酩酊大醉，醉后他们又强迫要我发表演说，等我演说完毕，环顾室内，我的“听众”们都早已离席而去，只剩下刘奇峰兄和孟真两人还留在那里。最后由他们二人把我护送回家。在车里我被冷风一吹，禁不住呕吐起来，弄得他们二人满身的肮脏，事后我非常过意不去。所以直到今天当我想起孟真时亦同时记起奇峰，想起奇峰时，同时也会记起孟真。虽然奇峰与我的交谊较之孟真与我的交谊要深厚得多。

说到刘奇峰先生的为人，在二十世纪的今天，要交得到这样天真、纯洁和热忱的人做朋友，我到现在还不曾遇见第二个。他的书可以任朋友拿走，打字机任人携去，钱财可以与朋友共，患难时愈更显出他山东人那种义气。他的性情很温和，说话态度从容不迫，只要朋友交谊够，什么都可以商量。如果交情不够，或为他所鄙视的人，那就又当别论了。

奇峰的朋友中，他最喜欢的有几个人，我还想得起的有萧一山、伍叔傥、李济之和现任台大文学院长的沈刚伯兄，他每每谈及以上诸人，总是赞不绝口，好像天下人的才学和品德，这几个人就叹为观止了似的。我时时和奇峰开玩笑，我说："天下的好人，只有刘奇峰那几个朋友，而刘奇峰在他的朋友中最杰出，你说是不是？"事实上奇峰从来不曾夸大他自己。我本来是在和他开玩笑，而他却一本正经地说："我在他们面前还不是一样的说你好吗！"他的为人竟是如此的天真可爱，很不幸的是这样的好人竟于抗战前不久在南京死去了。我因不知道他的死讯，当我一次到南京时还去他以前住的地方去寻他，据说已经搬走了。天地茫茫，我在何处可以寻得到这样的朋友呀！我每每想起他，总是心酸！

的确，奇峰和他的要好的朋友都是别具风格而与世俗不同的人物，孟真当然要算其中的一个。我和奇峰的好朋友间虽然交往不多，可是每逢相见，总是觉得热烘烘的，好似多年的老友，这大概都是由于奇峰的关系使然。

有一极富趣味的故事，可以拿来说明奇峰的天真可爱。奇峰的为人虽然是温厚多情，生活却是郁郁寡欢，毛病可能出在家庭婚姻的不甚美满。自我认识他的时候起，他一直是过的独身生活。他极想追求女性，但每遇机会到来，却又踟蹰不前，坐失良机。当他在南京中央大学任教时，一次到上海来见我，我和在上海的朋友为他物色有一位留美归来的小姐，学识、容貌和德性都很不错，因为她事业心很强，已三十有余岁尚未出嫁。她对奇峰的学识为人均极称许，我们特在一个有名的酒家约集他们吃饭，借此为他们撮合，那天的空气十分融洽，小姐似乎也很乐意，我们不觉为奇峰暗中高兴。很不巧的是这日正是星期天，而奇峰一定要赶搭夜车回南京，赶回去授礼拜一早上的课，我们劝他多留一日，他不肯；后来小姐也加入来很诚恳地留他，他仍然不肯。我乘机用脚在桌下踢他，暗示他不要再坚持，他却一本正经地当着众人向我说道："季陆，你不要老是用脚来踢我，把衣服给我弄脏了！"弄得满座都笑起来，那位小姐则啼笑皆非，十分尴尬的样子。这件事便因此作罢，他的为人真是如此的诚实可爱！

孟真和奇峰两个人在表面上好似两个不同的典型，而在本性上则都是天真、纯洁和义侠一类的人物。不过奇峰所表现的是温和厚重，而孟真所表现的则是坦率、直言与嫉恶如仇而已。凡是这一类型的人，非有"真性情"是不能做到的。与这样的人订交，如像奇峰与孟真其人，前者不免太过老好，后者则言辞锋利使人有时感觉难堪，然而两者同属于一种真性情的流露则完全是一致的。历世过久的人，在举世普遍被重利轻义、虚伪和势利种种恶习笼罩着的今日社会，要是能够与孟真和奇峰这样的人订交，将使你知道在现实世界之外，尚有另外一个世界值得你宝爱和怀念，使你心坎上钉着一件东西，永久都不会忘却，凡俗的气息也就因而可以少得多了。

在抗战胜利初期，教育部在重庆召集各大学校长和教育界人士，会商战后大学教育若干重要问题。第一次大会开会时，孟真推我首先致辞，事后有朋友告诉我说："傅孟真今天特别对你好，他事事都是北大第一，今天可是特别例外了，好不容易！"我对于这位朋友所说的话虽然不感觉到有何意义，而在门户之见根深蒂固的教育界情形来论，孟真此一举措是值得令人惊奇的，至少他个人不是如凡俗所想象那样的具有成见。事后我曾经问过他，为何事先不通知我，使我讲话有一点准备？他的答复很简单，他说："四川的人民在抗战中人力物力的贡献太大了，四川大学又是今日发展中最完整的大学，你是川大校长，又是我们的地主，当然以推你先讲话为最好。据我的经验，凡是有准备的讲话，往往讲起来不甚自然，所以我事先没有通知你。"我对于孟真这一举动并不觉得对于我是什么殊荣，而在当时四川人民一般的心理，孟真这一种想法是非常近情而得体的。常人往往认为孟真性情偏狭，而不知他是十分公正而识大体的。在抗战时期孟真所主持的中央研究院历史语言研究所，偏处在宜宾县的李庄镇，交通与设备均不方便，工作人员生活得十分艰苦，我向他提议把历史语言研究所迁到成都四川大学校内，以充实川大研究，并为川大解决若干师资的问题，研究所也可借此解决了自身的困难，彼此两利。他当时满口承应，所困难的是房屋与工作人员住宅的问题，我答应为他修一座宫殿式的大建筑作所址，修若干美丽的住宅作学人们的宿舍。他忽然地问我道："你是不是想借此把历史语言研究所一口吞并？"我答复他说："岂敢，假使你愿意的话，我也乐于接受。"说罢我二人相对哈哈大笑了好久。当我正在进行计划这一工作时，抗战便胜利了，研究所随着迁出四川，最后迁到了台湾的杨梅镇。我到了台湾以后，一次曾向董作宾先生谈及此事，他说："你的野心太大了，傅孟真这个人岂是好惹的？"在我想来，假使我的计划能够完成，又假使胜利之后别的地方研究的环境没有四川好，孟真是可以把历史语言研究所留在四川的。

孟真逝世，距今十二年了，其人其事已渐渐为人淡淡遗忘，他的全部遗著似尚未整理完竣，即使整理完竣，我恐怕能够一心一意去研究的人毕竟不多。现在使我们能联想到他的，一是在不断发展中的台湾大学，他的精神将随台湾大学而不朽。此外恐怕就要算"傅园"了，傅园有纪念他的碑亭还直立在那里，可供游人学子的凭吊。我过去每周上课时经过傅园，在孟真逝世未久的时候怅惘殊多，其后也就随日月的消逝而冲淡了。因为他生前的一切，我们所知的范围似已固定。对于他的怀念也就止于这个境界习为惯常，一成惯常，便经不起岁月的消磨、人事的纷忙而减少其注意。历史上许多伟大的人物，在这样的情况之下被我们遗忘的正不知多少，孟真又何能例外。

（原载《传记文学》一九六二年第一卷第七期）

后学楷模

值得青年们效法的傅孟真先生

李　济

要是把所有中国过去的名人及学者排在一起，请大家选几位最值得作现代中国青年人榜样的模范人物，我必定投傅孟真先生一票。我的理由如下。

他是一位最明白现代中国人在现世界所处的地位的人。一个中国人，尤其是年轻的中国人，要在这世界过日子，应该晓得他的环境，也应该晓得他自己的应付能力；自己有什么？必须向别人学习些什么？若专靠自己的“本能”，不识不知地活下去，一定有活不了的时候。现在是什么环境？我们中国人的应付能力何如？自从他学成归国以来，他时时刻刻在想，并寻求一个答案。自然问这些问题的不止他一个人，解决这些问题的方法，也不限于一种。但是，他所选择的入手办法，就我个人看来，是最合理的。他在中央研究院，创办历史语言研究所的中心目的，固然是由求纯知识的观点出发，但是潜在他的下意识内，所以帮助他推动这一学术事业的真正的力量，还是一个“爱”字。因为他爱中国及中国的文化，他就先从研究中国的历史开始；他想彻底地明了中国文化的本体，原来的长处及短处。他提倡新文化，正是要扶植旧文化里好的、灿烂的及有益全体人类的一面。但是，中国固有文化的长处在哪里？短处在哪里？却不是单凭几个主观所能断定的。这一类的判断，若要作得准确可靠，必须建筑在真正的知识上。他所以以毕生的精力用功史学，并提倡语言学、考古学、民族学，都是要找这一类的知识。

并世的朋友，与他具同一理想，有同一见解的，当然不止他一个人；但在别人仅能托于空言的，他却能实际地把这一理想发挥出来。这固然有若干偶然的成分在内，最大的原因还是因为他具有超人的组织能力，及对于现代学术的深切了解。他最知道，现代的学术，尤其是科学的工作，如现代的战争一样，是集团的，不是个人的。在他领导下的一切工作，都从选拔人才，及组织入手。无论是办研究所或大学，他总是像一个设计的总建筑师经营一个伟大的建筑一样，有一套完整的蓝图，并且与他的工程师充分地合作，按步就班，一段一段地，完成他的计划。困难总是有的，并且常常地遭遇很大的困难，但他总有法子渡过去。他真是克难英雄中的第一把手。

他的确为中国的现代学术奠定了一个新的基础，这是一件非常的劳绩。他所以能完成这一使命，据我看来，不但是因为他具有过人的办事能力，基本的原因，还是因为他具有下列的几种品德。

（一）他的高度的责任心。无论什么事，只要他答应办，他不但要把这事办得好，并且要把它办得顶好。为达到这一目的，他总是全力以赴。历史语言研究所建置的初期，各大学历史系的高材生，每年都被他罗致去了。他的“拔尖主义”（这是他铸造的一个名词）往往使各大学主持历史系的先生们头痛。但是等到他自己办大学的时候，他又设法子把这一群人带回去。这是矛盾吧？这并不是矛盾。假如别人都有他同样的责任心，同样的热诚办各人所经营的事，天下事岂不都办好了吧！

（二）极端的认真。寻求真理，固是他作学问的精神，办事认真更是他的天性。无论是作学问，或做事，他都是绝对的不苟且，那一种整齐严肃的气象，可以使懦夫们都挺身直立起来向前进。大家都知道他写作的天才，但是在他的专门著作里，他却能把他的才华完全收敛起来，作纯粹的考据文字。与他共事的朋友，都知道他要钱的本领很大，却是一文也不肯浪费。至于他的私人生活的质朴，可以说完全同蔡孑民先生一样。

（三）没有偏见。他的没有固执的偏见，可以从一件事情看出。在没有认识丁在君先生以前，他极反对丁先生的政治立场，曾公开地说过“此人可杀”一类的话。但是等到他们两人在北平见面以后，却成了莫逆。这件事，胡适之先生知道最清楚。他受丁在君先生的影响，把他早年的豪迈脾气改了不少。

孟真先生得天甚厚，也许有好些地方是一班人所赶不上的。但是他的爱国心，他的对于现代学术的见解，作学问的方法及作事作人的标准——这些都是极值得学的，并且是极需要的。对于中国前途抱悲观的人，见了孟真先生，往往可以改变他的观点。他手创的及毕生领导的历史语言研究所过去的工作成绩，已能使欧洲的汉学家，再也不敢低视中国学人的工作能力。十余年前，有一个美国学者曾告诉我说：“你们中国有傅所长这种人，你们的前途是无限量的！”爱慕傅先生的青年们，切莫要因为傅先生去世，使外国的观察家换一种说法。

一九五〇年十二月廿五日晨

（原载《自由中国》第四卷第一期）

敦品、励学、爱国、爱人

那廉君

傅孟真先生到台大以后，常常拿“敦品、励学、爱国、爱人”八个字来勉励同学，这八个字后来无形中便成了台大的校训。这八个字包括了四件事，看起来平淡无奇，可是做起来却大不简单，尤其是四件事同时做到，更属难能可贵。孟真先生拿这八个字勉励同学，事实上也就是“自勉勉人”，“自励励人”，在不知不觉中他却把这四件事都做到了很高的程度。过去我是这样说，现在仍然是这样说，所以我愿意趁着这次集会的机会，再就这一点简略的报告一下。

先就“敦品”这方面来谈一谈。孟真先生一向保持着读书人的风度和气质，尤其讲求真理和正义。这种真理和正义，从环境上无法影响他，无法变更他。过去孟真先生和朱希祖先生辩论明成祖的生母是否高丽碽妃的问题，孟真先生曾用一篇文章来答复朱先生。这篇文章的结尾，引用亚里士多德的话："吾爱柏拉图，甚于余物；吾爱真理，甚于吾师。"这便是他讲求真理的最好例子，从这个治学的例子可以引申到他的为人和处世。提到他的为人处世，大家都知道孟真先生一生公正，因此得罪人不少；一生廉介，落得两袖清风。虽然如此，他仍是以正义和真理为基础，任何外来的因素，都不能左右他。

其次就"励学"方面谈一谈。孟真先生之所以称得起"博学"，自然由于他毕生"与书为伍"，"手不释卷"，不读死书，不迷信书卷的效果。大家都晓得他治学精励，尤其注意治学的方法，他一向主张以科学的方法来治国学，因此给后人留下一把治国学的钥匙。孟真先生不但勤于读书，更喜欢藏书。过去北平琉璃厂若干书肆的老板，都是他的书友，台北的大陆书店，也是他生前出没的地方。这家书店的匾额，便是孟真先生亲笔所题，同时他还替这家书店的张老板写了一幅中堂，文字是"读书最乐，鬻书亦乐；既读且鬻，乐其所乐"，不但流露自己读书的兴趣，也替书商找出卖书的趣味出来。

接着就"爱国"方面来谈一谈。孟真先生是衷心爱国而爱国于无形的爱国学人。西安事变后，孟真先生在南京所发表的言论，都是呼吁国人的团结。九一八事变之后，孟真先生和蒋廷黻等先生连夜赶写一本《东北史纲》，向当时来华调查事变的国联调查团提出。这些事情，仅是例子，看来很平常，但如果深悉这些事情经过的人们，便不会不承认这是孟真先生对国家的贡献。

最后就“爱人”方面来谈一谈。孟真先生是表面严肃而“人情味”特浓的人，也是理智和感情平衡的人。他最喜欢人才，凡是他认为是人才的人，他必同情他，同时必要鼓励他，设法扶植他，提携他。总而言之，孟真先生是一位最具“爱心”而可以亲近的长者，唯有和他接近的人，才会感到他是最可亲近的人。他虽然时常向朋友或部属发脾气，但那只是暂时的，十次有九次要后悔的。记得他在南京的时候，他办公室的工友老裴，最希望孟真先生向他发脾气，上午发了大脾气，下午某杂志社送来的一笔稿费，一古脑儿送给了老裴，因此老裴最欢迎孟真先生对他发一次越大越好的脾气。

（原载《传记文学》一九七六年第二十八卷第一期）

记傅孟真师在中山大学（答傅乐成教授问）

陈 槃

承示及傅师年谱，并奉到多日。年谱剪裁，极有法度。如能将年来所得新材料加以补充，则益完善矣。师在中山大学，前后三年。但弟之于师，除在课堂听讲而外，奉陪闲宴之日少，故于师此一时期之嘉言懿行，所知盖寡。民十六年（一九二七年）冬十二月十一夜，粤垣大暴动，于时师之处境，至为危险。闻师是夜得讯，避居陈受颐先生寓；既则由陈先生引路乘船，避居岭南大学，幸免于难。此一事可纪。但弟亦徒得之耳闻，其间经过，莫能知其详矣。

师回国后，在广州中大任文科学长（此正名。不知何年起，改称文学院长。年谱此处微误，当正）兼文史两系主任暨教授；而学校当局倚畀甚殷，故学校大计，师亦不惮烦辛，多所献替（参胡颂平著《朱家骅先生年谱简编》，载敝所集刊第三十五期）。若师所主持之文科，则兴革尤著，面目为之一新。所延聘教授有吴瞿安（梅）、顾颉刚、丁丁山（山）、罗莘田（常培）、杨振声（金甫）先生等。师资既已充实，学风因之丕振。吴先生以十六年冬告假返里，料理家务，以南中交通不便，旋辞去教职。十七年暑假，师有上海之行，欲礼聘当代词宗朱彊村（祖谋）氏主讲词席。唯其时朱氏既已衰迈，因推荐新会陈述叔（洵）先生以代。陈先生遂于是秋应聘为教授，时先生亦年五十有九矣。案：陈先生词，为清季一大家，朱氏素极推服，谓与临桂况夔笙（周颐）为"并世两雄，无与抗手"者也（朱氏《望江南》词注语）。陈先生所著有《海绡词》二卷、《海绡翁说词》一卷，已收入朱刻《沧海遗音集》（今中华丛书有影印报纸本，多出《海绡词》卷三手写稿及补遗各一卷），学者多知之。然先生穗垣蹭蹬，穷老授徒，一旦而入主堂堂大学之最高讲座，此固由有朱君为之先容，然吾师破格罗致师儒之诚、之卓、之雅，何可及耶？是学林一佳话也。近见芝翁所著《古春风楼琐记》述此事，系之邹海滨（鲁）校长时代，此传闻之误（邹氏重长中大，在民二十下半年），故不可以无辨。

师主持中大文科时，曾创设语言历史学研究所，出版研究所周刊，董彦堂先生已言之。然师同时设置研究所图书室，曾一度派顾颉刚先生，亲往平沪等地收购图籍。不过两年之间，收藏至于十余万册。是亦一重要施为矣。

师虽校务殷烦，然而不废讲授。编撰讲义则每在夜深，故其《〈诗经〉讲义稿》叙有云：“日中无暇，每晚十一时动笔写之。一日之劳，已感倦怠。日之夕矣，乃须抽思。”师习惯于夜生活，斯固为其伤害健康主因之一。然师自有此责任感，是岂得已哉！

师于此一时期所撰述，大致如尊谱所录。师自谓“文辞不遑修饰，思想偶涉枝节。讲义之用本以代言，事既同于谈话，理无取乎斫饰，则文言白话参差不齐之语，疏说校订交错无分之章，聊借此意自解而已。其中颇有新义，深愧语焉不详。此实初稿，将随时删定。一年之后，此时面目，最好无一存也”（亦《〈诗经〉讲义稿》叙）。此谦词也。师之论著，一边是充满着时代的科学精神，一边是其精深博通之国学素养；加之以天才卓识，是于一空依傍，独往独来；行文亦极奇伟矞皇，洸洋恣肆。若《历史语言研究所工作旨趣》一文，则近代中国历史语言之学走上科学研究之路之路镫也、指针也。综其要领曰“上穷碧落下黄泉，动手动脚找东西”，此可谓“百世以俟圣人而不惑”者也，宜学者至今传诵以为名言也。

个人所知止于此，而所述琐屑，复杂乱无章。吾兄裁定之可耳。

一九六四年八月二十五日

（原载《传记文学》一九六四年第五卷第六期）

重历史是非与真才实学

陈　槃

研究历史主张讲是非

我先说一段闲话。前些时候学术界一位地位很高的先生写了一部什么“传”。这位先生的态度比较谨严，关于传中人物的许多附会和不实在的传说，他都割舍不录。于是不为原先请他撰写这“传”的机构所喜，不肯替他出版，而由另一民营出版社为之印行。由于这件事给我一个感想，傅孟真先生在北大办《新潮》的时代，有一篇文章讲到研究历史的问题，认为历史研究应讲是非，是就是，非即非，不能故作曲笔。这与传统之说法略有不同，传统之史学盲从旧说，不稍存疑，傅先生不以为然。他的原文说：“学问之道，全在求是。是之所在，不容讳言其丑。今但求是而已，非所论于感情。……纵事违心徇情，比而

同之，读史者自可发觉，欺人无益也。”（《中国历史分期之研究》）

注重真才实学，不主张读博士

另一件事使我不无所感者，那就是现在念博士之风气很盛，许多留洋学生都以求得博士学位为鹄的，甚至为唯一之目标。傅先生则不然，他办史语所时，派人往国外进修，常劝其不要念博士，而应以求得真知实学为首要；若有专以攻读博士为目的者，他必极端反对无疑。今日大家一窝蜂地念博士，一般人以为博士即等于有学问，实际并不是那回事，当然有博士学位且有学问的人很多，但徒拥虚衔而无实学者亦复不少，这一类博士实在引人反感。许多人认为得了博士则可受教育部之礼聘成为学人，享受较好之待遇。傅先生倘若尚在，眼看今日情形，诚不知他当作何感想也！

还有一事，傅先生代理北大校长之后，那时北方局势甚是危殆，兵荒马乱。某一次他回来，样子很是生气，因他受上海许多报章杂志之围攻。我对他说：“傅先生，许多社会贤达如今都成了大官了，只有你一人没做官；而你的文章又犀利，能叫座吸引人，又替政府说话；这样以在野之身替政府辩护，发生的力量就大了。在这种情况之下，他们不骂你又骂哪一个？如果你也做了官，他们也许就不骂你了。”傅先生听了我这一番话，笑一笑，也就心平气和了。

（原载《传记文学》一九七六年第二十八卷第一期）

孟真先生在中山大学时期的一点补充

钟贡勋

读元月份一六四期“每月人物座谈会”，此一创新工作，已开学术界、出版界先声，且首次座谈，又系一代学者及“为人间一个最稀有的天才”的傅孟真先生，实更具深长意义。

孟真师回国任教，始于十五年（一九二六年）冬应国立中山大学之聘，笔者是他的第一批学生，上过他近三年的课。到校之初，正是停课复试之后，及格学生，分别等级程度补习国文、数学、外国语三科。孟师对这三门学问都是内行，所以他就忙于这些课程的安排和指导，也是他最后在台大特别重视基本学科的远因。他那时是教授兼文科主任（不是文学院长）、历史系主任。和我们文科学生有多次的讲话和个别的接触，那是十六年三月以前的事。三月一日为中大正式开学之期，依委员会第四项规定，其十六年度应行升级及毕业者，均于上学期加紧讲授。所以孟师开了“尚书”“古代文学史”“陶渊明诗”“心理学”等五个课程。鲁迅是我们教务主任（不是教务长）兼中文系主任（不是国文系），他开了“文学概论”“中国文学史”“中国小说史”三课，十六年三月底他突然辞职去沪。这三课选修同学都并入孟真师“古代文学史”内，又增授一小时。当时没有课本，以后才补发他自己写钢板的油印讲义，在蜡纸上起草稿，即付油印，常有涂改很多的地方。数年前我在台大参加联考阅卷，去图书馆借到孟师全集，内面的中国文学史，就是当年的油印讲义，但脱落不全。

孟师第一天上课是“尚书”，他在黑板上一段一段的写，并没有《尚书》在手里，他说除两三篇外，其余都可背诵的。十六年四月以后，孟师又兼中文系主任。十七年语言历史研究所成立，他又兼所长。是年夏他去上海办理招生事宜，笔者暑假返湘，经过那里，考试时帮了几天的忙，他送给我五十元旅费。十八年下期，孟师才辞职离粤，由刘奇峰师继任文科主任，罗膺中师任中文系主任，沈刚伯师任历史系主任。

槃庵兄在座谈会说，孟师在史语所时，派人往国外进修，常劝其不要念博士，而应以求得真知实学为首要。我记得第一次上课他的自我介绍，说他在英国、德国留学七八年，进过三个大学，研究几门学科，但并没有读过博士云云。今日大家一窝蜂的念博士，尤其一般要人，差不多每个人都到外国去接受赠送的博士而自以为荣，这种时下风气，傅先生九泉之下有知，诚不知作何感想。

（原载《传记文学》一九七六年第二十八卷第三期）

北大与台大的两段往事

陈雪屏

孟真先生是我最尊敬的一位老学长。我在民国九年（一九二〇年）考入北大，他已在前一年毕业，直到抗战期间我们的过从才渐渐加密，我和他的关系偏向行政方面。他在学术上的贡献极多，今天在座的先生一定会分别加以论述，我仅就行政方面举出两个事例，借以显示孟真先生多彩多姿的人格。

一、先说胜利后北大接收

抗战胜利以后我早在三十四年十月便回到北平，当时政府已任命胡先生为北大校长，在他未返国前校务由孟真先生代理。我的第一件任务是赶到北平接收北大校产，准备学校复员。我的第二件任务是在途中奉到教育部之命，办理北平临时大学补习班。这两件任务又是密切相关连的。

北大原来仅有文、理、法三个学院。临大补习班将十二个伪大专学校分为八个分班。第一到第三分班便是北大原有的三个学院。我接事后了解了全盘的情况，曾建议将第四分班农学院、第五分班工学院、第六分班医学院在临大补习班结束以后归并入北大。孟真先生在原则上表示赞同。十一月孟真先生抵平，经过他亲加考查，报告了胡先生便作为定案，不久获得中央核准。

此外，在短短半年之间，孟真先生又为北大争取得很多的校产，如改建以后的相公府、东厂胡同黎元洪的故居与旧国会大厦等。那时我们借住在蒋孟邻先生毛家湾的宅子里，除去在短时间内我们分别到重庆、昆明开会外，朝夕相聚在一处，商谈北大发展的计划。他常和我说："关于行政上的业务，我们应先替胡先生办好，将来不劳他操心，即以校产为言，他断不愿和别人抢东西的。"

在这一个时期，孟真先生和我却有一段争执，特别值得一提。他十一月间来平下了飞机，第一句便问我，和伪大学中先生们有无交往。我回答有的，仅限于在一些必要的场合。他颇表不满，又说："'汉贼不两立'，连握手都不应该。"我曾解释："这是不可能的。我一人接收十二个伪大专学校，并未停一天课，而中央又没有送大批的教授来帮忙。"

此后每谈到这个问题，他总要发脾气，他所持的原则是正确的，但我认为，同属伪教授，大多数人由于种种原因未能离开，不得已而留下。继续教学，仅极少数人甘心附逆，我且曾几次劝孟真先生分辨良莠，多和前者接触，以安定北方的教育界。

二、建设台大与在“省议会”逝世经过

孟真先生于三十八年一月就任台大校长，我是在同年五月来台任台省“教育厅厅长”，住处近在咫尺，时时往来。这时候他的健康情形已颇可虑，但他一方面心忧大局，同时锐志要把台大建设成一个够世界水准的学府，殚精竭虑，竟无一刻的轻松。延至一九五〇年年底，不幸的事件终于发生。

一九五〇年十二月十九日上午，他和我一同参加农复会蒋孟邻先生召集的会议，商讨农业教育改进问题。孟真先生曾多次发言，和平常一样，内容深刻，言词犀利。二十日“省参议会”开会，一整天都是有关教育行政的询问，下午的会议中开始都由我答复，最后郭“参议员”国基提出台大招生放宽尺度及“教育部”存放台大的器材处理问题，须由孟真先生答复，他答复完毕为六时十分，走下发言台时我看到他步履不稳，上前扶持，他只说“不好……”便倒在我身

上，立即昏迷，当时刘“参议员”传来（是一位医生）帮同把他扶卧在列席人员所坐的一排椅子上，我的公事包便作为枕头。从此他再未清醒，各种救急的治疗都无效果，延至当晚十一时二十分逝世。

这不幸的事件发生在议场，因为当时有一些不确实的传闻，流传至今，我也趁此机会作一澄清。第一，孟真先生为什么要列席“省参议会”？台大是“国立大学”，校长似无需到省级民意机关备询。表面上的理由是因“中央”的预算尚未确立，台大的经费暂在省库开支之故。其实我们在事前曾有计议，关于台大的经费问题尽可由“教育厅长”或由台大总务长代为说明。但孟真先生尊重民主体制，特别在光复初期，“省参议会”只是临时组织，他更愿多和这些新出茅庐的民意代表接近。第二，孟真先生是否确为郭大炮滥施轰击所气死？郭“参议员”平日在议坛上对行政方面询问，往往盛气凌人，不留情面，故有大炮之称。而他却非常敬佩孟真先生，视为前辈。当日所询问的两点本来很容易说明，五分钟便足以了事。孟真先生费了三十分钟，主要在以教育家的态度，婉为解释大学的入学考试必须保持公平，杜绝情面，因而不便轻易降低标准，意欲使地方民意代表能透彻明了此点，故不惜费辞。无论问者、答者双方词意中均未搀杂火药气味。第二天一部分台大学生包围“省参议会”要对郭国基有所行动，我曾赶到现场，和黄朝琴将当时实际情况说明，学生才散去。

我和孟真先生在行政上接触的机会颇多，以上所提及的两件事例，一则表明他的民族意识与爱国情操特别强烈，贯串于整个的人格，二则他拥护民主宪政的热忱竟致损及健康而毫不顾惜。

（原载《传记文学》一九七六年第二十八卷第一期）

让你做你想要做的事

李方桂

谈笑风生无所不知

我实际接触傅先生比济之先生还要晚。傅先生是多方面的人才，他一生致力学术和办史语所，但在政治上和做事上，都有相当的兴趣，也相当的能干。我只是在研究院里偶尔与他有点接触的机会。

我记得第一次跟他见面是在民国十八年（一九二九），那时我刚从美国回来，是个崭新的留学生，不过当时我已经跟赵元任先生通过信，赵先生对傅先生讲，聘我到研究院里来，所以我就写了一封信给赵元任先生，说大约什么时候可以到上海。到了上海还未上岸，中央研究院的蔡孑民院长就派一个人到轮船上来接我，说已为我订了沧州饭店的房间，傅先生也住在那儿。于是我就在该饭店头一次和傅先生见面。

凡是熟人都知道，傅先生通常谈笑风生，非常健谈，他这个人大概什么都知道，谈起中国的音韵学，什么高本汉的音韵学、刘半农的语音学，滔滔不绝，头头是道。那时我是初出茅庐，初生之犊，就跟他聊了半天。末了，他问我学过什么中国音韵学？我说，我对中国的音韵学什么都不知道。我只是调查过四五种美国红人的语言。他说，希望我从这一方面的经验，也许可以做一些调查语言的工作。我随即返北平见到赵先生，并应研究院之聘。但是美国方面给我一笔钱，要我在中国调查中国的语言。我虽然名义上是中央研究院的人，却是拿美国方面的钱，不知谁给我取个名字，说我带了嫁妆到研究院来。那时差不多有一年的光景，我并不在史语所里工作，我在中国南部各处跑，足迹遍广东、广西和海南岛。

坚持原则并善于识人用人

我对傅先生的印象，只从我跟他短暂的接触而来的。我觉得傅先生，第一，是他对学术有正确的看法，而且能坚守原则，信其所信。第二，是他能够认识人，懂得利用人才，像他所请的济之先生、寅恪先生和元任先生，都是在当时绝顶最好的人才，有这些绝顶的人才来给他做事情。而这些人他都可以请得到，这实在是一件了不得的事。在当时研究中国的历史、考古和语言的人非常多，多得不得了，许多都是很出名的人，这些他都不要，他要一些合乎他看法有潜力的人。我想他同时热心请人，而且能够劝动人，这实在是一种了不起的才干。正如陈雪屏先生刚才所说的，他常坚守他的原则做事。他办史语所也有一个原则，即凡是在史语所工作的人都不准在外面兼课。但是陈寅恪先生和赵元任先生一定要在清华兼课，他不得已，为了请到这两位杰出的人才，只好退让一步。说，好！只有你们两位可以在外兼课，别人都不许！为了顾及某些特殊人才的特殊情况，他也只好不坚持他的原则了。

我在史语所的研究工作，实际上跟他接触得很少，多半是跟赵先生。但是我想做什么事情，傅先生从来不曾回拒过，只要我想做些什么研究，他无不赞成，这也是一件很难得的事情。往往办事的人总是要你做他所想做的事，而不是做你所要做的事。从这两件事看，一是他能认识人，二是他能让你做你所想要做的事，这的确是一个不可多得的领导人才。

（原载《传记文学》一九七六年第二十八卷第一期）

追念傅故校长孟真先生

沈刚伯

孟真先生去世已经过了十三年，人天相隔之日愈久，我对他钦佩之感反愈深。所以然的道理有二。（一）任何人生前一些平淡无奇的言、行，和不足重轻的细节，在死后，受时间的淘洗，逐渐被人遗忘；其犹能存在活人记忆中，不随岁月以俱逝，只是几件重大、奇特的事迹——不是最好的，便是极坏的。而孟真先生平生确曾有过很好的表现，并无大坏的毛病。（二）凡是异乎流俗的言、行，在当时，绝不能令多数人信服，因为仁智之见常因立场而各异，得失之果必须历久而始明；等到水清石见之日，情伪毕露，是非大明，则向日持异议之人自然会追思往事，而服其先见。古先哲人之往往见轻当时，而反能师表百世者，便是这个道理。

孟真先生天资高，心思细，气魄大，性情厚，读书常有创见，治事极具干才，更有组织能力与领导天才，毕生矢勤、矢勇、任劳、任怨，以从事于教育、文化事业，而尤以对于史学之贡献为大。这都是彰彰在人耳目，为中外学人所共仰的事。除此之外，他还有些值得称述的地方：那就是他用人确是“无所畛域”，往往破除情面，行事真能实事求是，有时且“不作调人”。他因此而常被误会，颇遭诽谤；也正以此而令我心折，叹为难能。自民国二十年（一九三一年）左右以至今日，我常常听到人家说傅孟真是北大健将，专以发展北大，扩张北大派势力为务。这话其实说得过火了。人人谁不爱其母校，何况这个与近代中国文化大有关系的北大确是值得一爱呢？爱之而尽力谋其发展，不能说是件坏事。至若说他处处扩张北大派势力，则确是查无实据。他手创中央研究院的历史语言所，经营了二十多年，用人有很大的自由；而在全所人员中，出身北大的人占的百分比实在很低。他在战后代理北大校长，起衰救敝，等于建立新校，从各方面网罗人才，而大都是援引的一些与北大毫无渊源的人。他主持台大校政之日，“政府”为适应环境的需要，要他大加改革与扩充，所给予的经费同员额都颇宽裕；他新用教职员很多，而北大毕业确寥寥无几，凡是知道这三个机构内容的人当不至以予言为诬！孟真先生睹沧海之横流，悯斯文之将丧，乃力谋为国储才，见人一艺之长，闻其一语之隽，辄破格罗致，或引入台大，或荐往他处。他一方面拔姬姜于憔悴，采芝菌于粪土，而另一方面，对于许多故旧的自荐或请托，却毫不徇情地加以谢绝！我尝当面说他对于远者、疏者，能够拔茅连茹，而对于近者、亲者，却反察及渊鱼。谁知近年来，经过许多事实的证明，才深知当年他所不以为然的一些人果然都是要不得的；像他这样的谋事之忠和知人之明哪得不令我常常想到，而越想便越觉其可佩。

“实事求是”本是治学同办事的基本条件。一个人在学无所成，未任大事的时候，受到外力的牵制很少，要脚踏实地，尚不太难。等到学成、名就，出任繁剧，而仍不趋风尚，不计毁誉，不“诡随”妥协，以严明是非，细别义利，则大非易事了。试看史家所谓“实事求是”之河间献王，他“身端行治……明知深察”，朝野皆颂其德，而仍不免以此遭武帝之忌，可见这四个字之难以做到了。孟真先生为学，必寻本源，搜集实证，治事必察其究竟，毫不敷衍；虽因此而遭受群疑众侮，迄不退缩！世俗常以大事化小，终归无事为能，他偏爱小事弄大，以冀成事为愿，只求正谊，明道，绝不顾及利害，还能说他不是豪杰之士吗？至若“不作调人”，则更是特立独行的作风，必须信道笃、识见高、智勇兼备、毫无私意，才能做到。没有如炬的目光与先知的灼见，自然只能与世浮沉；纵能明是非、别善恶，而没有爱真理的精神，和大无畏的胆量，遇着左右为难的事，也只好依违两可。前者是盲从，后者是乡愿，与那所谓“和而不流”“中立而不倚”的中庸之道是大不相同的。这样“强哉矫”的人实不多见，而孟真先生却颇有此风。在日本刚投降的时候，他主张凡曾参加过伪组织的人概不录用。这与当时政府的政策及一般舆论不尽相合，他明知其主张难得行通，但却坚持忠奸之分不可不严，真是大义凛然！他反对社会上之所谓“中医”，曾因此和人家吵过许多架，打过无数笔墨官司。其实他何尝不知道中国流行的好些丹方也确能治病，可是他以为那种肺属金、肾属水的理论既然是科学的障碍，就非彻底扫除不可。这种拥护真理的热忱实属少见！

我每一想到这位老朋友，总觉得他是一个悲剧中的人物！他极端爱国，不意以望六之年，竟重逢阳九之厄；来到台湾，是准备做田横的，但他在一息尚存的时候，却仍要培植下一代；他把独子留在美国，手书《正气歌》，并作长跋以教之；更想尽方法，送些比较年轻的朋友们出国，而自己却誓死不离国门一步，连到华盛顿开会，也拒不出席。愤慨之至，乃至不自珍惜，故违医嘱，糟蹋身体，不觉遂演成了慢性的自杀！说他求仁得仁，固然不错；说他赍志以殁，也未始不可。“曩以天下自任，今以爱子托人”，“雄心摧于弱情，壮图终于衰志”；有其才、有其遇，而无其时，可悲亦可叹矣！

（原载台北《大学新闻》一九六三年十二月二十六日）

回忆傅先生在台大的往事

屈万里

强烈的民族意识

诸位前辈先生跟傅先生交往最久，相知较深；关于傅先生的生平，诸位前辈先生都比我知道得详细。我所能谈的，正如刚才陈槃庵先生所说的是在台大的一段往事，现在略微谈谈。

刚才好几位先生谈到，傅先生的民族意识很强，而且他拥护“政府”的忠诚，也是一般人所不及的。大概诸位先生都知道，他提到罗振玉时总是说“罗振玉老贼”，加上“老贼”两个字，这是因为他不满罗振玉后来保溥仪搞出“满洲国”那一套事情，对于罗的学术他并不完全加以否定。他所以骂罗振玉，也许因为罗在节操上很不够，很使他看不起，正好像他不满意他的祖先傅以渐一样。他就是这样的一个人。与这有关的一件事，是在大陆刚要撤退的时候，那是民国卅七年徐州会战正在紧急的时候，中央图书馆正在准备迁移，那时还没有决定向台湾搬。我当时在中央图书馆服务，管理善本书，还带一个北城阅览室。所谓北城阅览室，那是汉奸陈群在抗战期间搜集的一批图书，有许多佳本。陈群虽然是汉奸，在日本占领南京之时，许多图书馆的善本书都流散出来，包油条、花生米等等，在这种情况之下，陈群在各处搜集了很多书，在南京的，后来就集中在北城阅览室。那时的北城阅览室，包括善本书和普通图书，差不多有四十万册。我的职务正是保管这批图书。“政府”决定要搬家，我们的馆长蒋复璁先生，要派我为此次搬往所在地的办事处主任。但是搬到哪里去呢？有时听说要搬到广州，有时说要搬到广西，又有时说要准备搬到台湾来。这时候我就想，由于抗战期间图书散失情形之惨重，那是因为图书管理员未能驻守图书馆的关系。四十万册图书体积庞大，绝不可能全部搬家；我想，如果我留在南京，看守这四十万册图书，以免散失，共产党来了也不一定会杀我；即使真杀了我，似乎也值得。我犹疑不决，就跑到史语所去看傅先生。傅先生说一定要到台湾去。我说，这一批书散失了我觉得很可惜。他说，你就是在这里也保不住这批书！我说，到广州去呢？他说，广州和广西都不行，还是到台湾去。我说，台湾是一个孤岛，孤悬海外，共产党若以兵力断绝交通，围困此岛，将来发生饥饿，是很可能的。他说，你不要管这个。后来“政府”决定迁台湾，蒋馆长也派我做台湾办事处主任，我就到台湾来了。

“归骨于田横之岛”成谶语

后来我听说，在这个非常紧急的关头，傅先生他身上经常放着安眠药，预备随时吞药自杀。到了台湾后，台大中文系教授黄得时先生请他写字，他就写了“归骨于田横之岛”七个字。这七个字现在黄先生还保存着。有一次我还建议，把这几个字可以刻在傅先生的墓圹上，但未实现。

其次谈到他的用人。他用人唯才，绝不讲关系。在史语所有一位同仁，我记不得是哪一位了。那时史语所在四川李庄，有一个年轻人在史语所所在的乡村上，逛来逛去，他想见傅先生又不敢见，恰巧碰到傅先生出来，他就迎了上去，见了傅先生就自我介绍，说他是某大学的毕业生，他听说史语所如何如何好，他想进史语所工作而没有人介绍。傅先生找他一谈，觉得这个年轻人很不错，于是就用了他。

后来傅先生接长台湾大学，台大的校长室秘书主任是黄仲图先生。黄先生原来在高雄港务局做港务局局长。他听说傅先生为台大校长之后，就写一封信到南京给傅先生，黄先生是台湾人，对日本人办的台北帝国大学（台大的前身）的情形了解得比较深刻，于是他在信中把台大的情形叙述一番，并提供一些意见，于是傅先生就聘他做校长室的秘书。

辞聘教授并设法安置

一九四九年初他接长台大，至一九五〇年十二月去世时止，在这不到两年的时间内，台大的教授在学年终了而不被续聘者，先后共有七十余人，这些人的不续聘也有一番道理。他到台大之后，特别重视基本的学科，设有“大一国文委员会”“大一英文委员会”“大一数学委员会”，这三门学问他都内行，开会时他都做主席。教这些基本课程的都是教授和副教授。像毛子水先生和台静农先生都教了好几年的大一国文。我幸而蒙傅先生看得起，也教了好些年的大一国文。教大一英文和数学者，也都是当时的教授和副教授。不单是教大一的国、英、数，包括教高年级专门课的教授在内，都接到他的一封信，大意说：“不定在哪一天，我也许跟教务长，跟你们贵院的院长，贵系的系主任，到你的课室来旁听，请你不要见怪。”结果他真的去旁听，在第一年的寒假，他就“听”掉了好几位。大概都由于受不了他“听”

的关系。也由于他经常去听，哪一位先生的学力如何，教书的能力如何，他心里都有一个水准。所以两年之内，一共不续聘的教授、副教授和讲师共有七十几位。当中我记得有七位特别穷困的教师，虽然把他们辞退了，但，傅先生却似“挥泪斩马谡”的心情，心里很难过；因为他们实在穷得可怜，也一时找不到事，因而就给他们想了个办法。那时台大的经费，是由台湾省政府支付。陈辞修先生任“省主席”，雪屏先生任“教育厅长”。傅先生就给这七位先生想了一个编纂的名义，放在台大图书馆，得到了辞修先生和雪屏先生的同意之后，就给了这七位一年的聘约，有的好像还有续聘的。由此可见，傅先生做事是很认真的，有时也很有人情味。

用人唯才不讲关系

傅先生出长台大后，校长室编了一个刊物叫做《台大校刊》，到现在还有。最早编此刊的人是谁，现已记不得了，傅先生对他不满意。后来，傅先生在《新生报》上看到一篇文章，非常激赏，作者是许冠三，他到处打听此人，终于找到了。他对许说：“台大校刊的编排不大理想，现在想请你来编，给你一个校长室秘书的名义，你是否愿意？”许先生就一口答应了。没想到编了一两个月，那位许先生文章作得蛮好，可是，编校刊却未能使傅先生满意。傅先生就对他说：“许先生，我找你来是大才小用了，现在只好请你另寻高就吧。”就这样辞掉了。

还有一件事，就是那时保管组的股长，在某一件事做得不大妥当，傅先生就把他辞掉了。在还没有找到人之前，有一个人今已忘其姓名，他原来在某军中福利社服务，可能在钱财方面不太清楚，致被开革，他听说此处有一个机会，就写信给傅先生，表示愿意到台大来做事。傅先生就要我写信邀他来，先让我和他谈一谈。我和他稍谈一下，他说他在军队中服务的经过，当然不会提到他被开革的事。我那时已被调到秘书室工作，就问傅先生是否和此人见面谈谈。他说：“好。”哪知两人一谈非常融洽，傅先生决定用此人。我就劝他应该再加考虑，因为这个人的根底我们并不知道，有没有思想的问题，他在军队中为什么不做了而要到我们这里来？大概傅先生误会了我的意思，以为我在劝他不要多引用同乡，因为这人正好是山东人。他说：“你不要管这件事情，我从来没地域观念，他是山东同乡也好，非山东同乡也好，我觉得这人可用就用。”我说：“假使这个人有别的问题呢？”他说：“我随时可以开革他，就是总统给我介绍的人，如果有问题，我照样也可以随时把他开除。”于是就用了此人。可是，不到两个星期，就有人写信来检举，说他在军队中不法的事情。傅先生派人调查属实，于是又把这人给开革了。由这些事情看来，傅先生用人唯才，他绝不讲人情和地域的关系。

以上这些事情是我亲眼所见，以前在纪念傅先生的文章中也许没有提到，所以特地提出来请各位指教。

（原载《传记文学》一九七六年第二十八卷第一期）

永怀师恩

——记受恩于傅斯年先生的一段往事

李亦园

一位伟大的教育家，不但在大处塑造一个时代的学风，而且也常常在小处替一个青年人安排好一生的路程。已故台湾大学校长傅斯年先生就是这样的一位教育家。

傅孟真先生于一九四九年一月接任台大校长，至一九五〇年十二月二十日因脑溢血猝逝于“台湾省议会”议场，前后主持台大校务尚不足二年。但是在这短短的二年中，他却为台大树立优良的学风，并为台湾的学术研究立下不拔的根基。作为台大的一分子，作为台湾学术研究圈内的一个成员，我和其他的人一样对傅先生怀有无限敬仰之意。可是，就我个人求学的历程来说，我却另对傅先生怀有一种终生无尽感念之情。

我是一九四八年九月考取台大历史系，当时傅先生尚未出任台大校长，而学校也因时局及屡次更换校长正处于极不安定的情况下，但是当傅先生莅任数个月后，一切校务都很快地上了轨道。傅先生不但在很短期间内稳定了整个学校的行政，而且“带”来大批在国内学术界极负盛名的学者。傅先生自己是学历史的，同时也是中央研究院历史语言研究所的负责人，因此随他南下的学者，有很多是史学家，更有不少著名的考古学家、人类学家，如李济、董作宾、凌纯声、芮逸夫诸先生也都来到台大。当我在历史系读完一年而进入二年级时，我们真是高兴得不得了，因为我们不但可以接触到很多史学大家，并且可以直接聆教于从前只能在教科书上看到大名的考古学者与人类学者，我在接受他们教益之余，已深深地为这些新的科目所吸引住了。而在此时，在傅先生的策划下，新成立的考古人类学系也自历史系分出，所以当我读完历史系二年级时，我就决定转系去读考古学与人类学了。

当我正兴高采烈准备办理转系之时，一件重大的困难出现了。考古人类系是在傅先生来后半年，也就是一九四九年秋天才奉准设立的，到一九五〇年秋季我读完史学系二年级要升三年级时，该系只有二年级，所以不能收我为三年级的学生，假如我一定要转系，就得降一班就读，也就是目前所说的“降转”。我当时兴趣很浓，而且追随名师之心甚切，并不在乎多读一次二年级，不过问题并不在于我自己是否愿意降一班就读，而是在于降一班即不能保有我赖以就学的“奖学金”。原来在一九五一年以前，考取台大的学生成绩在每班前百分之五者，可以得到全额奖学金，我在入学时很幸运地能得到这份奖学金。这份奖学金不仅是荣誉，而且是赖以继续在台就学的保障，因为当时家里经济的支援中断，假如没有奖学金，就不能再读下去。可是奖学金顾名思义是奖给成绩好的学生，如何能奖给降班的学生呢？所以当我办转系时，教务处就告诉我不能再保有奖学金了，这对我真是进退两难，而且心里很不服气，虽说我是“降班”的学生，但并非因成绩不及格而降，而是学校没有三年级可读才“屈就”的，我以此与教务处的人争辩，但他们总无法通融，即使是当时的教务长，也就是傅先生逝世后继任台大校长的钱思亮先生也爱莫能助。不过他告诉我，这种有关规则的事假如要改变，恐怕要校长批准才行，他要我写一张说明去见校长。

傅校长是一个喜欢与学生接触的校长，他来校后没多久，我们已见过他好几面，特别是史学系的学生，更有机会碰到他，但是单独去见他，对于一个二年级的学生来说，确实有点胆怯，不过为了自己的兴趣，我终于硬着头皮去见傅先生。他读了我的报告，没有立刻表示可否，却是先问了我三个问题。头一个问题是为什么要转考古人类学系？我说明了我的兴趣与想法后，他点头表示满意。在我稍嫌冗长的说明时，他一面燃着烟斗，呼呼地抽烟，一面注意地听，现在想来，以他那样繁忙的工作，却肯听一个初入门的学生诉说志愿，实在是不多见的。接着他又问我知不知道读人类学的人经常要去做田野工作，那是很苦而且要离家很长久的事，估量过自己能忍受得了吗？我回答说我相信自己能忍受。接着他又问我是否知道读这一行“冷门”，将来只有教书或研究的路，那是不能赚钱的行业吗？我回答说我来自一个教书的家庭，我对教书或研究有兴趣。傅先生听完我的回答后，没有再说别的，立刻在我的报告上批了准予保留奖学金。于是，我就满怀欢欣地离开校长室去办手续了。

现在想起这段事，虽然已隔了二十八年之久，但是仍然历历如在眼前，因为这一件事关系我一生的历程至大，当时假如不是有一位这样开明的校长，我可能就要被迫放弃转读人类学的企图，而以后的发展，也很可能就大有不同了。所以每当我想起这段往事，总是对这位良师怀念不已，所幸我并没有太过辜负傅先生帮助我转读人类学的苦心，如今我仍留在人类学研究的领域里，我也继续留在台大的考古人类学系担任教职，同时也特别对那些真正有心要转读人类学、考古学的人都给予帮助与关切。今天考古人类学系在学的学生中，仍有三四位转学来的同学大都能体会出我的这番心意。我想傅先生地下有知，也许会同意我把他施于我身上的“恩”，再转之于新生一代的身上去的。

一九七八年

（原载《人类的视野》，上海文艺出版社一九九六年七月初版）

以身殉校的傅斯年

——采访二十五年之十七

于　衡

一个不幸的日子

在一九五〇年，即将结束时，台北有一件重大新闻发生了，那是台大校长傅斯年，在“省议会”答复议员郭国基的质询后，突然以脑溢血病逝在省参议会会场。那是十二月廿日下午六时发生的事。

那一天下午六时十分，采访“省参议会”新闻的同仁林伊祝先生，突然打电话给我说：“傅校长在省议会倒下去了，恐怕凶多吉少。”我接到电话以后，匆匆的赶到南海路的“省参议会”，那时其他报社的同业，特别是摄影记者，也都赶到，镁光灯一闪一闪的围着倒在地上的傅先生拍照，当时怒恼了一个人，他大声喊道：“你们这群残忍的家伙，人家已经到了这步田地，你们还在抢镜头，拍照、拍照……你们赶紧走开，让医生来接近他……”当时向记者们发火的人，是省参议会的秘书长连震东。因为那时记者们和省议员已乱成一团，使得医生无法接近，所以连震东在情急之下，乃大发雷霆。

在连震东驱散记者之后，台大附属医院院长魏火曜和内科副教授王大杰，才得以接近傅斯年先生的身边。当时是六时卅分左右，傅先生已经昏迷，不省人事，王大杰诊断为脑溢血后，立即采取紧急措施，抽血四百五十 cc[①]。到了七时卅分，“国防医学院院长”卢致德和内科教授丁农，赶到现场，诊断的结果，也认为是脑溢血症。

在大家乱成一团时，傅斯年的夫人俞大綵和“行政院长”陈诚夫妇，“教育厅长”陈雪屏，都守候在他的身边，希望情形好转。俞大綵一言不发，只是默默的掏出手帕揩眼泪。到了晚上九点三十分，傅先生的血压降低到一百八十度[②]，体温降在三十八度[③]，情况逐渐好转，陈诚夫妇被罗家

---

① 即毫升，cc 为非法定计量单位。——编者

② 通用的血压单位为千帕。此处的“度”相当于毫米汞柱，1 毫米汞柱＝ 133.322 帕。——编者

③ 摄氏温度的单位为“摄氏度”，符号为℃。此处“度”即指摄氏度。——编者

伦劝着先回去休息，但到了十一点钟，病情突然又恶化，血压升到二百三十度，体温升到四十度，十一时廿二分①，已经停止了呼吸。等到十一时卅七分，陈诚夫妇再度赶到“省议会”时，俞大綵却哇的一声，哭出了声音。

那一晚赶到“省议会”议场探视傅先生的人，包括“总统府秘书长”王世杰、何应钦、程天放、罗家伦、吴国桢、朱家骅、杭立武、倪文亚、郑通和、李万居、蒲薛凤、董作宾、萨孟武、李济、魏火曜、沈刚伯、方东美、毛子水、英千里、劳榦……“教育厅长”陈雪屏和台大秘书那廉君一直在傅先生的身边照料。当时台北的政要和学术界人士，几乎都赶到“省参议会”，但是没有一个人再听到他的声音。

含着眼泪采访

十二月二十日午夜一时十分，台北市大雨滂沱，陈诚、王世杰、朱家骅、程天放、陈雪屏、郑通和等十余人，跟随在灵车的后面，把傅先生的遗体，送到极乐殡仪馆。到了一

---

① 此处所说时间与黄季陆《忆傅孟真先生》所说时间有出入。——编者

时卅分，大家才把傅先生的夫人俞大綵劝回家去，然后，陈诚夫妇陆续离去，剩下来的是陈雪屏和几名新闻记者。我们在那里看着一些人布置灵堂，“《中央日报》”的张力耕躲在殡仪馆的一角流泪，我直觉得眼前一片模糊。我自己感到，我不是来采访新闻，而是来送一位学术界的前辈。前面说过，我在担任广州《中正日报》驻台北特派员时，因为广州危在旦夕，傅先生把我介绍到《公论报》担任采访主任，因为当时，我实在需要在台北找一个职业。新一军的陈鑫上校，先把我介绍给当时《公论报》的主任秘书钟国元，钟先生和社长李万居讲了两次，没有肯定的答复。傅斯年先生再向李万居介绍时，第二天便约我上班，因为李万居对傅斯年的话，十分相信。

我以后在《公论报》工作的一年多时间中，常看到傅先生的乳黄色小轿车，停在李万居的公馆门前，当时李先生除了担任《公论报》的社长，还是“省参议会”的“副议长”。那时他们所谈的问题，常常是如何来整顿台大附属医院。有时我也在座，傅先生有一次很激动的向李万居说：“杜聪明——当时的台大医院院长——实在不是一个行政人才，要整顿台大，就要先整顿杜聪明。”

反对闹学潮

一九五〇年台北的记者公会，曾建议台大成立一个新闻学系，因为那时政大尚未复校。傅先生有一次打电话约我到福州街二十号他的家中，他先问我在大学时代念的什么系，我说是法学系，然后他再问我，在国立长春大学[①]做讲师时，教的是什么课程，我说："国际公法和刑法。"接着他又问："你看新闻学是一门学问？"我的答复是肯定的。但他却摇摇头说，他想了很多天，新闻学不是一门学问，最多只能在中国文学系开一门或两门选修课——"新闻学概论"和"采访与编辑"。他的理论是英国的大学和日本的国立大学，都没有新闻学系。我说在大陆上中央政治学校、燕京大学、复旦大学，都设有新闻学系，而且培养了很多著名的新闻记者，当然有它存在的理由。他的答复则是，国立北京大学就没有新闻学系，因而他左想右想新闻学不能算是一门学问。当然那时连 Mass Communication 这一名词，也不普遍。我们的谈话，没有结论，斯年先生送我出门时再表示了一次他的意见说："你不是学新闻的，不是新闻记者做的也蛮不错嘛！"不过我补充了一句："你最欣赏的张力耕，就是政校新闻系毕业的！"

① 1949 年并入东北大学（今东北师范大学）。——编者

傅先生初接台大时，正是台大动荡不安的时候，学生们常常闹事，起学潮，使他最不耐烦的事是房地产的纠纷案、“匪谍”案件、附设医院案件，但经过两年的整顿，他聘请了第一流的教授，为台大争取了更多的经费，修房子，整理环境，培养读书风气，把一所乱糟糟的大学，改变成第一流的学府。他当时提到办台大的三点理想：一是平淡无奇的教育，要学生有房子住，有书念，有好玩的东西玩；二是品性教育的初步，要学生不扯谎；三是公平，他说：“凡是同样的人，在一切法律或规则上平等。”他的做法是为台大创造一个安定的读书环境，因此他反对学潮。

他从三十八年一月廿四日接任台大校长，到一九五〇年十二月二十日他逝世时止，将近两年的岁月中，为台大奠定了最稳固的基础，而他自己则“以身殉校”。

要有一个安定的环境

现在还是让我来记述他逝世当天和以后几天的情形。傅先生在十二月二十日那天上午，出席农复会的一项会议，讨论保送台大学生出国深造问题，下午二时许，他就到了“省参议会”，坐在他身边的是当时的“教育厅厅长”陈雪屏和“副厅长”谢东闵。那天下午“参议会”所质询的问题是有关教育问题，大部由陈雪屏“厅长”作答，当天主持会议的是“省议会副议长”李万居。到了五点多钟，被人称为“大炮”的“参议员”郭国基，质询有关台大问题，其中包括“教育部”抢运来台存放在台大器材的处理和放宽台大招生尺度的问题。于是傅校长登台答复，那是他当天第二次答复“参议员”的质询，他在第一次答复有关台大的一般问题，仿佛不怎样吃力，第二次上台后，他的讲话就有些激动了。他特别提到：“奖学金制度，不应废止，对于那些资质好，肯用功的学生，仅只为了没有钱而不能就学的青年，我是万分同情的，我不能让他们被摒弃于校门之外。”最后他则说：“我们办学，应该先替学生解决困难，使他们有安定的求学环境，然后再要求他们用心勤学。如果我们不先替他们解决困难，不让他们有求学的安定环境，而只要求他们用功读书，那是不近人情的。”他讲完话之后，慢步走回，突然脸色苍白，陈雪屏看情形不对，走向前去扶他，并问他是不是有些不舒服，他说：“不好……”于是陈扶他回了座位，便倒下去了。于是整个“议会”乱成一团，懂得一些医学的“参议员”刘传来跑过来替他把脉，认定是脑溢血，同时把几个坐椅拼起来，使他平卧，陈雪屏的皮包就做了枕头，从此他一言不发了。

他病倒的那一天，蒋“总统”获得消息后，曾经嘱咐陈诚，动员所有的名医，不惜任何代价，来抢救他的生命，并要陈诚每隔半小时，报告一次傅氏的病况。但他终于在夜里十一时廿二分逝世。

傅斯年逝世以后，“副议长”李万居向新闻记者正式宣布：傅校长已于二十日夜“弃世”。李万居说的国语并不标准，有一个记者把“弃世”听成“气死”，于是消息马上传开，说傅斯年在“省参议会”，被郭国基“气死”了。

读者们一定要问道，一位“国立”大学校长，何以要出席“省议会”备询？在这里我必须补充说明一下，在日据时代，“台湾大学”的名字是“台北帝国大学”，经费则出自总督府。我们接收后，沿袭旧规，台大的经费，列入省政府的预算，所以台大校长就要出席“省参议会”了。

学生包围“省参议会”

台湾大学在二十一日下了半旗，同时停课一天，学生们在一早晨便成群结队，打着“痛失良师”的旗帜，先到极乐殡仪馆瞻仰校长遗容，然后浩浩荡荡的步行到南海路的“省参议会”。当时“参议会”，正在开会，学生们推派代表要郭国基出来报告当天质询的经过，郭国基在听到学生包围“参议会”后，悄然从后门溜走，出来解说的，则是“省议会副议长”李万居和闻讯赶到的“教育厅长”陈雪屏。李万居告诉激动的学生们说：“郭国基那天提出的质询没有伤害到傅校长之处，言词也不过分。”陈雪屏报告时说：“那天的质询，共有六项，陈本人答复了四项，傅先生答复了两项，那些问题都不是什么难题。”他劝学生们要冷静，要继续傅先生的精神，读书报国，但学生们还是要求郭国基出来答话，同学们越聚越多，而且僵持不下。直到下午一点多钟，台大训导长傅启学冒雨赶到“议会”，他向学生们说：“校长之死我和同学们心里同样难过，傅校长是学术界的第一流人物，郭国基在‘议会’内讲话，虽然可以不负责，然而他所问的，都是没有常识的话，以傅校长这样伟大的人物与一个毫无常识的‘参议员’是不能比的，我们今天来此，是对傅校长表示敬爱，大家敬爱他，便要遵照他的意思，假如他在世的话，一定不愿意我们这样做的，我们回去吧！”于是同学们默默的回了学校。

那一天我在场采访，但回到报社以后，却感到无限空虚，晚上看同仁们写的有关傅斯年的稿件，直觉得文字在纸上浮动，真想走到楼下，痛哭一场。

那晚上在截稿以后，我一个人跑到康定路的淡水河边散步，想到斯年先生在日讲的一个不要他的儿子傅仁轨扯谎的故事。他说，他平日告诉孩子，天下第一等坏事，就是扯谎。有一天他家的电话铃声响了，傅仁轨接听电话，对方问他的爸爸在不在，并且说出了对方的名字，斯年先生因为不齿那个人的为人，不愿接听他的电话，因而摇摇手告诉傅仁轨说：“你告诉他说爸爸不在家。”电话挂上以后，傅仁轨问他，爸爸不是不叫我扯谎吗？为什么今天自己却扯起谎来。傅先生觉得孩子问得有理，并且说那是他自己的错误。在以后的日子里，不论什么人打来电话，他都自己接听。

做不起一条棉裤

我也想到在韩战[①]爆发以前，在局势紧张的那段时期，别人正在往美国跑时，他却郑重宣布：他决不离开台湾一步。更想到他在抗战时期，在“国民参政会”做“参政员”时，高喊“这个样子的宋子文，非走开不可”的名句。还有他做台大校长时，不浪费公家的一文钱，而四百多元新台币的校长薪水，并不够他的开支，他把当时最坏的新乐园香烟的烟丝剥开，装在他的烟斗里。

更使人伤感的是一九四九年冬天，主持《大陆杂志》的董作宾教授，约他写稿，答应提前给他稿费。他告诉他的夫人俞大綵说，等钱拿到了，一半留作家用，一半给他自己做条棉裤，而且要厚厚的扎裤脚的，但后来他还是因为棉花和料子太贵，没有做成……

---

① 即朝鲜战争。初为朝鲜半岛南、北方间的战争，后因美国武装干涉和中国出兵援朝，扩大为国际局部战争。1950 年 6 月 25 日战争爆发。27 日，美国派兵介入并武力封锁台湾海峡。——编者

还有，他在出长台大后不久，在家中和他的夫人俞大綵聊天——俞大綵在台大教英语——俞大綵告诉他，曾经看见有一位女生，坐小汽车上学。傅先生听了极为恼火，第二天便跑到校警室，要校警记下那辆汽车的号码，并且告诉她以后不要坐汽车到校。

傅先生的故事，一件一件的出现在我的脑际，那时我常把淡水河看成一道江，每当我极度苦闷时，就坐在“江”边苦思。

千万人同哭斯人

傅斯年逝世后，从廿一日到二十二日大殓，那两天，极乐殡仪馆，从朝到晚，人群川流不息，从灵堂里走出的女生，个个掩面而泣。

那两天，报纸上整版刊载傅先生的消息、新闻特写，专栏、副刊上的悼念文章，接连着刊出，是我采访中，所看到的最感动人的场面。十二月是台湾的雨季，那几天一直落雨，有一家报纸的标题是“天泪人泪，千万人同哭斯人”。

傅先生的丧事，办得并不铺张。治丧委员会和俞大綵决定为他举行火葬，治丧费用是新台币六千元，然后把它的骨灰埋在台大校园中。廿二日那天，是傅先生逝世的第三天，上午十时举行大殓，但从清晨七时，殡仪馆就聚集了四百多人，九点多钟，灵堂内外，挤满了一千多人。于右任先生扶杖前来，陈辞修将军，眼睛哭得红肿，王宠惠、蒋梦麟、罗家伦、王世杰、朱家骅、钱穆、萨孟武、沈刚伯、程天放、陈大齐、毛子水……都走进灵堂，瞻仰遗容，台大学生和全体“省议员”默默的走进去，再默默的走出来。

十点钟，在哀乐声中，举行大殓。当遗体移入棺木以前，傅夫人俞大綵，摆脱了女伴的搀扶，直扑到斯年先生的身边，她亲着他丈夫的脸，吻他的嘴唇，一颗颗的泪珠，流到傅先生的脸上，流到嘴唇中，站在旁边看着的人，都掏出手帕擦眼泪。

傅先生的遗体被移到一个两寸厚的薄木棺中，十时卅分，被送往火葬场。陈诚、王世杰等都随着灵柩步行到火葬场，那一天又是细雨迷蒙，道路泥泞，雨声和哭泣声混成一片。在送葬的行列中，学生们拿着小旗帜前进，上面写着：“校长，回头来瞧瞧我们。”一千多送葬的人，步行了两公里长的一段道路。十一时过后不久，灵柩抵达火葬场，在哀乐声中，放进“一级一号”的炉中，从那时起，傅先生真的和人们永别了，但是人们还集聚着不肯离去，有些学生等在那里，不时用手摸摸炉门。炉门上仅留下用粉笔写的“傅斯年”三个大字。

岁寒知松柏之后凋

那一年的最后一天——十二月卅一日，治丧委员会，在徐州街台大的法学院为傅斯年先生，举行了大规模的追悼会，礼堂中挂着“总统”的挽额——“国失师表”和“总统”的褒扬令，蒋“总统”并亲临致祭。

那一天从上午九时开始到下午五时止，前往致祭的人，达五千多人，大殓和公祭那天，“省参议员”郭国基都未敢露面，卅一日他在高雄的家中，向北遥拜，他在家中接见新闻记者说，他怕台大的同学不能谅解他，所以他只好躲在高雄家中。

傅斯年逝世后，陶希圣在“《中央日报》”写了一篇很感动人的文章，其中有一段写道：在徐蚌战事[①]利失之后，陶希圣到鸡鸣寺去看傅斯年。那时中央研究院的历史语言研究所的图书，正在装箱，傅斯年告诉陶希圣说：“现在没有话说，准备一死。”他随手的小箧里面，藏着大量的安眠药片。三十八年二月陶希圣到了台湾，再去看傅斯年，傅先生告诉陶希圣说：“总算没有死在南京。”陶文中结尾说：“岁寒然后知松柏之后凋。”

他的学生陈槃教授，写了一篇《师门识录》，也有一段

① 即淮海战役。——编者

记述他要自杀的事，原文是：“当首都仓皇之日，同时有陈布雷、段锡朋二氏之没，师因之精神上大受刺激，悲观至极，顿萌自杀之念，而师卒未于此时殉国者，赖傅夫人爱护防范之力也。”

陈文中有一段：“‘中央’各机构迁台之初，经费无所着，仅赖本省银行暂时之借垫，既则银行穷于支应，此款亦声明停付，研究所——指史语所——同人闻讯，大起恐慌，师自台大贻椠手书嘱转告杨梅所中同人，可安心工作，如有同仁至于绝粮，渠亦不食……”

傅斯年先生逝世时，胡适之先生远在美国，他写了一封信给俞大綵，其中的一段说：“他的学业根底，比我深厚，读的中国古书比我多，但他写信给我，总自称学生，三十年如一日。我们见面时，也常‘抬杠子’，也常辩论，但若有人攻击我，孟真一定挺身出来替我辩护，他常说，‘你们不配骂适之先生’，意思是说，只有他自己配骂我，我也常说这话，他并不否认！”

两封动人的信

傅先生逝世后，他的十五岁的儿子仁轨，在美国读中学，他没有钱回国奔丧，乃写了一封信安慰他的母亲，信的原文是：

亲爱的母亲：

希望您看到这封信后，能使您鼓起勇气来，为了死去的父亲，继续勇敢的工作下去，我虽然想到，我已经是没有父亲的孩子了，但我并不介意，只有想到您已是单身一人，失去了丈夫的依靠，才使我深深的感到难过。父亲是祖国所需要的重要人物，但我时常对自己说，人死是不可避免的，终有到来的时候，那么我们为什么还要为死而悲伤呢？那些已经故去了的生前有丰功伟业的人，都受到后人的赞颂，我确信父亲也是一位非凡的人物，一定也能受到后人的赞扬，我并不迷信，但是永远没有人能够使我相信人死就是“过去”，人死身体虽然毁灭，骨头虽要变成灰烬，但是他们的灵魂，哪里去呢？我确切的感觉父亲正在守护着我们。

这些日子功课太忙，没有时间早给你回信，当我在打字时，有一位摄影记者来到打字间，他给我拍了好几张照片，等冲洗好后，给你寄去。

请告诉我你的生活近况，现在你在教书吗？你的薪水能够维持吗？这都是我想知道的。

你的爱子仁轨上　十二月廿六日

不久之后，傅仁轨又写了第二封信给他的母亲，那是他接到母亲的信告诉他，斯年先生生平没有积蓄，在逝世前不久，要刻一图章“孟真遗子之书”，印在书上，作为给儿子的财产，傅仁轨信中写道：

妈妈：

爸爸要把他所有的书籍，都遗赐给我，我非常感动。如果别人有正当需要时，就请你毫无犹豫的借给他，因为有许多好学的学生，是能够读这些书的。要是为我而把这些书藏在箱子中，我觉得那是很自私的，爸爸给我的一切——道德方面的——自应珍视，而且我要尽量的利用它。

谢谢您寄给我的相片，妈妈，你已经变了样子了，我要保藏这些照片，像保藏我的心一样。在那上面，可以看出从爸爸离开我们后，你一直在忧伤着，悼念着，但是我希望你能节哀，你或许以为我太漠视感情了，但我以为你这样下去，并不是生活的正确途径，要知道悼念一个人，只在乎把哀思藏在心里，不在乎外面的表现，正如动听的演说和幽居的生活似的。如果你敬爱你的丈夫、我的爸爸，你必须坚毅的、果敢的过你的生活，这是我们在今日这混乱而黑暗的世界上，不得不如此的。在一个理想的世界，当然不必如此，但现在不是一个理想的世界，我们生活在艰苦的时代中，惟有刚毅，才能站得住脚。我还有一个意思，我以为爸爸在上帝之旁，常常监临着我们，如果我们过着快乐勇敢而不悲愁的生活，他一定会觉得更欣慰，妈妈，你赞同这个意见吗？

您的爱儿仁轨上　二月廿七日

傅仁轨那年才十五岁，一转眼又是廿四年，屈指算，他今年也已三十九岁了。他自哈佛大学毕业后，就在美国的McGraw-Hill出版公司做编辑，据说，他的脾气很像他父亲，特别是自奉甚俭，对待别人很厚的性格。

回想傅斯年先生逝世当时的情形，一切就像是在昨天。他去世那年才五十五岁，二十四年来，时局从危难中走向坦途，现在已经有了一个小康的局面，但是傅先生没有看到，如果他还健在的话，今年才七十九岁，不能算是老迈。

读书人的典型

傅先生的最大长处，是他做事有魄力，有担当，他不是一个唯唯诺诺的人。他平生最痛恨贪污，而且嫉恶如仇，他的高度爱国情操和他的言行如一，是中国读书人的典型。在一九四九、一九五〇年，那个动乱的时代中，他和尹仲容，是学术界和财经界的两个支柱，也是两个硬汉。而更巧的是，在一九五〇年十二月二十日那天，“省参议员”郭国基，在上午的质询中，攻击了尹仲容，下午则向傅斯年质询。

两年前郭国基也病逝了，不过郭在逝世时，却是无声无响，当年被他攻击的两个人，在现代史上，都有着很高的评价。

傅斯年先生逝世，是我采访二十五年中，所看到的最真诚、最感人的一幕，特别是那段忧患的时代，我看到了一股凝结的力量，一种正气的象征。

傅斯年先生逝世后，不仅台大感到空虚，整个台北的政坛也感到空虚，新闻记者更感到空虚，那是一九五〇年年底，在局势好转声中，留在人们心底最沉重的一件事。

台大校长出缺了，当时确实有一些人想谋求那个位置，但当局却属意远在美国的胡适博士，函电往返，征求胡适之的同意，而胡却婉言谢绝，理由是他有心脏病，不能担任繁重的工作，但他推荐了一个人，那就是当时的台大教务长钱思亮。

一九五一年一月六日，胡适博士写信给傅夫人俞大綵说："台大的事，政府颇有意要我做孟真的继任者。为亡友，为台大，我确曾考虑过，但我没有孟真的才能，他那样才大心细，尚不免以身殉校，我最不能办事，又最厌恶应付人，应付事，又有心脏病，必不能胜任这样烦难的事，所以已坚决辞谢了。……"

不久，政府正式发表了钱思亮出任台大校长，钱思亮出长台大后，把傅斯年时代所建立的制度包括人事制度、财务制度、训导制度，小心翼翼的执行，使台大在安定中求进步。二十年来，台大在国际间有了学术地位，说她是傅斯年时代打下的基础，当是允当之论。

（原载《传记文学》一九六八年第二十二卷第五期）

其人行状

傅斯年学行并茂

吴相湘

傅斯年先生是民国学术界能治学又能治事的稀见领袖全才。五四运动，初露锋芒；留学欧洲归来，应中央研究院聘，创立历史语言研究所，规划宏远，以建立“科学的东方学研究中心于中国”为最高目标；主持殷墟发掘、整理明清档案、调查各地方言、出版专刊丛书，为我国历史学、语言学研究辟一新途径，且赢得国际学术界最高赞誉。

傅斯年正义凛然，勤恳治学之余，常坦挚论政。“九一八”以后，力主积极抗日。战时在国民参政会，不畏权势，指斥时弊，士林同钦。民国三十八年，出长台湾大学，凡所兴革，迄今犹为高等教育界所遵循。吴稚晖谓傅是“真正校长，主持大学，（蔡）孑民外一人”，是为公论。

傅斯年，字孟真。公历一八九六年三月二十六日（清光绪二十二年二月十三日）生于山东省聊城县，一九五〇年十二月二十日，病逝台湾省台北市。

傅氏先世，江西永丰人，明中叶仕为冠县令（今山东冠县），其后裔始占籍东昌（今山东聊城县）[1]，遂为齐鲁之民。诗书继世，仕宦显扬，为一传统士大夫家庭典型。其六世祖以渐，清顺治朝第一甲第一名进士，官至武英殿大学士。曾祖继勋亦成进士，在安徽任牧令二十年，升布政使。李鸿章、丁宝桢均曾为门下士。祖淦拔贡，少负才名，精诗画，淡泊自甘，不乐仕进。父旭安，顺天举人，有文名，曾任山东东平龙山书院院长。

傅斯年六岁时入邑人孙达宸拔贡学塾，归家，祖父又亲自督课。十一岁，读毕十三经。十二岁，入东昌府立小学堂攻读，祖父仍在家督课。同时，侯雪舫进士亦多教导。傅斯年于中国文史基础因此建立。为求扩大见识，十三岁，即一九〇八年冬，随侯氏至天津。翌年春，考入天津府立中学堂继续攻读，四年毕业。中华民国二年（一九一三）夏，考入北京大学预科。

北京大学预科分甲、乙两部，甲部偏重数学及自然科学，乙部偏重文史。傅斯年入乙部肄业，虽身体不甚坚强，但成绩辄为全部同学之冠，在课外活动中亦崭露头角。

---

① 今为聊城市。——编者

“雄辩会”编辑长 《新潮》发刊旨趣

预科学生有各种会社组织，傅斯年参加“文学会”，此一团体初以研究修辞属文之文学为宗旨，后扩大改组为“雄辩会”，以修缮辞令、发展思想为宗旨，分国文、英文二部，每部又分演讲、著述两科。民国五年夏，傅斯年卒业于北大预科。秋，升入本科国文门。“雄辩会”亦随同多数会员而改设于本科，并将演讲科分为演讲、辩论二组，傅仍担任是会国文部副部长兼编辑长，曾筹议创办《勤学》杂志，嗣未能实现。

民国六年一月，蔡元培就任北京大学校长。秋，胡适到校任教哲学系。学风改易，学生思想言行亦随之变化，傅斯年表现尤形突出。

北京大学本科国文门聘有刘师培、黄侃、陈汉章讲授，发挥仪征学统及章炳麟（太炎）学说。傅斯年国学基础甚深，兴趣尤浓，颇受影响，于章氏诸书用功特勤，极致景仰。自受业于胡适，时往请益，更喜阅读西洋书籍，常节衣缩食请日本丸善株式会社邮购寄来。日积月累，中西并蓄，相互比较，发现太炎学说缺弊所在，乃毫不犹豫立即冲出樊笼，投身“文学革命”阵营，决不徘徊歧途。

傅斯年与顾颉刚寄居北大西斋同一房间，徐彦之居于近邻，三人日常聚谈，对北京大学前途怀抱极多希望。自我检讨反省，更以为学生必须有自动的生活、办理有组织的工作，所学所思始不至枉费；而创办若干种杂志，要为达致此一目标的门径，既有助于学业，更有益于自动生活。多次谈商，终以缺乏金钱，未得一比较具体办法。民国七年春夏，傅斯年撰《文言合一草议》《中国学术思想界之基本谬误》《戏剧改良各面观》诸文，陆续出现《新青年》第四卷、第五卷各期中。是年秋，徐彦之因又与傅重提旧议，且以何不一加尝试为言。傅因草拟计划及预算，估计各社员分担款项与实际开支相差极巨，几又搁置。徐彦之偶又想及既属学生活动，或可请求学校赞助支持。乃往谒文科学长陈独秀作一试探，陈竟允由校方担负经费。此一答案完全出于傅、徐初料。因即与罗家伦、康白情等十余人研讨，复得胡适同意担任顾问。是年十月十三日举行第一次预备会，决定不使此一杂志内容杂乱无章，有课艺性质，而以表现（一）批评的精神、（二）科学的主义、（三）革新的文词为最高原则。旋采纳徐彦之提议 the renaissance，罗家伦建议中文“新潮”为名称。十一月十九日举行第二次预备会决定负责人选，分途积极进行。

民国八年一月一日，《新潮》问世，傅斯年手撰《发刊旨趣书》，开宗明义以北京大学已能脱弃旧型入于轨道，渐入世界潮流为幸；希望以大学之正义，为未来中国社会作先导，更为来日中国一切新学术之策源地；期以十年，使大学之思潮普遍中国，影响无量。继复说明《新潮》问世四大责任：（一）唤起国人对于本国学术之自觉心；（二）鼓励群众对学术的爱好兴趣；（三）指陈社会生活意义及其因革之方；（四）协助青年学生自精神上脱离恶人模型思想属鬼之感化。“总期海内同学去遗传的科学思想，进于现世的科学思想；去主观的武断思想，进于客观的怀疑思想；为未来社会之人，不为现在社会之人；造成战胜社会之人格，不为社会所战胜之人格。”目标宏远，热诚洋溢。

除《发刊旨趣书》以外，傅斯年在《新潮》创刊号另撰有《去兵》论文，又于《评坛》栏撰有《万恶之源》《社会革命——俄国式的革命》，《出版界评》栏撰《王国维之〈宋元戏曲史〉》《马叙伦之〈庄子札记〉》《蒋维乔之〈论理学讲义〉》，《故书新评》栏撰《清梁玉绳之〈史记志疑〉》《宋郭茂倩之〈乐府诗集〉》《英国耶方斯[1]（W. S. Jevons）之〈科学原理〉》，充分显露其读书涉猎之渊博，对此一新杂志全力以赴之精神。

① 即杰文斯。英国逻辑学家，经济学家。——编者

五四运动举大旗　远赴英德求新知

《新潮》第五期出版，五四运动发生。

傅斯年在这一伟大爱国运动中是北京大学学生领袖，为是日在北大集会时主席，为游行示威总领队。游行队派代表向各国公使馆致送声明书以后，队伍中即有人高呼“到外交部去！”“到卖国贼的家去！”傅斯年曾劝说同学不要激动。但喧嚣愤怒的声浪，使傅斯年无法控制局势，乃自举大旗率众前往赵家楼曹汝霖住宅。

五四翌日，北大学生集会，群言纷乱，竟有一人因意见不同而与傅斯年言语冲突终至动武互殴，傅气愤之余，从此不再参加学生会工作，但尽力支持赞助段锡朋的领导。

是年六月，傅斯年完成北大本科学业。旋回山东参加官费留学考试，成绩优异。惟少数试官以傅为“五四”主角，目之为激烈分子，不拟取录。幸教育厅科长陈豫攘臂力争，坚持以考试成绩为准，终得上榜。是年冬，傅至上海整装待发，而一二报纸竟刊载不实消息谓傅斯年赴欧留学，乃拥有日本股份之某烟草公司资助，意在毁坏此一爱国运动主角的历史地位。

民国九年一月，傅斯年与俞平伯结伴同行到达英国，傅入伦敦大学研究院，选修史培曼教授（Spearman）主讲之实验心理学等课程。这是傅实践五四运动提倡科学之口号，故决心由研习自然科学以获取可靠的知识，并从而认识了解科学方法的训练。因此，傅在伦敦大学三年中又进而治物理、化学及高等数学。

傅斯年在北大主修中国文学，英文基础亦佳，课余又多读西洋书籍，如皮尔生《科学规律》（*Grammar of Science* by Karl Pearson）、金斯《或然率研究》（*Treatise on Probability* by J. M. Keynes）诸书在国内均曾阅览，故今在伦敦修读自然科学课程不仅未遇困难，且兴趣倍增，对数学尤然。盖名师当前，书刊繁多，正合傅斯年贪多务得、细大不捐的个性。课余复涉猎英国哲学、文学、政治诸名著，萧伯纳戏剧诸名作，几均曾购阅。

傅斯年在伦敦留学三年后，民国十二年九月转往德国，入柏林大学哲学院研究。

其时，柏林大学以爱因斯坦“相对论”、勃朗克“量子论”震动全球学术界，加以德国多年来又以语言文字、比较考据学著名于世。傅斯年置身当时两大学术气氛环境中，加以陈寅恪、俞大维诸人影响，故对“相对论”“比较语言学”课程均按时听讲并阅读教授指定参考书籍，又利用余暇研读马赫（Ernst Mach）著作，对于《感觉的分析》（*Analyse der Empfindungen*）、《力学》（*Mechanik*）二书尤多用心。

民国十五年十月，傅斯年结束留学生活，束装回国。在欧洲居留约七年，充分发挥强烈的求知欲，以及在学术中不甘坐享现成，企求创获的野心，满载新知，回国后幸即获得致用机会。

中山大学文学院　历史语言研究所

其时，戴季陶、朱家骅主持广州中山大学，为充实文学院，亟欲物色一对新文学有创造力，并对治新史学有抱负的学人主持中国文学系及历史系。戴、朱与顾孟余等研商后乃聘请傅斯年担任文学院院长兼此两系主任。傅斯年返国在故乡省亲后即南下广州就任新职，且全力以赴。

民国十六年秋，傅斯年于戴、朱支持下在中山大学创立一语言历史学研究所，招收研究生，并发行一周刊。其理想与抱负具见于此一研究所周刊第一集第一期发刊词中："我们生当现在，既没有功利的成见，知道一切学问，不都是致用的。又打破了崇拜偶像的陋习，不愿把自己的理性屈伏于前人的权威之下，所以我们正可承受了现代研究学问的最适当的方法，来开辟这些方面的新世界。语言历史学也正和其他的自然科学同目的、同手段，所差只是一个分工。……我们要实地搜罗材料，到民众中寻方言，到古文化的遗址去发掘，到各种的人间社会去采风问俗，建设许多的新学问。"

傅斯年在主持文学院及研究所事务与讲授之余，仍多撰述。在研究所周刊发表《评秦汉统一之由来和战国人对于世界之想象》《论孔子学说所以适应于秦汉以来的社会的缘故》《评春秋时的孔子和汉代的孔子》，持论观点与前人极多不同。

民国十七年夏，国民政府为弘扬学术，创立中央研究院。是年冬，傅斯年应蔡元培院长之聘，担任历史语言研究所所长，筹划并推进所务以外，并襄助蔡院长发展院务。院内重要制度的确立、各种方案的订定，傅斯年均大有贡献。而其对于创立历史语言研究所之旨趣更具异常卓见："中央研究院设置之意义，本为发达近代科学，非为提倡所谓固有学术。故如以历史语言之学承固有之遗训，不欲新其工具，益其观念，以成与各自然科学界同列之事业，即不应于中央研究院中设置历史语言研究所，使之与天文、地质、物理、化学等同论。今者决意设置，正以自然科学看待历史语言之学。""近代欧洲之历史语言学，其受自然科学之刺激与补助，昭然若揭。以我国此项材料之富，欧洲人为之羡慕无似者，果能改从新路，将来发展，正未有艾。""此项旨趣，约而言之，即扩充材料、扩充工具，以工具之施用，成材料之整理，乃得问题之解决；并因问题之解决，引出新问题，更要求材料与工具之扩充，如是伸张，乃向科学成就之路。"

傅斯年更指出此一研究所工作旨趣，应用近代方法研究历史学、语言学三大标准。“（一）凡能直接研究材料，便进步；凡间接的研究前人所研究或前人所创造之系统，而不繁丰细密的参照所包含的事实，便退步。”“（二）凡一种学问能扩张他研究的材料便进步，不能的便退步。”“（三）凡一种学问能扩充他所研究时应用的工具的，则进步；不能的，则退步。”“总而言之，我们不是读书的人，我们只是上穷碧落下黄泉，动手动脚找东西！”“我们只是要把材料整理好，则事实自然显明了。一分材料出一分货，十分材料出十分货，没有材料便不出货”。其着重应用资料，力矫游谈无根陋习传统之苦心非常明显。

科学的东方学之正统　中国远古信史往前推

傅斯年为强调新观点，又揭示三大口号。（一）把一些传统的或自造的仁义礼智或其他主观、同历史学和语言学混在一气的人，绝对不是我们的同志！（二）要把历史学、语言学建设得和生物学、地质学等同样，乃是我们的同志！（三）我们要科学的东方学之正统在中国！

傅斯年手撰此一《历史语言研究所工作之旨趣》与胡适撰北京大学《国学季刊》发刊词，可称为近五十年中国文化史研究的两大重要文献，亦为奠定中国现代历史学之两大柱石。而傅之号召比较胡更具积极性。论者有谓胡适乃“保守的自由主义者”（Conservative liberal），傅斯年为“急进的自由主义者”（Radical liberal），可谓允当。至于傅高举“我们要科学的东方学之正统在中国”大旗前进，更具有高度的鼓舞性，实唤醒中国学人最高的民族意识，历史语言研究所得在很短时间内聚集许多能运用现代学术工具的中年及少年学人集体研究。陈寅恪任第一组（历史）主任、赵元任任第二组（语言）主任、李济任第三组（考古）主任，均一时之选。四十余年来成为全球中国历史及语言学研究之重镇，实即傅最初规划宏远之功。

傅斯年剑及履及，是年秋，开始河南安阳殷墟之发掘，此为一八九九年甲骨文行世以后，第一次有计划有组织应用科学方法进行发掘。从此以至民国廿六年夏对日战争爆发，先后十年间，凡发掘十五次。由董作宾、李济主持其事，发现大量殷代铜器及龟甲兽骨文字。经过历史语言研究所各级研究人员详细研究，遂使殷商史事由隐晦而日趋显明，中国之信史，因之向远古推前千百年。

民国十八年春，傅斯年将中央研究院历史语言研究所自广州迁移至北平，以充分配合此一文化古都各学术机关之学人与资料。秋季开始，傅在母校北大史学系兼任教席，讲授“中国上古史专题研究”及“中国古代文学史”两课程，努力培植后进，为中国新史学研究之生力军。且对母校校务教务多所献替，尤以民国二十年九一八事变以后出力更多。如北大校长蒋梦麟所记述：“北平正在多事之秋，我的‘参谋’就是（胡）适之和（傅）孟真两位，事无大小，都就商于两位，他们两位代北大请到了好多位国内著名的教授，北大在北伐成功以后之复兴，他们两位的功劳，实在是太大了。在那个时期，我才知道（傅）孟真办事十分细心，考虑十分周密，对于人的心理也十分了解，毫无莽撞的行动。还有一个特点使我永远不能忘记的：他心里想说什么就说什么，他说一就是一，说二便是二，其中毫无夹带别的意思，但有时因此会得罪人。”

历史语言研究所在安阳进行考古发掘，河南民族博物馆认为影响其工作。民国十八年十月，发掘工作被迫停止，傅斯年得知实情后即自北平往南京报告蔡元培院长，旋赴开封与地方人士洽商，并利用晚间在河南大学作学术演讲。傅学识渊博，谈词锋利，对于考古学、古生物学等有精详的发挥，每次主题讲毕又让听众提出问题，当场解答。时值冬令，听众踏雪前来，对傅备致敬仰，且了解考古发掘之意义与重要。是年十二月二十八日，傅斯年与地方人士获致协议。民国二十年春，殷墟第四次发掘开始，亦即解决安阳发掘办法确定后之第一次发掘。历史语言研究所工作人员与河南省方人员会同进行，以小屯为中心向东西扩展，傅斯年特前来现场视察每一坑发掘情形。同年秋又再至安阳，力求各方融洽，工作顺利。

书生何以报国　北平危城讲学

傅斯年为五四运动健将，对“九一八”空前国难之来临自极感悲愤，曾在北平图书馆约集北平著名学人商讨“书生何以报国？”傅忧心如焚，慷慨陈词。几经商讨，咸以编写一《中国通史》以唤醒民族魂为急务。此后北大史学系即以此一事业引为己任。傅旋建议校方聘请钱穆来北大讲授此一课程。抗战之初，钱穆撰《国史大纲》刊行，亦可谓此一号召之结果。

北平学人为实行“书生报国”乃创办《独立评论》周刊，傅斯年与胡适、丁文江、蒋廷黻等为主干。傅常撰时论，炯眼卓识，更胜于《新潮》时代。

其时，日人为掩饰侵略我东北，发表“满蒙在历史上非支那领土”之谬论。傅斯年深感义不容辞，乃于百忙中赶撰一《东北史纲》，运用民族学、语言学及古籍中史地资料，以证明东北原为中国郡县，无论任何方面均与中国有不可或分之关系。稿成后由李济节译为英文本，送致自欧东来之国际联合会调查团以为参考，颇受重视——惟仓卒属稿，只具间架轮廓，内容不无疏漏，国人颇有评论，傅屡思重加修订，终未如愿。

民国二十二年春，日军侵热河及长城线。故宫文物开始南运，历史语言研究所亦将珍藏南迁至上海。夏，傅斯年应蔡元培院长聘兼任社会科学研究所所长，旋又应教育部聘出任中央博物院筹备主任。但仍按时往北平在母校史学系授课，协助蒋梦麟、胡适发展校务，以至民国二十六年七七事变。在此四年中北大及清华各校师生“危城讲学，大义凛然”。且时懔“最后一课”之忧，益加策励，终造成中国近五十年来学术上黄金时代，培植众多人材，为抗战及其后三十年国家中坚。

民国二十三年三月，傅斯年在《大公报》发表《所谓国医》专文，对“国医”理论作严厉之批评。各地“国医”及其辩护者纷纷著文反击。九月，傅复于《独立评论》发表《再论所谓国医》以答。此为近六十年来对“国医”理论作正面而彻底批评之先声，亦为傅斯年自《新潮》倡导科学以来对具有传统之实质问题予以抨击又一纪录。

民国二十四年，安阳发掘进入第八年。是年春，第十一次发掘工作雇用工人三百余人，为殷墟发掘以来规模最大之一次，亦中国考古工作在国际间最煊赫时期。世界著名汉学家法兰西学院伯希和教授于是年春专程东来调查中国近年文史研究情况。五月中，傅陪同伯希和赴安阳参观。伯希和目睹西北冈发掘的殷代伟大陵墓、排列整齐的小墓，大量而精美灿烂的各种鸟兽形制的石雕、玉器、枕绿石器、车器、武器及爵觚鼎彝等青铜器，不断惊讶赞叹。是傅斯年八年前倡导“我们要科学的东方学之正统在中国”一口号已有事实表现。

积极抗日言行显正气
“夷夏东西说”成定论

自“九一八”以后，傅斯年为唤起国魂抵抗侵略，时在《独立评论》及《大公报》撰文，表现异常积极抗日态度。民国二十一年十月，北大教授马衡等企图划北平为中立的“文化城”以苟且偷安。傅斯年闻讯曾加劝阻，不听，乃寄信蔡元培院长表示反对：“斯年实为中国读书人惭愧！”民国二十二年五月，《塘沽停战协定》签订，傅斯年极表反对。六月四日，胡适在《独立评论》发表《保全华北的重要》专文，认为当局一时无力收复失地，赞成华北停战。傅斯年接阅此文大怒，要求退出独立评论社，严正表现爱真理甚于爱吾师。胡适为此非常伤感。嗣经丁文江寄长信劝解，傅始打消退社原意。然积极抗日主张则持之益坚，力言退让应有限度[①]。民国二十四年冬，日本策动“华北特殊化”。冀察政务委员萧振瀛招待北平教育界，企图劝说就范。傅斯年闻萧言即挺身而起，当面斥责萧，表示坚决反对态度、誓死不屈精神。于是北平整个混沌空气为之一变。“一·二九”学生示威运动，北大教授更在慷慨激昂气氛中举行大会，共同宣誓：不南迁、不屈服！只要在北平一天，仍作二十年的打

① 塘沽协定后，日人使用政治分裂、经济破坏策略逼使我华北“特殊化”。民国二十四年七月二十一日，天津《大公报·星期论文》栏刊丁文江撰《苏俄革命外交史的一页及其教训》，沉痛提出全国上下应有“大家准备到堪察加去”至死不屈的决心与准备。八月四日，胡适亦撰文刊载《大公报·星期论文》栏，指出：“丁先生文中所说，除最重要的一事外，其余都可退让。我们要问：如果万分退让的结果，还换不到那最重要的一件事，我们应该走那条路？”八月十一日，《大公报·星期论文》栏刊载傅斯年撰《一夕杂感》。沉痛指出“危害愈大，而内部愈散！”“自身的几件大患”：（一）政府机能之由散到更散，由弱到更弱；（二）无止境的退让；（三）走了几十年革命的道路，忽然失却自信。其指陈“无止境的退让”节有云：“四年中，外交上之退步，敌上三十年，而数倍之不止，这两个月，又敌过最近四年。这样的加速度进行，深恐国家无如许多土地与主权，供退让之用！……丁文江、胡适之先生说完一段苏俄教训，我们借鉴于那一段故事，当知我们为国家之不亡，总要有不可退让的防线。……我们总不能和平退让到把中国变成经济的政治的军事的保护国！不幸的很，似乎我们的当国者，并没有想好哪些可让，哪些不可让，一旦张皇起来，几乎充分表现给对方看，我们是无不可让的！……中国的情形，内外兼迫，本不堪再不和平，对政府的不恕道责备，本不应该。然鬼混的生活，无可无不可的立场，是灭亡中国的捷径。国民党如不愿失其四十年的革命的立场，应当严定不可再让的界线，以对国家。”（《傅孟真先生集》第五册第八二页）

算，坚持到最后一分钟——日人及亲日汉奸对傅斯年因之益忌恨。然傅虽处险境，仍不稍抑其抗日爱国热诚。

傅斯年为表示其积极抗日态度，在其夫人俞大綵怀孕时，即对罗家伦言："如生男孩，即命名仁轨！"罗家伦竟不能喻意，傅当谓："你枉费学历史！你忘记了中国第一位在朝鲜对日本兵打歼灭战的，就是唐朝的刘仁轨吗？"民国二十四年九月十五日，傅夫人生一男，即命名仁轨。

傅斯年频年忧劳国事及研究所事务，仍把握时间撰写学术论文，登载《历史语言研究所集刊》。民国二十四年发表《夷夏东西说》，论远古中国东西文化之不同：指出夷与殷在东，夏与周在西，由此两部族的发展路线，推断中国文化史渊源与其分合，极富新义。傅自认为其代表作之一。国内批评者如徐炳昶、王献唐等，国外如拉铁摩尔（Owen Lattimore）皆以为定论。

历史语言研究所除致力安阳发掘以外，整理明清内阁大库档案，陆续刊行，亦为重要工作，傅斯年曾手拟《明清史料发刊例言》。嗣又在国内广搜《明实录》写本，作有系统之校勘整理工作。傅斯年于此亦多用心力，撰成《明成祖生母记疑》《跋〈明成祖生母问题汇证〉并答朱希祖先生》诸文。

民国二十五年一月，丁文江在粤汉铁路沿线考察时中煤气毒，傅斯年闻讯赶往湖南长沙救护并料理其身后事。又发表《我所认识的丁文江先生》《丁文江一个人物的几片光影》，赞扬丁文江“是新时代最良善最有用的中国之代表”，生死交情，永为士林佳话。缘民国十五年傅在巴黎闻丁文江在孙传芳势力下任淞沪总办，极为不满，曾对胡适言回国后“一定要杀他”。民国十八年，傅、丁在北平经胡介绍认识，不久即成为互相敬爱的好朋友。正如胡适指陈，由此显例可以“感觉到他（傅）骂人的火气，也感觉到他爱朋友、了解朋友、鼓励朋友的真挚亲切”。

民国二十六年，朱家骅以担任浙江省政府主席事忙，蔡元培院长聘任傅兼代中央研究院总干事。七七事变起，傅应聘出席国民政府召集之庐山谈话会。“八一三”全面抗战展开，中枢设立国防参议会，傅应聘参加，对和战大计有重要建议。同时主持中央研究院各研究所西迁。历史语言研究所初迁湖南长沙，与北大、清华、南开三校同在一地。民国二十七年春，三校师生自湘西行入滇，史语所亦迁移至云南昆明。

其时，国民参政会成立。傅斯年被聘为参政员，出席大会发言注重内政，尤其在澄清内政的空气，对权贵抨击不稍假借。

《性命古训辨证》问世　论政治学繁忙致病

国民参政会在重庆集会，中央研究院亦在陪都，惟历史语言研究所在昆明。傅奔走滇、渝两地备极辛苦，对研究工作仍未尝间断。民国二十九年秋，傅受聘兼任中央研究院总干事。为便于兼顾史语所工作，是年冬，史语所迁移四川南溪县李庄镇。傅生平重要代表作《性命古训辨证》问世，此为一以语言学立点解决哲学史问题之著作，在中国尚为初创。上卷先统计先秦西汉一切有关性命之字义，提出一主要之问题，即汉字在上古可能随语法而异其音读：先进溯“性”“命”二字来源，确定“性”字从“生”而来，“命”字从“会”而来。“性”与“生”、“命”与“会”到战国时代还没有显明的辨别，虽然在思想系统上已经赋予新的意义。汉代此四字始正式分别使用，因此汉代学者才将古书校改，而其痕迹却颇显明。傅于此书中卷推论殷周以来的宗教及哲理，对于“上帝”观念的产生及周初“人道主义”的发见、儒墨诸家言性与天道的异同及其关系，提示不少哲学史上之新问题，富于刺激性。其地理及进化的观点，尤为不易之论。其下卷先比较汉儒宋儒之性命理论，说明宋元理学由前代一贯相承的系统，尤其对朱学渊源有独特分析，将宋学之历史地位更重新估定。

民国三十年三月，傅因公务忙碌，生活不安定，高血压症增剧，不能支持，入中央医院治疗。七月，出院休养。十月，傅母李太夫人弃养。傅悼念不已。自顾高血压症无法痊愈，惟有拖延时日而已。当寄函胡适述病情及致病由来有云："病中想来，我之性格，虽有长有短，而实在是一个爱国之人。虽也不免好名，然比别人好名少多矣。心地十分淡泊，欢喜田园舒服。在太平之世，必可以学问见长。只是凡遇到公家之事，每每过量热心，此种热心确出于至诚，而绝非有所为。遇急事胆子也大，非如我平常办事之小心，有时急的强聒不舍，简直是可笑。平日好读老庄，而行为如此。有此性情，故遇有感情冲动之事，心中过分紧张。这种感情冲动，私事甚少，而为公者极多。性情如此，故得此病，更不易治。此等性情，自天外人看，未知还有趣否？但在中国确算比较少的了。近日又读庄子，竭力自己为自己想开，何必一人怀千古之忧，一身忧国家之难。读来读去，似乎有些进步，此窍还是半通不通的。古人有以天下事为己任之说，一个人如此想，多半是夸大狂，我向不以此言为然。但自己不自觉之间，常在多管闲事，真把别人事弄成自己的事。此比有此意识者更坏事，以其更真也。我本以不满于政治社会，又看不出好路线来之故，而思遁入学问，偏又不能忘此生民。于是在此门里门外跑去跑来，至于咆哮，出也出不远，进也住不久，此其所以一事无成也。今遭此病，事实上不能容我再这样，只好从此以著书为业。所可惜者，病中能著书几何，大是问题耳。”可谓一代学人最珍贵之自画像。正如程沧波所指陈：“他（傅斯年）对政治，喜欢谈论，而容易厌倦；偶然奋不顾身的一击，并不是对政治有兴趣，而是激发于士大夫的责任感。他（傅）的胸中实在是一张白纸，洁白得没有一点瑕疵。他（傅）终于不做李膺、范滂，而做了郭林宗，这是他（傅）的命运，也是今天的时代，究竟与东汉末年有别。”

讥刺痛斥贪污　胜利先忧国事

自民国卅三年夏，盟军登陆法国，把握欧战主动。日军贯穿亚洲大陆之作战与苏俄及中共之暴露策略，则为中美两国朝野所面临之重大难题。民国三十四年六月，我国民参政会推举傅斯年等五人为访问延安代表团代表。七月一日，此一代表团自重庆飞延安，勾留四日，五日飞返陪都。傅斯年与毛泽东旧曾相识，此番晤聚，曾单独会谈，傅斯年发现毛泽东熟读中国各种小说，由此研究民众心理且进而利用民众心理弱点。

傅斯年自民国二十七年膺聘为国民参政员，前后八年连任四届，每次发言建议，均以促请政府整刷政风为主，对政要孔祥熙尤多质询。民国三十四年七月，中央银行国库局发生重大舞弊案，傅斯年慷慨陈词力主严办。八月初，傅在《大公报》发表《黄祸》一文，响应政府征收中央银行黄金存户之部分黄金，对当时若干豪门巨户以及参政员中银行家力谋反对之企图予以当头一棒。正如傅当时申言：“我拥护政府，不是拥护这般人的既得利益，所以我誓死要和这些败类搏斗，才能真正帮助政府。”同时，傅斯年在参政会竭力反对违背科学之提案，如维护中医案等与守旧分子争论亦然，几至与原提案人孔庚动武决斗。

是年八月十日，日本无条件投降消息传播。傅斯年闻讯大喜，携酒一瓶至街上大喝，又以手杖高举帽子狂舞，高呼“国家出头了！”直至精疲力竭始回家休息。翌早九时半前往国民参政会庆祝胜利。傅寄夫人家书描述当时喜悦情形有云：“大家到秘书处庆祝，……皆哈哈大笑，我现在方知旧戏中二人见面哈哈大笑之有由也！抱者、跳者、Kiss者，要想安静一下，谈谈如何游行，几乎办不到！”

其时，苏俄乘机对日宣战，分途进军我东北各地。傅斯年狂欢之余，对国家前途复多忧虑。是年八月二十一日，傅致夫人家书有云：“俄国人也太可恶了。美苏决不会打，亦决不会和好。以后又是九一八至七七那一套，阴阳怪气，一直闹几年下去，中国真吃不消也。”

胜利以后，复员为当务之亟，学术教育界关系尤重要。八月十六日，教育部长朱家骅传达蒋介石意，拟任命傅斯年为国立北京大学校长。十七日，傅斯年上书蒋介石以病体不支坚辞，并建议胡适为适当人选：“经师人师，士林所宗，在国内既负盛名，在英美则声誉之隆，尤为前所未有。今如以为北京大学校长，不特校内仰感俯顺舆情之美，即全国教育界，亦必以为清时佳话而欢欣。在我盟邦，更感兴奋，将以政府选贤任能者如此，乃中国政府走上新方向之证明。”政府当即任命胡适为国立北京大学校长，在胡未回国就职前由傅斯年代理。傅斯年为母校及对胡师生情谊，不得已勉强应允，而其后二年余繁剧工作，遂使傅体力更受亏损。

九月二十日，教育善后复员会议在重庆举行。傅斯年在会中发言极多，引起国内教育界具宗派门户成见者之嫉视。蒋廷黻综合之称傅为“太上教育部长、太上中央研究院总干事、太上北大校长”。傅报之以“我只做太上善后救济总署署长”。蒋始无言。可见傅面对严肃中别有幽默风趣。

民国三十五年二月十一日，雅尔达密约[①]正式公布，举国哗然。傅斯年与王云五等二十人联名在各报发表宣言，谴责英美，并痛斥苏俄欺骗世人及其帝国主义之野心。同月二十五日，傅又在《大公报》发表《中国要和东北共存亡》专论，力言东北之重要性，促请朝野誓与俄寇周旋。忧国爱国之心更甚于“五四”“九一八”时期。

① 即《雅尔塔协定》。——编者

婉辞从政回母校　北大复员与扩充

其时，国民政府选贤任能，蒋介石特嘱陈布雷挽请傅斯年出任国民政府委员。三月二十七日，傅上书蒋介石谦辞不就："斯年实一愚戆书生，世务非其所能，如在政府，于政府一无裨益。若在社会，或可偶为一介之用。盖平日言语但求其自信，行迹复流于自适；在政府或可为政府招致困难，在社会偶可有报于国家。即如最近东北事，政府对苏联不得不委曲求全，在社会则不妨申明大义。斯年亦曾屡屡公开言之，此非一旦在政府时所应取，然亦良心性情所不能制止，故绝非政府材也。参政员之事，亦缘国家抗战，义等于征兵，故未敢不来。今战事结束，当随以结束。此后惟有整理旧业，亦偶凭心之所安，发抒所见于报纸，书生报国，如此而已。"

傅斯年自代理北大校长，奔走昆明重庆间。时北大尚与清华、南开在昆明合组西南联合大学，校内情形错综复杂。三十四年十一月昆明学潮发生，更增加其严重性。正如傅所谓"究竟如何自联大脱离，大费事"。而北平情形尤不单纯，因在日军占据时曾利用北大名义校舍继续开学。傅曾屡次发表声明，坚持民族正义，对日伪时期任教之教职员决不录用，彼等力谋反对，形成北大复员一重要障碍。傅面对昆明北平局势，曾云："北京大学可以说两头着火！……实在说这样局面之下，胡先生（适）办，远不如我。我在这几月给他打平天下，他好办下去！”三十五年五月四日，傅斯年自重庆飞抵北平办理北大复员事，以“决不为北大留此劣迹”坚定态度扫荡伪北大教职员，并搜集证据向法院检举伪北大校长鲍鉴清附敌罪行。

三十五年夏秋间，北大师生先后自昆明迁返北平，准备秋季开学，而各地不断发生学潮。八月四日，傅斯年在北平《经世日报》发表《漫谈办学》一文，其中论及学潮：这些年来，学校纪律荡然，不知多少青年为其所误。风潮闹到极小的事，学生成了学校的统治者。这样的学校只可以关门，因为学校本来是教育青年的，不是毁坏青年的。傅特指出，“‘五四’与今天的学潮大不同。‘五四’完全是自动的。‘五四’的那天，上午我做主席，下午扛着大旗，直赴赵家楼。所以我深知其中的内幕，那内幕便是无内幕。现在可就不然了。某处广播一下，说要求美军撤退，过了几天，学生便要求美军撤退，请问这是‘为谁辛苦为谁忙？’这样的学生运动，我是很不愿意它和‘五四’相提并论的。我们不当禁止青年作政治运动，但学校应该是个学校，应该有书可读，若弄得成了政治斗争的工具，岂不失了学校存在的意义？青年人多是不成年的人，利用他们，岂不是等于用童工？教员有他的职业的本分，就是好好教书；若果志不在此，别有所图，岂不是骗人？骗人者不可为人师；受骗者，应该先开导他，开导不成，必需绳之以纪律。今人皆知‘五四’赵家楼之一幕，而忘了护校之一幕，岂不可惜！”

傅斯年在北平，为北京大学保持优良传统，对排除伪北大教职员及整顿校风纪律，毫不瞻徇。同时更将北大原有文理法三院扩展为文理法农工医六学院。接收北平西郊新社区为农学院院舍、旧北平医学院院舍及参谋本部房舍为医学院及附属医院、旧北平工学院院舍为工学院、旧国会房舍为法学院之一部分。北平城内从此惟有此惟一国立大学，以前八校分立门户局面一扫而空。李木斋等著名藏书家藏本亦由北大收购。凡此种种均非如傅斯年之具有伟大魄力者莫办。是年夏，胡适回国。九月，傅斯年卸去代理北大校长职务。是月二十日，北大教职员举行茶会，表示惜别。胡适于席间对傅为北大复员成功备致赞扬。教授亦相继致词，对傅在抗战时恢复北大文科研究所，复员后又为北大广延教授，增加数倍之校舍，至表感谢。傅斯年则谦称：过去为北大办理成功之事，百分之七十为机会，百分之三十为努力；所谓百分之三十之努力，亦为教授不辞万里归来之结果。二十九日，傅斯年自北平飞南京，主持中央研究院历史语言研究所自四川迁返南京。同时，接收日人在北平设立之人文科学研究所全部藏书及《续修四库全书提要》等资料，史语所藏书从此更加充实。

关心国事束装东归　出任台湾大学校长

民国三十六年二月二十五日，南京出版的《世纪评论》刊出傅斯年撰《这个样子的宋子文非走开不可》，痛言政治腐败原由，“这样的行政院长，前有孔祥熙，后有宋子文，真是不可救药的事”，而宋之黄金政策、工业政策、对外信用、办事态度更是荒谬，力言“要彻底肃清孔宋二家侵蚀国家的势力”。各地报纸纷纷转载，举国注目，宋旋即辞职。论者谓此为近数十年来，士大夫与买办阶级斗争的高峰。傅斯年秉其所受中国文化与西洋文化，驱策其于学术研究以外，毕生从事此一轰轰烈烈的大运动。

傅斯年久患高血压病，原拟战争结束即赴美就医，嗣因代理北大校务而迟延。三十六年六月始放下一切事务携夫人公子同轮西行。初入波士顿医院，前后住院治疗三四阅月，体重减轻三十磅，血压亦降低。三十七年初，乃移居耶鲁大学所在地新港（New Haven，Connecticut）。日常以读书买书为乐，或偶至耶鲁大学演讲。膺选中央研究院院士消息到美，傅欣然接受。惟对山东省选举为立法委员，坚持不就。

民国三十七年八月，国内局势恶化益甚，傅斯年不以一身安危为念，更抱定决不托庇异国之决心，毅然束装东归，返回南京主持史语所所务。时史语所历经播迁，仍年有发展。文物图书多有增加。全所研究人员共五十八人，职员二十六人。在中央研究院号称“大所”。工作人员及工作成绩均较其他各研究所远为众多。自成立以来二十三年间，刊行专书共七十六种，已发表于“集刊”“报告”中论文共约五百余篇。是年秋，徐海战事失利，物价狂涨，人心惶惶。陈布雷、段锡朋先后逝世。傅斯年因之精神上大受刺激，悲观至极，怀安眠药片，顿萌自杀之念。曾召集史语所同人告语：“研究所生命恐遂如此告终。余之精力既消亡，且宿疾未瘳，虽欲再将研究所迁至适当的地区，使国家学术中心得以维持不坠；然而余竟不克负荷此繁剧矣。今当筹议遣散！”一时满座情绪，至严肃悲哀，有热泪为之盈眶者。傅斯年大为感动，乃毅然曰：“诸先生之贞志乃尔！则斯年之残生何足惜，当力命以副诸先生之望耳。”于是史语所迁移之议遂决。是年冬，全所图书古物安全迁至台湾省杨梅镇。

民国三十八年一月二十日，傅斯年就任台湾大学校长。时国内大动乱，人心惶惶，诸事解纽。翌日，蒋介石宣布引退。李宗仁代总统。

台湾大学前身为日人设立之台北帝国大学，一切规章均循日制。抗战胜利后经我接收，为时不过三年，且多仍按旧章。傅斯年受命于危乱之际，以维护中国学术传统为己任，当以改革台大旧制使其适合我国大学制度为亟务。添置图书仪器、增建教室宿舍、延聘教授名师、改革附属医院、严格执行入学考试以提高学生程度等等，次第施行。更注意学生性品教育，以“不扯谎”训诸生。傅斯年以为，“这是性品教育的发轫。这一项做不到，以后都做不到。这一项我确实说了又说。我以为扯谎是最不可恕的。……我所以重视这一个道理，因为作学问是为求真理的。一旦扯谎，还向哪里，用什么方法求真理去？没有智慧的诚实（intellectual honesty），学问无从进步，至于作人是必须有互信的，一旦互相诈欺起来，还有什么办法？”

早在北京大学代理校长任内，傅斯年面对事实和理想的刺激，即有意撰述若干篇有关大学教育的专文。嗣因事未果。在台湾大学校长任内一年又十阅月后，乃开始提笔，先后撰成《一个问题——中国的学校制度》《中国学校制度之批评》。后者全文刊出时，傅已因脑溢血逝世，故此二文可谓傅对中国教育大计的最后见解。

教育界人士太懒惰　消除“穷”“愚”“不合作”

傅斯年在是两文中沉痛检讨过去，以为“教育界的千不是万不是，是在一个懒字。假如学会日本人之努力，四十年中，译成有影响于思想文化的大作千部，作成百部，最不济，打个对扣。高文典册，藏之名山的，不能计入，那么文化教育界也不至如当代之真空状态，……只是教育界未免太懒，读书只在怡然自得，青年心中的问题，不给他一个解答，时代造成的困惑，不指示一条坦途。”因此，傅斯年针对现局中之弊病，作为改革的原则五项：（一）现在是层层过渡的教育，应当改为每种学校都自身有一目的；（二）现在是游民教育，应当改为能力教育；（三）现在是资格教育，应该改为求学教育；（四）现在的学校是阶级教育，应该改为机会均等教育；（五）现在的学术颇有幻想成分，我们应当改为现实教育。

傅斯年于文中强调指明：今天的教育方案必须是针对着今天我们的“穷”“愚”“不合作”而作的——“现代社会的要求有两大项：（一）工业化，（二）大众化。中国非工业文明的教育意义是必须改正的，中国传统文明之忽视大众是必须修正的。我所谓修正，并不是抹杀之谓，乃是扩充之谓。……因为传统是不死的，所以也并抹杀不了。……中国的传统文化，尽管他的缺欠已经成为第二天性，抹杀是不可能的，然而必须拿现代的事实衡量一番，其中应改的东西，不惜彻底地改；应扩充的东西，不惜彻底的扩充。战前有‘本位文化’之说，是极其不通的。……与之相反便有‘全盘西化’之说，这又不通之至。一个民族在语言未经改变之前，全盘化成别人是不可能的。前者一说是拒绝认识新时代，后者一说原不能自圆其说。教育要认清中国文化传统的力量，因而要认定他是完全抹杀不了的。同时也要认定他与时代的脱节，因而要做彻底的修正。”

傅斯年更进一步指陈中国文化传统中“不应抹杀”与“必需矫正”的所在：“我所谓抹杀不了，并且不应抹杀的，就是人与人中间的关系。中国人的脾气，在和易近人情，争中有让，富于人道性等等地方，属于这一类。至于读书人之阶级观、对于外物之不注意、思想上之不求逻辑，是必须矫正的。为前者需要把文化推广到一切人，再不可以‘礼不下庶人’。为后者需要纠正中国人用脑不用手的习惯和对物马马虎虎的观念。假如走这一路，是用力少而成功多的。”

傅斯年生平最痛恨贪污，不幸台大总务长余又荪未善尽职守，以致发生职员杨如萍窃案。傅对国事校务精神上已负很多的创伤，傅为处理杨案重要公文均亲自撰拟，文稿有长达万字以上的。百忧感其心，万物劳其形，傅斯年久患高血压病自更难支持。一九五〇年十二月二十日下午，傅斯年列席台湾省“参议会”第五次会议，准备答复有关台湾大学问题，六时十分突告晕倒。医师赶来急救，延至晚十一时二十分[①]终告不治。一代大师遂永辞人世。正如吴稚晖挽联语云：“成学派自由，五四君千古；是真正校长，孑民外一人。”叶公超挽联云：“有正义感，说老实话，君敢做，人未必敢做。叩余勇气何来？曰赤子之心未失。倡科学风，严

① 关于傅斯年离世时间的记述与此书别篇记述有出入。——编者

真伪辩，人云然，群讵尽云然，治史精神若此，知先生之道长存。”

傅逝世后，台湾大学曾刊行《傅孟真先生集》六册。其胞侄乐成亦撰有《傅孟真先生年谱》行世。

（原载《民国百人传》第一册，传记文学出版社印行）

傅孟真先生的先世

傅乐成

一、傅氏发源自江西

孟真先生的先世，世居山东省聊城县，但远祖则源自江西。他的初祖名回祖，江西省永丰县人，于明宪宗成化（公元一四六五至一四八七年）中任冠县县令。聊城在明代属东昌府，且为府治所在地，冠县则是东昌府的属县之一。从回祖公到孟真先生，共历十四世，四百七八十年。回祖公任县令期满，返回故乡，但夫人不愿随行。回祖公有七子，乃留下三子，侍奉夫人，自携四子南旋。三子中有名祥的，原系次子，奉夫人侨居聊城，其余二子的名讳已佚，一居冠县，一居博平。回祖公何以要留三子在北方，据清初人所撰的傅氏碑文说，回祖公任县令时，颇有善政，百姓不忍其离去，回祖公乃留三子以抚慰之。碑文并有铭：“傅氏发源自江西，高骞凫舄。临兹邦，兹邦尸祝攀循良，乃留哲胤慰群氓。”即指此事。[①] 此外据说夫人精勘舆之学，认为如卜居聊城，后世必可腾达，因此独寓聊城，不返江西。

其后回祖夫人去世，葬于城南，祥公因不忍远离母亲庐墓，乃打消返乡之念，在聊城落户，从此他的子孙，世代都居聊城。聊城是一人文荟萃之地，而民风极其淳朴。据县志说：“其人朴愿而茂，虽循习故事，惮于兴改，然无有桀黠渔食，持长吏长短者。租赋不待督，辄先期报竣，最称易治。”又说：“士多才俊，文风为诸邑冠，武风亦极一时之盛。”[②] 傅氏子孙，凭借着这个优美的环境，不特出了不少诗文书画的名家，也颇有几位是武技超群的。

祥公的事迹无考，大概毕生以务农为业。他的夫人孙氏，生有四子。次子名纶，字理之，号后泉，是聊城诸生（秀才）。他生性倜傥不羁，但督课子孙甚严。后泉公配母氏，生三子，次子名谕，字汝克，号晓牕。他为了维持家

① 见李霨《傅公心海神道碑》（载《心远堂文集》卷十）。

② 见《续修聊城县志》卷一《方域志》。[初修县志，刊于清康熙初年，书凡四卷，叙事无多，而刻工奇劣，印工亦极差，其不可辨识文字，约三之一，以是无法引征。续志则于宣统二年（一九一〇年）冬月付梓，共八册十七卷。孟真先生祖父笠泉公，即此志总校。此志叙事綦详，印刷亦精，故多引及。]

计，改习商业，鬻卖纸布。他宅心宽厚，以信义著称，每年顾客达数万人。由此生意兴隆，赀用也渐充裕。他卒时年五十八。

晓牕公配赵氏，生子三人，次子名天荣，号肖牕。晓牕公去世后，赵夫人年高，而肖牕公的哥哥少修举子之业，但到中年仍未能取得功名。肖牕公既长，乃继续经商，以奉养母兄。并把日用钱物，多半送给少弟，以悦母意。其后他因患风痹而不再经商，将财货全数交给弟弟。他擅写小楷，甚为工细，至晚年犹乐此不衰，卒时年六十七。

肖牕公配王氏，生五子，次名思敬，字心海。心海公幼受经书，不久因家境贫寒，弃学从商。他为人忠慎端悫，邑里推为长者。虽身居市廛，每以不欺自勉。生性勤饬，不饮酒，工楷书，平日与人语，多劝人为善，尤好拯人于困厄。他待人终生无疾言厉色，在邑谈忠孝，在野课桑麻，是一位知足守分的商人。他的夫人李氏，是聊城李正学公之女，也素具贤德，因伴随心海公，日尝艰辛，婴疾而卒。心海公卒于明崇祯十二年（公元一六三九年），年六十三。李夫人先卒于明天启六年（一六二六年），年四十八。自李夫人去世，心海公因感念夫人劳瘁，乃鳏居终其余年。

心海公有二子，长以恒，早卒；次以渐，字于磐，号星岩。自回祖公至心海公，凡历六世，一百六七十年。在此期间，傅氏除耕读外，多经营商业，不显于世。但到星岩公，以明季诸生，于清初大魁天下，不十年位登宰辅，大大的振扬起傅氏的家声。[1]

二、开代文章第一家

星岩公生于明万历三十七年（公元一六〇九年），少时从大师受经讲，明义理之学，被选为诸生。时值明末大乱，他不再应试，惟知闭户读书，时人莫测其高深。他为学极勤，因家贫缺少纸张，作文章时便在墙壁上起草，文章写成后再将字迹擦去，以备再用。夜间读书，有时没有灯火，便焚香为照明之具。有一次，土匪围聊城，城垣几被攻破，但他仍朗诵典籍，有如平时。有人对他说："生死已在目前，还读什么书？"他回答道："死生命耳！"他博通群书，尤留心于经世之学，从天文地理以至礼乐兵农之说，类皆考订古今，讨论原委，以求用世。

顺治三年（一六四六年），清廷首次开科取士。其时星岩公已三十五岁，他参加乡试，得中举人。次年，又赴北京会试，得中一甲一名进士，成为清代第一位状元，大为乡里增光。因此后来傅氏过年时所写的春联，常以"开代文章第

① 回祖公至心海公六代事迹，均见《傅公心海神道碑》。

一家”为下联，以事炫耀。星岩公中状元后，初任修撰、侍读、少詹事、学士及庶吉士等官。到十一年（一六五四年），授内秘书院大学士，已登公辅之位。次年，他奏陈安民大计三事，加太子太保，改国史院大学士，先后充任《明史》《太宗实录》纂修及太祖、太宗《圣训》并《通鉴》总裁，并撰《内则衍义》及复核《赋役全书》。十四年（一六五七年），奉命修《易经通注》。次年，任会试总裁，并因久参机务，改任武英殿大学士兼太子太保、兵部尚书，加少保，进阶光禄大夫。这时的星岩公，已达到“荣禄兼极”的地步。

县志说星岩公“方面丰颐，颏下多髯，伟腰大腹”。但他的身体并不强健，且有喀血的毛病。在他任武英殿大学士后不久，以“葬亲”乞假回乡，此后便卧疾不出。到十八年（一六六一年），清世祖死，他曾奔丧至北京。到北京后不久，又以病请辞，始得解任。他死于康熙四年（一六六五年），年五十七。临终遗言勿请恤请谥，因此恤典不及。至于星岩公的为人，县志说他“居相位，食不重味，衣皆再浣，与寒素无异。”又说：“每闻百姓疾苦，若切于身，闾里有义举，必赞成之。自处无异寒素，汲奖后进，惟恐不及，未尝有疾言遽色。”从这些话，可以想见他的风范。他的著作有《易经狐白解》《太史名篇》《中规篇》《贞固斋文集》等，连同他的奏议，均毁于火，而致不传。现存的仅有《明史记事本末序》《聊城县志序》两篇及五言律诗一首。此外，据说他还作过一套鼓儿词，流传于北方民间。[①]

星岩公崛起孤寒，丕振家声，受到傅氏后人普遍的尊敬。但他于明清易代之际，亟求功名，应科举试，并在异族政府中为官。孟真先生本于民族大义，对他极表不满。但传说他并不甘心为异族效力，阴有非常之志。他与吴三桂交往甚密，可能想借三桂的力量，以图恢复。清廷对此略有所知，他的僚属也有因交通三桂而被免职的。他以清圣祖的师傅之尊，临终不肯请恤请谥，而清廷竟亦从其所愿，与此事不无关系。这件事的有无，至今已莫可究诘，除非起星岩公于地下，才能明其真相。

星岩公的夫人虞氏，苏州人，是一位绝色的美人，有“艳倾宇内”之名。她与星岩公的结合，也有一段传奇式的故事。

溧阳（今江苏溧阳县）[②]伊密之，为明末的名公子，性情豪放，广置姬妾。其中有舞姬素云者，色艺两绝，名闻遐迩。当时星岩公尚是一穷书生，从山东徒步跋涉数千里，来

---

① 星岩公事迹，载《清史稿》列传二十五、《续修聊城县志·耆献文征》卷中及同志卷八《人物志》。

② 今为溧阳市，在江苏省西南部，常州市代管。秦置县，1990 年改设市。以在溧水之阳得名。——编者

到溧阳，要求一见素云。密之以酒食款待星岩公，席间侍女十余人拥素云出见。星岩公起立凝视良久，叹道：“名不虚传，不负此行！”随即告别。密之仍留他饮馔，他说：“得睹倾城，私愿已遂，岂为饮食！”不顾而去。

星岩公去后，密之怏怏如有所失，他体味星岩公的怪异行动，认为不是常人之流，乃亲乘骏马追赶，在三十里外追到，强请回家小聚。星岩公回来，密之待他益厚。一天晚上，密之引星岩公入一室，陈设极为华美，对星岩公作揖说：“君来虽出无心，此中殆有天意。我今以素云相赠，此室即是洞房，今晚即是七夕。”星岩公力辞，密之说：“赠姬事自古已有，以君之力不能得佳丽，而我粉黛盈侧，不少此女。我看君是丈夫，才有此举，为何竟作书生羞涩之态？”语尚未完，即有侍者引素云出，飘然而拜。星岩公惊喜过望，随即成婚。他与素云在伊家居留一个多月，然后返乡，密之又为素云厚治装奁，并赠星岩公银数千两。星岩公返乡后，已俨然是一富人。

清室既立，有人诬告江南十旧姓有异谋，密之也受牵连，亡匿山泽十余年，传说已死。这时星岩公已位登宰辅，密之设法寄他一信，问候起居。适值星岩公扈跸出都，夫人发书，才知密之尚在，惊叹流涕。星岩公回家后，夫人问星岩公：“设密之至今尚在，将何以报之？”他答道：“如能及其身而报之，虽死不惜！”夫人乃将密之的信给他看，并截发自誓说："不能报恩，富贵何为！"于是星岩公遍谋于朝士，欲为密之申奏。恰巧这时清帝也察知十姓冤枉，星岩公乃乘机为密之申诉，终得无罪返乡。星岩公并曾遣专使，邀密之入都。密之坚拒，并复书说："某昔日之施，君今日之报；前后之事既奇，彼此之心交尽。自兹以往，君为熙朝重臣，某为山林逸士，两无所憾，不再相见也。"星岩公与夫人得信后，均叹想不置。[①]

从这件美妙感人的韵事看，星岩公是个有真性情的人，但为此事却遭受迂腐的"卫道"者的攻击。御史聊城任海眉，上疏弹劾星岩公，说他"以侍姬主中馈"，失大臣之体。这件弹劾案并无结果，却使星岩公极其愤怒。他于临终时告诫子孙，永远不得与任氏联婚。

三、书香奕叶多豪俊

星岩公与虞夫人仅有一子，名端揆，八岁而殇，由族子宅揆公继嗣。宅揆公事迹无考，有一子，名永綍，字纶西，号西斋。西斋公为乾隆十七年壬申（公元一七五二年）举人，为人耿亮廉洁，历任浙江泰顺、永嘉等县县令及湖州、

① 事见毛祥麟《墨余录》（载李桓辑录《国朝耆献类征初编》卷四六三"隐逸"三）。

温州二府通判。所至莫不教民以孝悌，以矜恤孤寡为先务。他尤长于整治盗贼，所获巨盗甚多。其后他因功擢任台州同知，因事忤巡抚王亶望，抑郁成疾，不久殁于杭州。①

西斋公初娶何氏，早死。继娶杨氏，名秋辉，但无所出。再娶黄氏，生三子，长名廷辉，字映宸；次名廷椿，三名廷松。杨夫人博学娴妇德，性刚烈明大义，于归后曾割肱疗姑。西斋公病笃，知道她必会殉节，乃以诸子相托。西斋公殁后，家境贫困，她竭力抚育三子。其后七年，映宸公已进学成婚，乃自杀殉节。她的遗嘱，文情并茂，字则为柳体，亦甚挺秀。中有句云："所以忍死须臾，为不负西斋公疾革时身后之托。今兹相会九泉，可告无愧。"黄夫人则寿至九十有四。②

西斋公在浙江任官时，映宸公随侍于任所。西斋公病殁，他仅十八岁，独自抚柩北还，跋涉二千余里，返家后囊空如洗因而废学，丧失了求取功名的机会。杨夫人殉节，他痛不欲生，因号泣过度，终身染患眼疾。他因生母黄太夫人在堂，亟图禄养，乃捐纳了一个从九品的小官，分发河南任职。他在河南历任怀庆、归德二府经历和延津县典史。他在延津时，正值嘉庆十八年（一八一三年）天理教李文成之

① 参看《续修聊城县志》卷八《人物志》。

② 参看《续志》卷九《列女志》。

变。当时文成盘据滑县，与延津邻近，映宸公倡议城守，布置周密，得以无事。时有难民数千人，为贼所追逐，欲入延津城，县令怕他们赚城，闭门不纳。映宸公力争，愿以性命保其无事。县令应允，难民方入城而贼已追至，因此全活了数千人。

映宸公在河南二十余年，因黄太夫人年高，请养归里。他事母极孝，对两弟非常友爱，数十年如一日，待侄辈也教养备至。返乡后二十余年间，地方公益之事，都以他为首倡。他卒于道光十八年（一八三八年）八月，享年七十七岁。他就是孟真先生的高祖。①

映宸公两弟，廷椿公事迹无考，廷松公则是一位豪侠人物。他精通武技，横行乡里，专打不平，合城畏之，绰号“老刺猬”，可想见其难缠。当时曾有人灭人之门，遁迹为僧，既死而其事发露。廷松公闻之大怒说：“此人应入阿鼻地狱！”乃以掌击其棺，棺木断裂，僧尸也应声飞落棺外。

映宸公夫人朱氏，为聊城庠生朱衍诗之女，幼年失怙，事母邓太君以孝闻。她于十八岁于归，当时黄太夫人年高，诸媳先故，朱夫人仰事俯蓄，典质殆尽，甚得欢心。她生二子，长名绳勋，字接武，号秋屏；次子继勋，字玉溪，号湘

---

① 参看杨以增《映宸傅公传》及牛鉴《映宸傅公墓志铭》（载《续志 · 耆献文征》卷中及卷又下）。

屏，均读书成名，宦途如意。其后家计虽日渐丰裕，但朱夫人勤俭，一如未贵之时。她卒于道光十一年（一八三一年）十一月，享年六十六岁。

秋屏公为嘉庆十九年（一八一四年）进士，历任翰林院庶吉士、工部郎中、军机章京、知府、兵备道、盐运使、按察使、布政使及浙江、江西、江苏巡抚等职。他办事精勤，事无大小，必亲自裁决。但他的私生活有些侈放，好多置姬妾，同时染有鸦片烟瘾。他任江苏巡抚时，两江总督陆建瀛与他不合，上疏劾他，说他“烟枪两杆，侍妾八人”。前句说秋屏公和他的夫人均吸鸦片。因此他于咸丰元年（一八五一年），自动辞职，返回故乡。当时正值洪杨之乱初起，他解任后不久，南京沦陷，建瀛自杀，他竟因而逃得性命。咸丰初年，鲁西土匪宋景诗倡乱，清廷任他为团练大臣，协力防守，境内赖以安谧。乱平之后，清廷又要予以起用，但他称病不赴。晚年迭任泺源、启文两书院讲席，卒于家，年八十二，邑人祀为乡贤。他的作品，已多佚失，仅存《重修东昌试院记》一文，写于同治三年（一八六四年）。[①]

湘屏公是孟真先生的曾祖，道光五年（一八二五年）拔贡，历任安徽省庐江、歙县、贵池、太湖、全椒等县知县，

① 参看《续志》卷八《人物志》及卷十之三《艺文志》。

太平、安庆两府知府。在安徽二十余年，所至有循声。他为人不忮不求，顺时守分。任知县时，专以慈祥化民，排难息讼，不假威吓。百姓如有讼事，例不开庭，而予以诱导，劝其和解。时常访问百姓，探求民隐，平反冤狱极多。他曾以格言四句，勉县学诸生，且身体力行，以为倡率。格言是："贵莫过于为圣贤，富莫过于蓄道德，贫莫过于不闻道，贱莫过于不知耻。"清代名臣如李文忠公鸿章、丁文诚公宝桢，都出自他的门下。道光末，他曾以循良陛见。

咸丰初年，洪杨乱起，安徽被兵祸，省城失陷。巡抚福济以湘屏公熟悉安徽情形，密保他为布政使，兼办全省粮台。他筹办得法，粮饷未尝稍缺，甚受倚重。但不久福济调任，他以继任者不听进言，引疾而归。当时安徽大乱，消息不通，家人以为湘屏公死于兵难。他于一个大雪之夜突然返家，当时家人正在为他举行追荐。他返家以后，八年而卒，约在咸丰十年（一八六〇年）。[①]

秋屏公八子，长子浚，字东泉，道光二十四年（一八四四年）进士，曾任吏部文选司郎中，三十余岁即卒，未展其用。次子沅，字仲南，咸丰元年（一八五一年）举人，曾任山西大宁及福建将乐县知县。他是道光宰相贾桢之

① 参看《续志》卷八《人物志》。

婿，与翁同龢连襟。四子湛，字小屏，出身廪贡，曾任直隶候补县丞。七子濂，字惠泉，曾任军职，以殴打参将被革。其余诸子名讳，至今已无可查考。

湘屏公的元配李夫人，聊城人，卒于歙县任所。三年以后，续娶张夫人，为安徽某镇总兵张云台公之女，生有七子。长子潽，字达泉，同治元年（一八六二年）举人，曾任内阁中书、浙江严州知府。他能诗善画，尤以书名。任知府时，因查案外出，途中见小桥流水，风景甚美，乃停留其地，作画三日，竟将公事耽误，以“书生迂腐”被劾免官。次子潓，字味泉，文事之外，亦擅武技。他是道光时浙闽总督刘韵珂的女婿，曾参左文襄公宗棠幕，征西时因向左建议，未受接纳，出语讥刺，因而被革。其后他任浙江候补布政使理问，在浙江与人结怨，为仇家所害。三子淦，字笠泉，是孟真先生的祖父，事迹详见下节。四子濡，字岐泉，候选同知，曾任江苏武进典史。他任典史时，狱中有犯人欲与妻相见，他欣然同意，不料见面后夫妇竟双双自杀于狱中，因而犯了重罪。当时江苏巡抚赵舒翘，是湘屏公门生，竭力营救，才得免罪。五子殇，名讳亦佚。六子滉，字雪泉，绰号“鬼子六”。他酷嗜皮簧，工老生，学程长庚，此外并以书名。他曾被任命为安徽候补府经历。七子溥，佚其字，性极聪慧，七岁而殇。

清代道咸同时代，是傅氏的盛时。秋屏、湘屏二公，均为封疆大吏，而诸子多具才华，或以诗文书画名世，或以武技见称，可谓满门俊逸。但傅氏先人，大都孤高廉介，居官决不积蓄金钱，决不逢迎上官，以致解任后一贫如洗。有的甚至恃才傲物，玩世不恭。因此傅氏虽自清初即是海内名家，但历代大都与穷神为伍。孟真先生的为人，也颇有一些祖风。

四、其奈书生老更狂

孟真先生的祖父笠泉公，是一个文武兼资具有多方面才艺的人。孟真先生受他的影响最深，他可以说是孟真先生学问人格基础的奠立者。

笠泉公少有才名，博通经史，工诗书画，尤以书法知名；精医理，尤擅针灸；此外并长于武技。他为人淡泊自甘，不乐仕进，重诺任侠，虽贫不举炊，而赴义惟恐后人。生平不为人作墓志，私函不入官府。他是同治十二年（公元一八七三年）拔贡，弄到这个资格后，便不再参加科举，绝意仕途。他少喜傲游，塞北江南，到处都有他的踪迹。有一次他到山西介休，有两个宦官充军西北，道经其地，其一忽染重病，求他诊治，他拒绝说：“生平不为无鸟之人看病！”另一宦官长跪哀求，他不得已答应。病愈后，宦官赠他银两。他把银子从门中掷出，并且说：“生平不要无鸟者之钱！”他认为历代弊政，皆由宦官启之，因此痛恨宦官。

光绪时，笠泉公曾在北京居住过些时，因而结织了镖师大刀王五。他化装为乡下武师，投入镖局。王五练武时，他在旁批评，因而王邀他比武。他以竹竿为兵器，胜王两次；再试摔角，又把王摔翻数次。谈话之间，王才知他是名公子，乃拜他为师。王初用双钩，号称“双钩王五”，笠泉公认为双钩不是兵器正宗，劝他改用大刀，此后王才以大刀著名。这件事他绝口不提，但族人多知其事，传闻甚广。他的武技，从不传授子弟。

笠泉公还有一件在浙江为兄报仇的事。他的次兄味泉公，也擅武技，在浙江与人结怨。仇家也是武林好手，一日味泉公骑马经大树下，仇家突自树上跃下，扼味泉公颈，气绝而死。笠泉公誓报此仇，但恐不敌，乃化装为乞丐，僵卧仇家门前。一日，仇家外出，经其身侧，笠泉公突起攫其要害，仇家立即毕命。

笠泉公兄弟，原合住于聊城北门内相府街祖宅，这条街因星岩公的府邸所在而得名。其后因各房人口渐多，乃谋议析居。相府原有楼十二座，笠泉公均推让给兄弟，独分马厩一座。而他不事生产，又好周济穷人，以是日益贫困。当时湘屏公的门生李鸿章任直隶总督北洋大臣，写信召他至天津，准备予以安置。他迁延许久，始去天津，住于客栈中。

他到督署见鸿章时，鸿章问他何以来迟，又因公事繁忙，叫他先搬到安徽会馆，准备次日往访。笠泉公甚不高兴，次日清晨不辞而别。鸿章先到安徽会馆找他不到，再去客栈，才知已去，气得顿足叹气，连呼：“脾气太大了！”

笠泉公的夫人陈氏，名梅，潍县人，十九岁来归。陈夫人系出名门，饱读诗书。她的父亲阡，字云谷，曾任江西巡抚。她于归时，装奁甚富，因家贫典质一空。皮衣七十余袭，最后一无所有。她生三子，长名旭安，字伯隽，号晓麓，是孟真先生的父亲。次子嵩安；三子春安，字兰艭，配乌氏。晓麓公中年去世，嵩安公及兰艭公也均早逝，因此家道益落。到孟真先生降生，笠泉公年逾知命，及孟真先生稍长，笠泉公即居家以课孙为乐，不再出游。

笠泉公家居，仍无固定的职业，有时他的门生送他些钱，有时以文章书法得些笔润。但他得钱辄尽，有时恣意饮馔，有时以蛋白培养名异卉，决不问明日能举火否。无钱时深秋犹穿夏布衣衫，夜卧凉席，但终不改其旧操。有一次，他的门人送他二十元，他听说邻人无钱嫁女，便悉数送去。夫人告诉他当晚将有客人来访，尚无钱买灯油。他回说无妨，可以摸黑，并命人以仅有的制钱一枚，买一蜡烛，等到客人临门时再点起来。夫人以笠泉公不顾家计，气得许多年不与他谈话。

他家居后虽不远出，但仍常到市街游逛，不时生些事故。民国初年，他已年届古稀。有一次，耶稣教的魏牧师，美国人，在城中玉皇皋广场上传教，听众甚多，笠泉公也是听众之一。讲道完毕，魏牧师要听众发问。笠泉公立即上台，对听众说："牧师说圣母未婚而生耶稣，各位见过女人没有男人就能生孩子的吗？见过的请举手。据我看，耶稣不是没有父亲，只是不知道他的父亲是谁而已。"听众大笑。他又指着台上悬挂的耶稣像说："牧师说耶稣为救人类而死，自然是位义士。中国的忠臣义士，向来视死如归，含笑入地。但各位请看，这图上的耶稣，垂头闭目，一脸莫可奈何的样子，未免有些那个！"说罢，听众又大笑。此后每逢魏牧师传道，听众初则大笑，继则一哄而散，弄得魏啼笑皆非。这时孟真先生在北京大学上学，暑假返家，魏登门拜访，对孟真先生说："我对于令祖父的学问人格，都非常敬佩。但他故意为难，弄得我传不成道！"经过孟真先生的劝解，笠泉公不再去会场，听众对耶稣教义，才渐能领会。耶稣教事件平息后，有一天笠泉公到聊城师范演讲，又把天主教挖苦了一阵。

民国十一年（一九二二年）六月二日，笠泉公卒，享年七十八岁。陈夫人则卒于十三年，享年八十岁。笠泉公曾注《易筋经》，去世前一月，自知不起，连同其他文稿，一齐焚毁，以是无著作传世。现存者仅诗歌两首，录之于下：

挽兄东泉先生

离乡已数年，所念惟兄弟。
竞爽冀长存，中道无捐弃。
忆昔少壮时，要约杂嘲戏。
他日孰先亡，相挽以文字。
深惧田庐荒，更悲门户替。
况夫鬓皆苍，衰老必将至。
终岁游西江，奔走为家累。
归来两弟亡，持箸良非易。
我亦为饥驱，匆匆分襟际。
每慨寄人劳，时为筹归计。
聊践息壤言，当作生刍祭。
东望故乡云，涕泗复涟洏。

老书生道情歌

忧愁苦多欢乐少，年未六十人已老。
往日繁华梦里过，转眼凄凉空烦麻。
胡为轻掷好时光，终朝碌碌为人忙。
宦途本是幻中境，妻子尽是骷髅场。
求田问舍遗子孙，那知不久属他人。
帝王江山难久保，何况士农工商民。
我今思得一妙法，眼前欢乐莫放下。

今朝有酒便酩酊，管甚明朝断炊话。
营营孳孳无休歇，反被他人作笑把。
闲情镇日清画长，那有真来都是假。

以上两首诗歌是孟真先生的弟弟孟博先生口述的，内容颇有遗落，时代久远，已无法追忆；字句也间或有颠倒错误之处。总之，两诗都非原貌。

孟真先生曾对孟博先生说："祖父生前所教我兄弟的，尽是忠孝节义，从未灌输丝毫不洁不正的思想。我兄弟得有今日，都是祖父所赐。"从这些话，可以看出笠泉公对孟真先生的影响之深。[①]

五、更兼母教渊源厚

孟真先生的父亲晓麓公，是光绪二十年（公元一八九四年）顺天举人，性仁厚，有文名，曾任山东东平县龙山书院山长六年。光绪三十年（一九〇四年），病殁于任所，年三十九，父母均在堂。晓麓公的大妹丈李继章，字云林，也出身举人，薄有时誉，甚忌晓麓公的文名。其兄某，为一贪

① 笠泉公事迹，见孟博先生手写《傅氏家传》。

官，曾绘历代奸臣图，满挂室中，邪僻有如此者。二人对晓麓公时加侵凌，晓麓公忍不与较，因而郁闷成疾。病殁后，其兄前来吊问，被笠泉公一脚踢出丈外，归家卧病数月，终于死去。

晓麓公德配李夫人，名叔音，聊城西南乡贺家海人，出生于一个地主的家庭。她虽然识字无多，但贤孝知大体。她生二子，孟真先生居长，次为孟博先生。晓麓公病时，她亲往东平侍疾，割股和药以进，但卒不能救。

晓麓公殁后，赖门生故旧，经纪其丧，由夫人抚榇还乡。当时孟真先生只有九岁，孟博先生才七个月。夫人守节，事翁姑，抚幼子，克勤克俭，备尝艰辛。亲旧赙赠数千缗，由友人周祖澜、范玉波二先生代存生息，维持家计。此外晓麓公的学生，也表现出难得的风义。每当旧历年底以前，他们之中必有一人来聊城，送上大量的用品和食物，并在商号代为存上若干银钱，以备来年之用。年年如此，直到孟真先生学成就业后才停止。

晓麓公有一位学生侯延塽，字雪舫，东平人。少时孤贫，奉后母居聊城，为商店学徒。家极贫，每日只进一餐。但他极好读书，工作之暇，手不释卷。晓麓公见他是可造之才，于出任龙山书院山长时，携他前往，助其入学。其后雪舫先生成进士，而晓麓公已殁。他便在坟前自誓，以抚育孟真先生兄弟为己任。后来孟真先生兄弟上学，都由他供给，亲如家人。他年龄颇长，孟真先生兄弟都以父执事之。两家来往亲密，如同戚属。雪舫先生于民初曾任国会议员及哈尔滨海关监督等职，卒于民国二十九年（一九四〇年）。孟真先生曾说："我家非侯公无以有今日！"

孟真先生的学问基础，虽由笠泉公奠立，但太夫人督教之功，也不可没。当时家境极困，日用全赖太夫人张罗。她茹苦含辛，尽力供给孟真先生兄弟读书。同时管教极严，遇有过错，立予责罚。孟真先生中年，遇太夫人发怒，仍长跪不起。此外太夫人的胆识也有过人之处，民国十八年（一九二九年），聊城为土匪攻陷。匪徒至家中劫掠，太夫人与之争论，匪徒举枪拟之，太夫人神色不变，言谈自若，匪徒终不敢加害。其后孟真先生著文，攻击权要；孟博先生从军，每战身先士卒。他们的胆勇，都没有辜负太夫人的培育。

民国二十年后，家境渐裕。太夫人从未忘记过去的痛苦生活，也从不讳言昔日的贫困。她虽然年逾六十，仍勤俭如昔，每日做饭洗衣，为孙辈做衣服，非此不乐。她时常告诉孙辈往日生活的艰苦，劝勉他们发愤为学，并不可乱用金钱。但她对贫困的亲友，则十分温恤，每遇他们有所需求，总是尽力相助。她于民国十八年因聊城匪乱，携两媳和孙辈迁至济南。二十三年至北平，就养于孟真先生。二十五年，随孟真先生至南京。抗战期间，则居重庆。民国三十年十月二十一日病逝，享年七十五岁，葬于重庆歌乐山风景绝佳处。因值战时，没有开吊，也没有发讣闻，仅于葬后登报通知诸亲友而已。

太夫人身体素健，遽尔去世，孟真先生认为她寿不止此，应当活到八十五乃至九十以上。太夫人病时，孟真先生正患重病，恨防护未周，痛伤不已。次年，他给友人的信上说："不幸者家母于去年十月去世矣！如非在此乱世，或者不至于此，此弟念之不能或忘者也。"可见孟真先生抱憾之深。孟真先生的岳母俞曾广珊夫人，写了一首哀词，以志悼念，其词如下：

何堪垂老兵革裹，几载流离道路赊。
竹劲松贞思节母，陇山济水说名家。
承先已有儿孙继，积德犹闻乡里夸。
我向渝州挥涕泪，生刍难荐恨无涯。

这首哀词绝无溢美，李太夫人可以当之而无愧。

（原载《传记文学》一九七六年第二十八卷第一期）

傅氏世系简表

- ①回祖
  - ②祥
    - ③纶（理之、后泉）
      - ④谕（汝克、晓璁）
        - ⑤天荣（肖璁）
          - ⑥思敬（心海）
            - 以恒
            - ⑦以渐（于磐、星岩）
              - 端揆
              - ⑧宅揆
                - ⑨永綍（纶西、西斋）
                  - ⑩廷辉（映宸）
                    - 绳勋（接武、秋屏）
                    - ⑪继勋（玉溪、湘屏）
                      - 潽（达泉）
                      - 潓（味泉）
                      - ⑫淦（笠泉）
                        - ⑬旭安（伯隽、晓麓）
                          - ⑭斯年（孟真）
                          - 斯岩（孟博）
                        - 嵩安
                        - 春安（兰艭）
                      - 渢（岐泉）
                      - （殇）
                      - 滉（雪泉）
                      - 溥
                  - 廷椿
                  - 廷松

忆孟真

俞大綵

孟真在世时，从不注意，甚至记得，他自己的生日。而他去世后，每年三月廿六，他的生日，台湾大学傅园中杜鹃花盛开的时节，他的老朋友们，学生们，以及仰慕他的人们，来到墓园，呈献花圈在他的墓碑前，以至诚的情意，表达他们对孟真的怀念和崇敬。年复一年，我目睹此情，深为感动，含着满眶热泪，独自返家，仰望挂在壁上他栩栩如生的画像，无限的感触，涌上我的心头。

今年，有几位记者先生们，因为纪念孟真的八十一岁冥诞，向我索文，叙述孟真与我婚姻生活中最值得回忆的片段。我虽感到惶恐，而义不容辞，因为这是我第一次提笔试写纪念他的文字，但我拙于写作，深怕不能表达我对孟真永久的怀念，无尽的追思。

民国二十三年，孟真与我在北平结婚。回忆十六年余的婚姻生活，恍如一梦，欢聚少，别离多，有说不尽的辛酸。他只活到五十四岁，于一九五〇年冬，舍我而去，到今天已将二十七年了。

吟悲哀的悼亡诗，写感人的纪念文，均非我所长；我更不愿向人泣诉我的悲痛。在这段漫长的岁月里，我黯然把对他的思念，深深的藏在我的心底。

廿四年九月，我们唯一的孩子（男孩）出生在北平。孩子出生前，孟真说，假如是男孩，要取名仁轨，傅家下一辈，应以“乐”字为排行；孟真之所以破例为儿子命名，乃仰慕唐代在朝鲜对日本打歼灭战的大将刘仁轨。他内心蕴藏着多么强烈的国家民族意识！

他那时任历史语言研究所所长，同时在北京大学授课。廿五年，史语所南迁，我们也于同年二月偕侄乐成，奉孟真的母亲李太夫人迁居南京。

孟真侍母至孝，对子侄辈，也无不爱护备至。太夫人体胖，因患高血压症，不宜吃肥肉。记得有几次，因我不敢进肥肉而触怒阿姑。太夫人发怒时，孟真辄长跪不起。他窃语我云：“以后你给母亲吃少许肥肉好了。你要知道，对患高血压症的人，控制情绪，比忌饮食更重要。母亲年纪大了，别无嗜好，只爱吃肉，让她吃少许，不比惹她生气好么？我不是责备你，但念及母亲，茹苦含辛，抚育我兄弟二人，我只是想让老人家高兴，尽孝道而已。”

我永远忘不了阿姑曾对我说的一段往事：傅家书香门第，但孟真的父亲，去世太早，只活到三十九岁，那时孟真年九岁，弟弟孟博才七个月，家境极困，雨天屋顶漏水，老人家怀中抱着幼儿，头上撑一把雨伞。可想见他们母子孤苦零丁的境况。太夫人于三十年十月，病逝重庆，孟真适身患重病，恨防护未周，痛伤不已。

廿六年七月，中日战争爆发，南京进入紧急情况。孟真以职责在身，不能，更不愿离开南京，拜托史语所一位陈先生，护送太夫人往安徽，暂寄寓陈家，要我携仁轨投奔江西，庐山牯岭，我父母亲的寓所暂避。

南京连遭敌机猛袭，危在旦夕，人心惶惶。我们的婴儿日记内，有孟真于廿八年一月廿日在昆明为仁轨画的一张旅程图，并记着："小宝第二个生日，是在牯岭外公外婆家过的。爸爸在南京看空袭。生下三年，走了一万多里路了！"可想像那时在敌人残暴行为之下，国人颠沛流离的惨况了。

南京沦陷，孟真于同年冬到达牯岭，我们随我的双亲，乘江船经汉口抵重庆。廿七年七月，孟真决定把史语所迁往云南昆明，我们也到昆明暂时定居。

说到这里，令我想起了一幕轻松的笑剧。孟真天性仁慈，最重情感，唯有狗，得不到他的"慈"和"情"。他对猫有偏爱，但对狗有强烈的憎恶。我们初到昆明时，友人送给仁轨一只很漂亮的大黑狗。一日孟真午睡方酣，那只狗走近床边，用舌轻舐他的手，他被惊醒，便伸手猛打，没有打中，他怒气冲天的拾起拖鞋再打，狗已远去，他却把自己的眼镜从几上打落到地上，镜片碎了。在他盛怒之下，我只得戏言，虐待动物是一罪，要遭监禁的。不料他竟“恼羞成怒”，整整三日，不与我交一言。

这场冷战，延续了三天之后，第四日清晨，他起床，长揖到地，面有愧色的笑向我说：“我无条件的投降了，做了三天哑巴，闷煞我也。”我取笑他说，用配眼镜片的钱，买几个肉包子吃，岂不更好吗？（他爱吃肉包子）

他在德国的同学某君，最爱跟他开玩笑，曾向我“告发”他说，孟真在德国时，不好意思当着房东太太打她的狗，只敢在餐桌下猛踢以泄恨。我问孟真是否确有其事？他笑而不答，是默认了。我很欣赏他不时流露出天真的稚气。

以后几年中，我们曾饲养过一只娇小玲珑的暹罗猫，和一只雄伟壮大的黄猫，他却常把它们抱在怀中，甚至欢迎它们与他共榻而眠。

在昆明几年中，孟真因公务，忙于往返昆明与重庆之间，很少在家。三十年，昆明时局紧急，孟真本人在重庆，又设法把史语所迁往四川南溪县李庄镇。我携仁轨及所中同事数十余人，分乘两部破旧大巴士，经群山万壑，抵达四川，我与仁轨便暂时留在重庆孟真身旁。

孟真屡年来，因为公务奔波劳碌，感时忧国，多年的高血压症暴发，头昏眩，眼底血管破裂，情形严重。不得已，在郊区山中，借屋暂居，借以养病。那时，他奄奄在床，濒临危境，悲身忧世，心境极坏，看不见他常挂在嘴角的笑容了。

那是一段穷困悲愁的日子。孟真重病在身，幼儿食不果腹。晴时，天空常有成群的敌机，投下无数的炸弹，廊外偶细雨纷霏，又怕看远树含烟，愁云惨淡，我不敢独自凭栏。

记得有一次，三五好友，不顾路途遥远，上山探疾。孟真嘱我留客便餐，但厨房中除存半缸米外，只有一把空心菜。我急忙下楼，向水利会韩先生借到一百元，沽肴待客（我与韩君，素不相识，只知他曾在北京大学与孟真同学，但不熟）。那是我生平唯一的一次向人借钱。

事隔一月，我已还清债务，漫不经心的将此事当笑话说与孟真听。不料他长叹一声，苦笑着说："这真所谓'贫贱夫妻百事哀'了。等我病愈，要拼命写文章，多赚些稿费，决不再让你再觍颜向人借钱了。我好惭愧！"我很后悔失言，不料一句戏言，竟引起他的感慨万千，因为他虽然为国家多难而担忧，但他于个人生活事，从不措意！

孟真病稍愈，我们即迁李庄。那是一个水秀山明，风景宜人的世外桃源，我们结庐山半，俯瞰长江，过了一段悠闲的日子，直到抗战胜利才离开。那时仁轨十岁，已读完子弟小学五年级了。

在李庄几年中孟真在家时更少，常去重庆；心所焦虑，唯在国家之危急存亡。他在国民参政会发表言论，在报纸上写文章，对政府的批评，都是出于一片爱国赤诚，毫无一点私念。他平常好议论，他对个人私事，向不作恶意批评。只要事关国家，他便知无不言，言无不尽。他常对我说："我非'识时务之俊杰'，更不识何谓'明哲保身'，我乃大愚也！"

他偶而回李庄小住，在那段难得的清闲的日子里，不是给儿子讲几段三国、水浒，便是看书写作，有时背着双手，环绕室中，摇头晃脑，不断的用满口山东腔调，哼唱诗词，怡然自得。年幼好奇的儿子只在一傍瞠目相视。在一个寂静的深夜，他在烛光下，伏案为儿子写了一张文文山的《正气歌》，那时仁轨才是一个不满八岁的孩子。

抗战胜利时，他在重庆，写给我的一封家书说，他一听到日本投降的消息，欣喜欲狂，冲出寓所，飞奔上街，手舞足蹈，见人便搂抱，狂呼大叫，直到声嘶力竭。又说："我可以出国治病了。"

因为在胜利前，蒋委员长关怀孟真的病体，曾促孟真赴美就医，并允负担一切费用。孟真答谓，敌人未灭，国难方殷，他不愿离开祖国。

三十四年秋，抗战胜利，他本可赴美就医，但北京大学校长胡适之先生在美未返，蒋委员长命孟真先去北平接收北大，代理校长。三十五年，我们携仁轨于五月四日飞抵北平。孟真在北大一年中所做的事，最近陈雪屏先生在“传记文学”中有文述及，我不必多说了。

适之先生抵北平后，我们一家三口，于三十六年七月乘船抵美，仁轨入新港一所私立小学，免费就读，孟真到波士顿入医院治疾。

在医院，孟真除接受药物治疗外，饮食管制极严，肉类脂肪及盐均不能吃，每日三餐，只吃米饭，蔬菜，水果及少许甜食而已。医师称赞他是最合作的病人，但他却说，为服从医师，他每天饿得发晕，苦不堪言。出院时，医师警告他切勿担任行政工作，尤忌生气，以免影响情绪，使血压回升。

他出院时，体重减轻三十余磅，仅有的几套衣服，都太大了，裤腰大出四寸。我记得他出医院回家的那一天，跨进屋门，用只手紧缩着裤腰说：“我现在简直可称为‘楚腰纤细’，再也不是‘傅大胖’了。”他一向不讲究衣着，出医院后，不曾制新衣，一直到回国，长台大，到他去世，仍穿那几套旧衣服。

病已愈十之八九，他极感兴奋，辞去美国几所大学的聘请，准备回国。我深知他的病未痊愈，劝他多住些时，以事静养。他说，他在国内要做的事太多，岂可偷闲，安居异国？坚持要回国。仁轨差一年小学卒业，将他留在美国，也是我力争，孟真才答应的。

三十七年八月，我们乘船抵达上海。次日，政府宣布禁止私人藏有黄金、美钞等外币，实行金圆券币制。我记得很清楚，我们下船时身边仅有美金三十八元。我认为那微不足道的区区小数，不必管它。但孟真说，事无大小，我们都要奉公守法；第二天，便把那三十八元，换成金圆券了。所带回的一台旧冰箱，一只打字机，几箱书籍，和孟真所需用的药品，是我们仅有的财产。

返南京后，时局日趋紧急。孟真忧心如焚，旧疾复发，血压猛升。那时我的母亲，患严重心脏病住医院。六姐大细，以南京危在旦夕，决奉母先飞广州，转香港就医，她要我同行，与她共同随机照顾病母。

我虑及孟真旧病复发，加以他感时忧国，情绪极劣；母亲重病在身，长途飞行，极堪忧虑，左右为难，不知何所适从。商之于孟真。他毫不迟疑的说："你母亲病情严重，此行如有不测，你未能尽孝，将遗恨终生。你非去不可！不要顾虑我。"

我略整行装，准备隔日启程，当夜孟博赶来痛哭流涕，责备我不该离开孟真。他说："你难道不知道哥哥随身带着一大瓶安眠药，一旦共军攻入他便服毒自尽么？那时，你将何以自处？"骨肉情深，感人肺腑。我们相对涕泣，我便放弃了广州之行。

正在那几天里，蒋总统命孟真前往台湾，接长台湾大学。孟真本早有决心，以身殉国，但念及设能借此机会，接出困在北平的学人，同去台湾，群策群力，整顿台湾大学，岂不可遂书生报国之志？便决心就台大校长的职务。

明知那时的台湾，医药不便，但此行既定，他又笑着说："台湾产米、水果和糖，到那里，我不愁没有东西可吃了。"孰料他竟"归骨"于台湾！

三十八年春，我们到上海时，胡适之先生正准备赴美，因胡太太只身在沪，无人照顾，曾言及送胡太太回安徽绩溪，孟真以为千万不可。我曾听见他对胡先生说："我们欢迎胡太太跟我们同去台湾，局面如何演变，我不敢预言，但我们会尽力照顾胡太太；吃不饱，大家喝稀饭。"胡太太和我于一月廿三日抵台湾。

孟真偕秘书那廉君先生于廿一日飞抵台湾，当日岛上有轻微地震。孟真后来说："我真不愧是一个要人，一到台湾，便有地下礼炮向我致敬。"他在台湾大学所做的事多有文述及，我不必重提。在此，我只想写些不为人所知的零星小事。

我们住台大校长宿舍，同住的有胡太大、钱思亮先生夫妇及三位公子、侄儿乐成、那秘书，还有跟随我们十余年，照顾仁轨的龙老太太，十余口人，共度极清苦的生活。

孟真因病忌食，只能吃米饭、无盐的蔬菜、水果及少许甜食。我曾试以色彩悦目的盘碗，在餐桌上瓶中插几枝鲜花，引起他的食欲。但面对如此淡而无味的饮食，谁能有食欲呢？他每日处理校务，劳累不堪，回家饿极进餐，看他以菠萝汁拌饭，聊以充饥而难于下咽的神情，我好难过！

那秘书告诉我说，孟真偶而和他在返家途中，到小食店吃他爱吃的北方面食，看他吃得好香。但必嘱那秘书说："我是解馋，回家千万不可告诉我的太太。"有好几次，胡太太指着孟真，笑着向我说："傅先生又偷吃了几块红烧肉！"回忆及此，我深悔不已，早知他在台湾活不到短短两年的岁月，当初我为什么忍心不让他痛痛快快的吃他所爱吃的东西，使他至少在食欲上得到满足呢？

孟真到校不久，共党煽动学生蠢动，情形严重，孟真数次于半夜酣睡中，被电话叫醒，匆匆披衣，偕那秘书出门，应付紧急局面。

事隔多年，当时任警备总司令的彭孟缉先生，曾屡次提及此事，他说，孟真当时曾向他提出三个条件：第一，速办速决；第二，军警不得开枪，避免流血事件；第三，被捕的台大学生，先送法院，受冤者，尽快释放。

孟真去世后不数日，即有当时被他保释出来的学生，伴着父母，到我家来，跪拜在他的遗像前，焚香涕泣。

孟真向不讲究穿着，裤上被烟灰烧成破洞，补了再穿，上衣胸前有墨水污渍，染成深色再穿。彭孟缉先生常爱说一个笑话：他曾有一次要检举“台大校长”服装不整，因为他来接孟真去赴一个正式宴会时，发现孟真穿的鞋，一只黄、一只黑。

数月前，我接到杨国成先生病故的讣闻，因忆及孟真为校长时，杨任司机，为人忠诚老实。孟真于百忙之中，返家晚餐后，常邀他来我们家，在小客室中，两人对坐奕棋。孟真口含烟斗，杨君则猛吸香烟，那是孟真难得的片刻偷闲。杨君还曾数次跟孟真到圆环尝试台湾小吃。杨君对孟真忠心耿耿，孟真去世，他悲痛不已，数日不思饮食，我曾去参加他的丧礼，感谢他对孟真的忠心。

孟真处事至严，公正无私，不讲人情，但以聘请教授而论，学识渊博者，在可能范围内无不迁就，他很高兴能聘到李祁女士，李女士是国内第一位考取中英庚款的留英学生，中英文造诣极深，学校规定单身人不得配给房屋，但孟真破例为李女士配一幢房子。她只身在台，尤畏敌机来袭，不时吵着要离去，孟真总是苦留。

有一天，李女士冲入校长室，孟真见她神色慌张，立即起身，询以何事如此紧张？她说，附近农民养的一只红脸番鸭，咬破了她的袜子，鸭嘴触及她的腿上皮肤，她怕染“狂鸭症”。孟真大笑说，只闻有狂犬症，未闻有“狂鸭症”也。李女士也笑了，但她坚持要孟真买下那只鸭，送医院检验。孟真只得一切照办。鸭没有疯，李女士也安心了。

李女士偶而来我们家闲聊，谈笑风生，诙谐有趣，曾把买鸭事当笑话说给我听，还称赞孟真的脾气好。我说：“你是才女，对你，孟真岂有不特别优待之理？”孟真接着跟她开玩笑说：“任何条件，我都答应，但只希望你以后多穿几双厚袜保护你的腿，因为我没有钱再买鸭子了。”

那时韩战尚未爆发，美国第七舰队尚未驶临台湾海面，时局动荡不安，人心惶惶。有钱的人，纷纷携款逃往海外。于是，少数不肖之徒，便在学生中散布谣言说，校长夫妇已办妥出国手续，护照握在手中，到紧急关头，他们远走高飞，顾不得你们的生死存亡了。

孟真闻知，立即出布告，要学生安心读书，并保证他决不离开台湾，誓与学校共存亡。他来台湾后所写的一张“归骨于田横之岛”，乃表明他与台湾共存亡之决心。不幸“归骨台湾”，竟成谶语！

孟真的脾气并不温和，尤以长台大时，正是学校多事之秋，他夙夜勤劳，力求改进，加以他一向嫉恶如仇，遇部属有不轨行为，他会暴跳如雷，大发脾气；但这并不能掩盖他宽厚仁慈的本性。

他常说，学生是他的儿女。曾指定几间阳光充足，空气流通的宿舍，供患有轻微肺病的学生住，另加伙食费，使他们能吃到富于营养的食物；又为女生兴建最好的宿舍。他常在中午返家时，偕我到各宿舍探视，并查看学生的伙食。他一进餐厅，男生必高呼欢迎校长，女生则拥到他身傍。他去世后，学生们痛哭哀悼，是青年们发乎自然的真情。

孟真最爱才，想要发掘高才生，加以鼓励，举行全校作文比赛，颁发奖金。他亲自出题阅卷，看到好文章，便约作者面谈。

一日，他回家，非常兴奋的告诉我，他看到一篇好文章，约作者面谈，极为激赏他的文才；但该生家境贫寒，又患深度近视。问他何以不戴眼镜，该生默然不答。

孟真去世后不多日，卫生署刘瑞恒先生来我家，交来眼镜一副，说是孟真托他在香港为某生配的。我接过眼镜，泪湿衣襟。刘先生临行时，我才记起问他需款若干，他连连摇着双手说："不用了，孟真早已付给我了。"眼镜到手了，但那个等着戴眼镜的贫苦学生，却再也看不见爱护他的校长了！

孟真与陈辞修先生闲谈中，不是涉及对政府的建议，便是谈到百事待整的台湾大学，他曾屡次向辞修先生说："我为台大，已心力俱瘁，连我这条命也要赔进去了。"当时是一句戏言，竟不幸而言中，他去世后，辞修先生为他主持丧礼，为仁轨筹教育经费，仁轨才得以在美完成学业。

我与他十六年多的婚姻生活，别离多，相聚少，愁苦辛酸的日子多，欢乐安宁的日子少。抗战前，尤以初婚时，在北平过了一段稀有的舒适时日；那时他还买得起几部善本书，得之如获至宝。但在抗战期中，因朋友之疾病贫困，急需援助，可怜他竟忍痛割爱，把几部书陆续变卖了。他助人从不对我提及，他去世后，我才从朋友处听到。

一九五〇年十二月十九日，他去世的前夕，是一个寒冷的冬夜，我为他在小书室中升炭盆取暖。他穿着一件厚棉袍伏案写作。我坐在他对面，缝补他的破袜，因为他次日要参加两个会议，我催他早些休息，他搁笔抬头对我说，他正在为董作宾先生刊行的大陆杂志赶写文章，想急于拿到稿费，做一条棉裤。他又说："你不对我哭穷，我也深知你的困苦，稿费到手后，你快去买几尺粗布，一捆棉花，为我缝一条棉裤，我的腿怕冷，西装裤太薄，不足以御寒。"我一阵心酸，欲哭无泪。

他起身指着壁上的书架说，这些书，还有存于史语所的一房间的书，他死后要留给儿子，他要请董先生为他制一颗图章，上刻"孟真遗子之书"。

他长叹一声，接着说："你嫁给我这个穷书生，十余年来，没有过几天舒服日子，而我死后，竟无半文钱留给你们母子，我对不起你们！"我一向不迷信，难道这几句话，就是他的遗言？

夜深了，窗外吹起一阵寒风，室内盆中的炭，已化成灰，我猛然感到一阵透骨的寒冷。

孟真去世后不数日，董先生含泪把稿费送来。我用双手捧着钱，悲痛欲绝，泣不成声。稿费到手了，而孟真呢？他早已不需要为他双腿御寒的棉裤了。

十二月二十日，他忙着参加两个会议。下午五时，我接到陈雪屏先生的电话，赶到“参议会”大厅时，孟真已昏迷不醒，听不见我在他耳边呼唤他的声音了。我俯伏在他身傍，紧握着他微温的手，环顾四周静立的人群，一时顿有举目无亲之感，而竟不曾流下一滴泪水。到今天，我仍惊讶我当时的勇气和镇定！（孟真突然病逝，那时四兄大维，在美就医，八弟大纲，任职香港，六兄大绂，任北京大学农学院院长，六、七姐大缜、大细，分任北京大学及燕京大学英文教授，陷身故都，不得脱身。）仁轨十五岁丧父，得噩耗后，他来信说：“……父亲已走完他艰苦的旅程，现在该是他静静安息的时候了。妈妈，不要太伤心，不要流泪向人倾诉你心中的悲痛，更不要因为家境贫困，哭泣着向人乞怜。我们母子要以无比的勇气，来承受这个重大的打击，我们不需要人们的怜悯，而是要争取人们对我们的尊敬。……”

岁月如流，人生若梦，徘徊于老树参天的傅园，在暮色苍茫中，静听傅钟的鸣声。感世事茫茫，愁怅曷已！……

一九七七年三月二十日于台北

（原载《联合副刊》，一九七七年三月二十六日）

追忆傅孟真先生的几件事

那廉君

我认识傅孟真（斯年）先生，是从一九三四年开始；正式跟他作事，从民国二十八年（一九三九年）在南京起，连续了十二个年头。在这十二年当中，前一大段是在中央研究院历史语言研究所（以下简称史语所），后一年零十一个月是在台湾大学（以下简称台大）。虽然我跟孟真先生作事的机构，只有上面所说的两个，可是由于孟真先生是属于多方面的，所以我受命办理的工作，并不限于史语所和台大，也不限于我在两个机构职称以内的事情，但孟真先生不仅是治学的高才，更是治事的好手，因此我有机会能多方面的体验学习。自然，我对孟真先生的治学方面，不敢妄加论断，但有些小事，也许外边不知道，或是有人知道而未经写出来的，我愿意记述两三件在下面——可作为轶事观，并不是这些事情便足以代表孟真先生整个的人生。

孟真先生是一位很“坦率”也可以说是“天真”的长者，他不讳言心里面的话，更喜欢说“老实话”。刚刚认识他的人，也许觉得他脾气不好，“工架”太大，但和他接触得比较久了，就会感到他乃是易于亲近的天真而不拘形迹的人。

记得抗战期间，史语所迁到四川的李庄山坳里。为了同仁“食米”的关系，常常要和当时当地的“专员公署”（设在宜宾）有所接头，当时的专员好像是王梦熊先生，孟真先生曾经用当地出产的竹纸亲笔写过一封白话长信给王专员，其中有几句话是：“请您不要忘记我们在李庄山坳里尚有一批以研究为职业的朋友们，期待着食米……”，从“以研究为职业”这句话来玩味，足以佩服孟真先生并不标榜“研究”的“清高”，而说的完全是老实话。因为作研究，必须要穿衣吃饭，要穿衣吃饭，必须要拿薪水，既拿薪水，便属于职业范围，这是很合逻辑的。以上所举，是孟真先生“坦率”的一个例子。还有，孟真先生有时对某一人刚刚发完脾气，第二个人不知这个“前因”，跟着来找他，结果碰了一鼻子灰，以后第三第四个人相继而来，相继被斥而退。孟真先生在这种情形之下，常常和我说：“叫我不二过可以，叫我不迁怒，我实在做不到！”孟真先生有自知之明，自己知道自己的“短处”，而又勇于把自己的“短处”明白地讲出来，这是孟真先生“坦率”的第二个例子。至于孟真先生的不拘形迹，理智与情感并重，非和他相处得时间比较长些，无由体会得到。有人批评他是“大炮”，但他的炮口都是对“事”，并非对“人”！记得孟真先生在一篇文章中，曾引用亚里士多德的话，“吾爱吾师，吾亦爱真理”，这虽是由于讨论学术问题而发，但从这一点也可以看出他平素作人的态度！

孟真先生一生未离开书本，关于他和“书”的关系，我在孟真先生逝世周年台大所印的纪念刊中曾经写过一篇短文。孟真先生和“书”，好像不可须臾离开，也好像是有不解之缘；喜欢读，喜欢买，更喜欢收藏。在史语所的时候，从在上海收购“群碧楼”的藏书开始，以后在北平、南京，以及抗战期间所迁到的地方，如湖南、云南、四川，均随时随地在替史语所就近或设法向其他地方访购书籍，尤其是史语所在四川的时候，收集四川的地方志，收到很好的效果。

孟真先生自己收藏的书，很少善本，一般常用的书差不多都有，小至“一折八扣”的《枣林杂俎》，也都好好的保存着（因为他对明史特感兴趣）。民国二十八年史语所迁到昆明，没有地方把图书馆的书籍开箱，于是大家便利用孟真先生私人的藏书使用。那时候我正在管理图书馆，一时兴起，检了孟真先生的一个图章，文为“独嘉草堂”，正在开始把每一本书上加盖这个图章的时候，孟真先生看了，哈哈大笑，他说：“这个图章是我没有结婚的时候，朋友们笑我是个光杆，开玩笑替我刻的，最好不要再盖下去吧！”于是这件工作便行结束。

记得史语所复员回到南京的第二年，孟真先生把抗战胜利复员后接收自日本人的“人文科学研究所”所藏的大批书籍，选择其中比较珍贵的陆续地运到南京，这些书籍为数不少，运到南京的时候，经我登录收藏。史语所迁台的时节，也随同史语所原收藏的书籍一同运到了台湾。

孟真先生接长台大以后，在万端待理的情形之下，并没有忽略充实台大的图书馆，因为当时台大图书馆所收藏的图书，除了日文和德文以外，中文书籍实在不多，于是他东凑西凑（经费），尽量添置不少经常应用的中文书籍。记得有一个晚上，孟真先生一个人跑到南昌路的鸿儒堂选购了不少书籍，自己抱回来，那时候我住在孟真先生家里，他叫我点收这些刚刚买来的书籍，并且叫我暂且垫款付账。我说：“既是熟铺子，明天再请事务组去付好了！”孟真先生听了我的话笑了笑，他说：“看来现在是月底，你的荷包大概也干了吧！”

孟真先生喜欢买书，与书为伍，凡是认识孟真先生的，大概都知道，可是他并不是乱买，他对买书是非常审慎的。譬如说，抗战胜利之后，史语所迁回南京，史语所用了一笔不少的钱，买了傅增湘氏所藏的北宋刊南宋补刊本《史记》。

孟真先生在购买这部书的过程中，经过了很长时间的考虑、研究，在决定买下之前，特别叫我到上海去向精于版本的徐森玉（鸿宝）先生请教，想从徐先生口中知道“藏园”所收藏的这部《史记》的来龙去脉，结果徐先生叫我转告孟真先生可以放心收买，这才作了最后的决定。这部书买妥之后，存在胡适之先生家里，后来又由孟真先生拜托胡适之先生趁由北平坐飞机到南京之便，由胡先生亲自带到南京，史语所事前已买好了一座大型的保险柜，书一到达，立刻入柜。自然，这个保险柜里面，不仅装这一部《史记》而已，另外还有零星买来的敦煌卷子《佛国记》（当时流传在市上的敦煌卷子大都是佛经，“传记”方面的很少，所以史语所把这一卷《佛国记》也放在里面），尚有“蝴蝶装”的《文苑英华》等等，都是孟真先生亲手买来的。

那时候我正在担任管理图书的职务，鸡鸣寺下的史语所大楼，一、二、四层都有我的书库，本来已够奔波，这部《史记》买来之后，更增加了我的责任，而孟真先生又对这部书特别喜爱，一有空闲，即叫我开柜取出拿到办公室来翻阅，有时候客人要看，也同样地叫我取出来。我为了责任的关系，每次拿这部书，总是亲自捧上楼来，捧下楼去，而在孟真先生翻阅的时候，我一定要在旁边“守候”，因为我很注意孟真先生的烟斗或雪茄。有时候孟真先生在他办公室的大型吊电扇之下翻阅，电扇吹得书页嘶嘶作响，每页之间，原来夹着的一片烟叶（避潮用）几乎飞舞起来，我立刻把电扇关闭。孟真先生体胖怕热，至此也无可奈何，有时叹口气向客人说："你们看，我也受到了限制！"

史语所成立不久，孟真先生便有校勘《明实录》的计划，后来开始工作的时候，我也曾参加过一段时间（这是在我开始管理图书馆之前），在我参加这项工作的时候，曾经数次从南京取道苏州到湖州的南浔取刘承干氏（翰怡）嘉业堂所藏的《明实录》校勘，因此有机会参观当时在南浔镇刊刻《四明丛书》的实地情况，也参观了《适园丛书》的原版（收藏在南浔的"适园"里面）和欣赏了小时候"临帖"时候所临的《宜园记》石刻（宜园也在南浔）。同时也有机会在此饱尝张季鹰所回忆的家乡的三样东西：菰、鲈鱼和莼菜。后来孟真先生有鉴于嘉业堂所藏的这一部抄本明列朝实录和其他零星本子（如天一阁原藏者）有收购之必要，因为当时传说嘉业堂的书将全部出卖，所以叫我和另外一位张先生再到南浔向他们洽购。经过一番周折，把这部《明实录》买来之后，于是校勘《明实录》所用的本子由六种而增加到七种。抗战胜利复员之后，听说嘉业堂的书籍已不知下落，而《明实录》幸喜早已由史语所买来，这又是孟真先生的先见之明。三十年来，校勘工作，未因抗战播迁而中止，现在这部书的校勘工作，经过黄彰健先生的努力，业已完成，并由李济之所长毅然设法把它印出来，完成了史语所历史组的一项大的集体工作。

因为孟真先生喜爱书，所以他对史语所图书的管理人选，特别注意，史语所当时有二十一万册图书，大半属于文史方面，另外有一大批金石拓片。在他认为管理这些东西，不仅是长于管理“技术”方面而已，至少要对版本学、目录学、年代学以及校雠学等有丰富的知识，所以在抗战前后有人推荐图书馆专科学校的毕业生给他，他都婉谢了，因为他认为管理图书，不只是“技术”的一面。不过，我要在这里声明一下，我之所以在史语所管图书馆，并不是具备上述的条件，而且差得很远，孟真先生之叫我拿出一部分时间管图书，乃是适应抗战时期的环境和需要，因为史语所在当时一再播迁，五年多的时间中，我办理开箱、装箱和上架的工作，前后有十二次之多。所以我管图书，乃是应付这种工作而已，谈不上什么建树。史语所迁到南港以后，图书馆扩大了，今非昔比，自然需要使它纳入一般图书馆的组织，多亏李济之所长的领导和学验俱丰的一位专家蓝乾章先生在此主持，使史语所图书馆大具规模，孟真先生有知，当亦含笑！

孟真先生对史语所同仁的研究水准，估计得很高，所寄望的也高。在我管理图书的时候，虽然有不少同仁向我要词典一类的东西使用，但孟真先生却禁止我把这些书籍陈列在书架上。因为孟真先生心目中的“工具书”，并不是这些书，所以在我刚刚接管图书馆的时候，他曾明白的告诉我：“我们不用这些书！”

因为孟真先生喜欢书，所以不少书店的老板和他成了朋友，譬如说北平修绠堂书店的老板，精于版本，他们常常在一起讨论。到了台湾，鸿儒堂和大陆书店的老板，也经常和孟真先生往还。现在衡阳路“大陆书店”的匾额，就是孟真先生替他题的，可惜描来描去，由直变横，早已走了样子。孟真先生还为这家老板张紫树先生写过一张条幅，文为：“读书最乐，鬻书亦乐；既读且鬻，乐其所乐！”

以上是就孟真先生和“书”的关系，拉杂地说了不少。谈到孟真先生学问的渊博，这是大家公认的事实，我没有资格来描述。他对每一事物的批评，必须先对这一事物有了充分的了解，譬如说，他对平剧有很深的认识，他才批评平剧；他对中医有丰富的常识，他才来批评中医。我最佩服孟真先生的另外一件事是孟真先生开口成章，提笔成文，脑筋反应之快，更为常人所不及。孟真先生接长台大以后，因为眼睛不好，常常用手盖着左眼写字，所以后来所写出的不少文章或演讲词，都是由他口述而由我笔录的，自然，我笔录之后，尚须经过他的整理始能成为定稿。当时我住在孟真先生家里，常常在晚饭以后和我商量：“咱们 dictate 一点东西好不好？”我不好意思也不敢拒绝，这一工作，可能到了深夜。记得我最后替他笔录的文字有两篇，一篇短的是《台湾大学国文选拟议》，另一篇很长的是《中国学校制度之批评》。（一九五〇年十二月发表于《大陆杂志》，分两期刊出，后一半刊出的时候，孟真先生业已谢世了。）

（原载《传记文学》一九六九年第十四卷第六期）

傅孟真先生轶事

那廉君

傅孟真（斯年）先生去世，到今年十二月二十日已经十九年了。回想一九四九年一月十七日孟真先生从上海来台，当时台湾省政府主席陈辞修先生在飞机场迎接他，有一个很大的场面。第二天来台大接事，从当时代理校长杜聪明教授手里接过台大的印信，转手交给我，以至于一九五〇年十二月二十日孟真先生在“省议会”报告校务时晕倒，从此不起，一切一切，好像都是昨日之事。

孟真先生生前，友朋及社会人士对他的批评，老实说，并不一致，但他去世之后，无论对他怎样批评的人，却一致表示无限的哀悼，因为大家都知道他不但是一位学者，更是治事的能手，所以当他去世之后的一个时期，见诸文字的悲悼赞誉，不一而足。我跟孟真先生做事，连续了很久，虽然我对孟真先生认识得也许比较清楚，但我不愿人云亦云的再写那些老套子文字，犹如撰挽联，题挽诗，作祭文，专门集凑“成词”砌起一段“术语”的长墙，而成为八股式刻板化的“应酬文字”，所以我觉得与其再写那种文字，反不如记载些有关孟真先生生前的轶事，引起孟真先生友好和其他人士们对他的回忆。我现在毫无次序一条一条写在下面：

孟真先生九岁的时候，父亲便已去世，由母亲抚养。孟真先生的母亲姓李，在孟真先生尚未成年的时候，大概是从母姓，所以孟真先生的藏书中，有不少书籍上面所写的名字是“李永”，“李永”，据说就是孟真先生。

因为孟真先生由母亲抚养成人，所以事母至孝。抗战期间，八一三上海战起，南京考试院被炸，孟真先生把母亲和两个侄子安置在和县。后来南京沦陷，孟真先生到了长沙，由中央研究院历史语言研究所的一位同事把孟真先生的两位侄公子护送到长沙。我记得很清楚，他们一到了长沙，立刻到韭菜园圣经学院去见孟真先生，孟真先生当然很高兴，也很感谢这位同事，但后来孟真先生问起他们的祖母的下落时，他们回答孟真先生说：“没有逃出来！”孟真先生听了，勃然大怒，打了他们几个耳光，自然，护送孟真先生两位侄公子出来的那位同事，站在旁边，有些不大受用，但从这一点可以看出孟真先生的孝心。后来孟真先生终于设法把母亲安置到重庆，更后来不幸因患“胆石”谢世。

如果讲“迷信”的话，孟真先生在去世之前，有两个

“预兆”。第一个“预兆”是台大举行接收后第一次校务会议（一九四九年四月）的时候，在第二天下午闭幕式中孟真先生的“闭幕词”里面，曾经说：“斯年以久病之身，任此繁剧之事，兼以大局不能安定，意外事件又不敢必，故不能向诸位保证，可以长久任职；但敢向诸位保证，在职一日，必当积极为本校努力一日。”第二个“预兆”是一九五〇年台大的一次行政会议上曾通过请农学院园艺学系拟出美化校园的计划，后来园艺学系果然拟出来一个“五年计划”，又提到行政会议来研究，这时孟真先生半开玩笑的说：“五年？未免太长了，我实在等不及！”

这是二十几年前的旧事，台大在孟真先生接长之后，举行有“史”以来的第一次“校务会议”的时候。出席人尚有对“校务会议”这个名称感到陌生，而对它的任务有欠明了的，所以开会的时节，有人用包袱包着《六法全书》来出席，以供随时“参考”。这一次会一共开了两天，第一天上午有一个学院的院长向孟真先生开炮，而当天下午这同一学院的教授又把炮口改向他们的院长，孟真先生这时候笑了，他向那位被炮轰的院长开玩笑说：“剃人头者，人恒剃其头，此之谓欤？”

孟真先生接长台大后，首创考试印题“入闱”制度。一九四九年台大新用考试“入闱”印题，和现在大不相同；那时候的“闱场”，只是借用台大图书馆一隅之地，封得严严的，既无纱窗，更谈不上冷气设备，在七月溽暑的天气，实在有些不好受，所以当时主持闱场的林耀堂教授，不得不带氧气进去。但从一九五〇年开始，便逐渐改进。所以一九四九、一九五〇年的时候，大家都不愿意参加这项“入闱”工作，和现在的情形，自然截然不同。今日大专以及其他各项新生入学考试“入闱”印题之成功，不能不归功于当时的创始者。

孟真先生对朋友非常关心。抗战期间，在昆明的时候，我们都住在云南大学前面的靛花巷，西南联大陈寅恪教授那时候住在三楼。陈教授对空袭警报最为注意，他的口号是：“闻机而坐，入土为安。”“机”，指飞机而言；“入土”者，入防空洞也。因为当时靛花巷楼下空地上挖有一个防空洞，但经常水深盈尺，陈教授不惜带着椅子坐在水里面，一直等到警报解除。每次警报一鸣，大家都往楼下跑，甚至于跑出北门，孟真先生却从楼下跑上三楼，通知陈教授（因为有时候陈教授在睡早觉或午觉），把陈教授搀扶下来入了洞。以孟真先生胖胖的身躯，爬楼梯已够吃力，而他对朋友能够如此的关怀，从上面所说的小事，便可以得到一个证明。

有一天，孟真先生问我们：“‘蟋蟀’的‘蟀’字应该念什么？”我们回答：“习惯上都是和‘帅’字同音。”孟真先生说：“不对，应该和‘律’字同音，也就是和‘利率’的‘率’字一样。”我们问孟真先生为什么，他说：“蟋蟀，蟋蟀……乃是代表这个虫类的鸣声——西律，西律……！”

抗战时期，孟真先生曾经写过一篇文章（也可以说是半篇），题目是《谁是〈后出师表〉之作者》，发表在当时重庆独立出版社的《文史杂志》，但只有上一半，下一半也和胡适之先生的《中国哲学史大纲》一样的没有写，所以我们无法知道孟真先生考证的结果。但有一位朋友好像听孟真先生谈过，他疑心是出自诸葛恪的手笔，因为诸葛亮的《前出师表》和《后出师表》的精神不同，《前出师表》是勇敢的，而《后出师表》似乎有些泄了气，所以孟真先生才怀疑《后出师表》并不是诸葛亮自己的手笔，更进一步，也许诸葛亮根本没有写《后出师表》的动机。可惜这篇文章，没有完成，我们无法知道他的结论，否则将和孟真先生的另一文《明成祖生母记疑》（对明成祖为高丽碽妃所生之说有所商榷）比美。

抗战期间，中央研究院历史语言研究所由昆明迁到四川南溪县李庄镇，所址设在山坳里的张家大院，虽然派有驻军保护，可是人数太少，孟真先生为小心起见，把收藏善本书籍的书库，不挂“善本书库”或“珍本书库”的牌子，特别起了一个名字叫做“别存书库”，以避免人们的注意。可是最使孟真先生啼笑皆非的是史语所第四组（人类学组）藏有很多很多掘自不同地区的人头骨和人体上其他部分的骨骼，这些人头骨和其他骨骼也和图书一样的陈列在木架子上。史语所本身同仁对此早已司空见惯，可是这些东西被当地人发现了，在史语所刚刚迁到这山坳里的第一年，每到夜里，便有人站在山头上高喊：“研究院杀人啦，研究院杀人啦！”孟真先生听了只好笑笑而已，实在无可奈何。还有一件事也是使孟真先生啼笑皆非的是因为史语所的所在地治安欠佳，有一天孟真先生召集同仁们会商夜间防御之策，孟真先生主张每人床下放一面铜锣，假如有事情发生，立刻敲锣，唤醒大家。当时有一位同事（孟真先生的得意弟子），他用道地的山东腔说：“俺不干！”孟真先生问他为什么，他说：“俺们看平剧，平剧里面常常表演一个更夫正在敲锣巡夜，后面来了一个‘英雄’不声不响的请他吃板刀面的故事，所以俺不干。”孟真先生问他：“那么，事情如果发生，你怎样办？”这位同事不慌不忙很幽默的回答：“那我只好‘献地图’！”

孟真先生接长台大以后，曾有一位“宋琴”先生来函，以汉“三贤”比拟孟真先生。孟真先生亲笔写了一封回信给这位先生，其中有几句话是：“辱承以汉三贤见拟，何胜荣幸，惟弟实不敢当也。贾长沙以二十许人，为汉代文景武三世作成统一建国之蓝图，吾何敢望？然此公有此热中，我亦无之。东方先生以词成章，其天才非如弟之困而学之者，然彼优倡见蓄，吾亦不为也。此二公者，其长不啻超我数十倍，其短则弟亦不为也。马季长（似当为长，盖马季常乃风云中人，早死，与我无同处也），虽传经有人，而不顾行检，浮仰世上，凭贵戚之温厚，驰文华之费词耳。总之，弟之才力无过人处，只能自写其读书所得之原则耳。”孟真先生之自谦如此，绝不自我宣传。孟真先生另外有一封回答姜伯琦先生的信，说明台大整顿的困难，函中曾说：“辱承奖励，感何有极，台大之‘五朝老底’（日本，三任校长，一任代校长）实不易办，盖改一旧大学远比建设一新大学为难也。”所以孟真先生去世之后，这位姜先生曾撰一挽联，文为：“一代宗师，众所敬仰；五朝老底，若竟捐驱！”“五朝老底”，即系引用孟真先生的话。又孟真先生还有一函致张晓峰先生，信中说他接长台大后的工作情形，他说：“弟到台大三学期矣！第一学期应付学潮，第二学期整理教务，第三学期清查内务，不查则已，一查则事多矣！报上所载，特少数耳。以教育之职务而作此非教育之事，思之痛心，诚不可谓为努力，然果有效否？不可知也。思之黯然！”

孟真先生在抗战期间，为了替中央研究院在四川李庄的三个研究所和中央博物院向当时的四川第六区行政督察专员兼保安司令王梦熊先生借米，孟真先生曾有不少信写给王专员，真是不惜打躬作揖，其中有一封信里面恳切的说：“敝院在此之三机关（历史语言研究所，社会科学研究所，人类学研究所）约一百石，外有中央博物院约三十石，两项共约一百三十市石，拟借之数如此……夙仰吾兄关怀民物，饥溺为心，而于我辈豆腐先生，尤深同情（其实我辈今日并吃不起豆腐，上次在南溪陪兄之宴，到此腹泻一周，亦笑柄也），故敢求之于父母官者……”

抗战期间，中央研究院历史语言研究所曾有一百六十箱书籍借给西南联大，最初运到云南蒙自；史语所派我去点交，我在这潮热的蒙自住了两个多月，终以无地可以上架，又由西南联大运回昆明，在昆明也无地可容。史语所的一位同事因为无书可用，曾有信写给孟真先生，孟真先生回了这位同事一封短信，信中说：“联大存书，正在交涉中；此事迁巡如此，可恨可恨！然想在暑期前可以利用也。”事实上这些书还是孟真先生费了很大的力量，在昆明的乡下龙泉镇的三座庙宇的大殿里把这些书籍由西南联大取回开箱上架使用，而使用者并不限于史语所本身，西南联大却也包括在内。

孟真先生接长台大之后，是从各方面求其改进，并不限定哪一方面。譬如说，抗战结束之后，许多学人不肯到台湾来教书，后来，来台的学人又一天多一天，因此孟真先生到任之后不久，在组织许多“委员会”之中，特别成立了“教员聘任资格审查委员会”，树立了教员的聘任制度（虽然孟真先生到任后，有几位未经过聘任会的，那是孟真先生特别赏识其长处）。此外，孟真先生为了扩充图书馆，曾经亲手拟出“图书委员会办法”，这个“办法”，除了谈到委员会的“组织”和“职掌”之外，并拟出来工作的程序：“（一）至迟九月底以前保藏事项办好；至迟十月底以前，各阅览室之改建完成；至迟一月底以前各系图书室整理就绪；趁暑假大搬动，大改装修（总、法、医、阅览室，文学院汉籍等），趁暑假后将后楼腾出，再一批大搬动。”我们从他这三个“至迟”和两“趁”，可以看出他急于促进图书馆的发展。更如大一英文方面，孟真先生更是特别关心，他和当时的系主任王国华先生曾有函讨论，他认为大一英文分甲乙两组，而乙组以中文答题且有翻译，是不合理的。同时他不赞成以中文答题，他说：“此非中学，有其最低限度之要求，且一语以汉文释之，转为不易；至翻译一道，本是专门学问，以弟不才，寻常字在翻译时亦须查字典，此事弟前在贵会中屡言之，未蒙采纳。亦未闻主张者之意见……”同时孟真先生对于外文系所拟编的《近代英文选》，提出不少关于选文的标准。总之，孟真先生接长台大之后，他对于任何一方面都在求其改进，并不像当时所传说的只注意于中国文学系和历史学系的发展而已。

若说“久病知医”，孟真先生的确是因为“久病”而“知医”；他对于医药方面的常识非常丰富，所以为他治病的医师或照顾他的护士小姐，对他似乎都感到有些“麻烦”，因为他知道的太多了。孟真先生生病，远在抗战期间，那时候他在重庆歌乐山中央医院养病。记得他出院之后，曾有一封信写给董作宾先生，信中提到："弟之血压情形，常到一八〇，然体力复原，日前自中央医院返，因路上无滑竿，竟走回来，有二里多路，又是上山，而未出岔子。在医院时血压低而体力至坏，二者似有矛盾，为之奈何？下周再试一新药——毒药也。"其后孟真先生往返重庆李庄之间，身体时好时坏。抗战结束，孟真先生虽然身体不好，但还担负起三项艰巨工作：一是办理北京大学的复原，二是中央研究院历史语言研究所的迁返南京，三是接收日本留下来的"人文科学研究所"。后来三事均告一段落，回到南京，偕夫人公子出国，赴美疗养，濒行之际，把一个差不多是十九世纪的古老小箱子交给我，很郑重地和我说："这里面全是我所用的药物——也就是我的生命，请你务必替我好好的保存，等我回来交给我。"我受命之后，便把它妥放在柜顶上，一年多的时间当中，我从未敢打开看过。孟真先生从美国回来，消瘦得已剩了过去的三分之二，而带回来的唯一药方，乃是不准吃盐，因此迁到台湾之后，孟真先生每天的伙食，实在太可怜了，一碗白米饭，一片西瓜，或一片木瓜，请想这种伙食，如何能使人下咽？

孟真先生对于医药的常识既然非常丰富，如上所述，所以他接长台大之后，从大的方面说，他曾有长达一万五千多字的文章，研讨改进台大医院（自然，他所提出来的医院的缺点和改进方案，很难获得所有人们的赞同；他为了观察其他医院的长处，也曾在“中心诊所”住过一个短时间，希望能得到一些改进的资料）；从小的方面说，他曾和陈果夫先生在信中讨论有关台大医院用药的事项。我想，假如孟真先生晚生病十五年，在医药发达的今日，孟真先生也许现在尚在人间。

一九五〇年十二月廿日下午六时，孟真先生本来邀请了有关机关在他家里（福州街廿号）开会商讨台湾省政府和台大合办“血清疫苗制造所”的事情，开会通知前几天就发出了，同时还向鹿鸣春订了一桌酒席。当天下午，因为“省议会”开会，孟真先生前往列席“备询”，所以没有到学校里来，但在下午两点多钟的时候，孟真先生曾有一个电话打给我，叫我把他自己亲笔所拟的合作办法带回来，以便开会时应用（他亲笔所写的办法我仍在保存着）。孟真先生在电话里和我只寥寥的讲了这几句话，可是这几句话也就是多年来我跟他作事他向我交待的最后几句话，每一忆起，不觉黯然！

事情真是凑巧，当天下午五时许，我回到他的家里之后，孟真夫人因为学校在她家里开会，她不愿在家里打搅，准备到朋友家去吃饭。她本来已经走出大门，但不知道为了什么又转回房里，搬了一把椅子，站在椅子上，校正客厅外面的电钟。就在这个时候，杨司机跑回来气喘喘的说：“校长不行了！校长晕倒了！”于是我们就坐上杨司机所开的车子赶到“省议会”，这时候“议会”已宣布休会，孟真先生仰卧在几个椅子上面。这时候原来去孟真先生家里参加开会的先生们，得到了消息，立刻都转道“省议会”。鹿鸣春菜馆的胖师傅，听了这个消息也怔住了！大约两个小时过去，医师宣布孟真先生已经去世，在场的友朋和家属，或哭或泣，一片悲惨。（我跟孟真先生作事很久，自然更为悲痛，但悲在心里，痛在永久，所以孟真先生去世之后，在当时有人认为我不够悲痛，此非知我者！）

孟真先生去世之后，大家一窝蜂化的悲悼，当时举行的第一次治丧会里面决议了种种的纪念方式。但第二次开会时，这些方式便已逐渐减少了，譬如说，当时决议建筑的“斯年堂”，经当轴示意一位出席治丧会的委员，在会中说明其困难，缓办此项决议之类。以后事过境迁，也许大家对孟真先生有些淡忘了，所以我在“痛在永久”的原则之下，在孟真先生逝世十九周年的时候，记些有关孟真先生生前的琐事，想从这些琐事中提起孟真先生生前故旧对他的回忆！

（原载《传记文学》一九六九年第十五卷第六期）

傅斯年的故事

那廉君

潘贯笔下的傅先生

一九七七年三月二十六日是傅斯年（孟真）先生的八十二岁冥诞。过去我虽曾写了不少有关傅先生的文字，却很少记述他的故事，仅就笔者追随傅先生工作期中所记忆的有关傅先生的故事补述一二，虽说是故事，却可以从这些故事之中看出他的为人处世和生活的梗概。

傅斯年先生一生廉洁自守，毫无积蓄，尤其是到台湾就任台大校长以后，立刻辞去了"立法委员"，只靠台大的薪津过活，而当时寄居他家里的人不少，生活的困苦，可想而知。但他从不向旁人诉苦或抱怨，有人建议他应该向省府（当时台大的预算列在省政府）申请列支校长职务的"特支费"，也被他谢掉了。所以他去世之前大约两三天，很想到萤桥去吃一顿烤肉，曾向他的夫人提起，结果却由于口袋羞涩，未能如愿，傅夫人对此，始终引为憾事！

傅先生去世之后，不少人用挽联、挽诗或挽辞称颂他的品德和学问。记得当时台大的化学系主任潘贯教授（也已去世），曾撰了一副挽联，文字方面，虽然稍欠工整，但下联最后用了“两袖风”三个字，可以说是傅先生一生清苦的证词或写照，因为他一身之外，所留下来的只不过是一堆书籍而已。至于他治学的渊博，我在这里毋庸多谈，只记得当时台大的代理校长沈刚伯教授曾经写了一首挽诗，诗中有“亦庄亦墨亦申韩”之句，不意竟有人说这句诗含有讥讽傅先生是“三教九流”的成分，事实却有不然，因为这七个字正足以描述他的学问的渊博，综合了诸子百家，也做到了他一向所崇拜的胡适之先生所说的“为学要如金字塔，要能博大要能高”的治学精神，绝不专钻牛角尖。这是题外的话，屏开不谈，下面还是就我所记忆的谈谈他的故事吧！

摊上食客路边下棋

首先要谈到傅先生是一个不拘形迹的人，和他严肃的外型，恰恰相反。一九四九年一月他接任台大校长以后，住在福州街校长宿舍，晚饭过后，常常到南昌街一带散步，许多商店的老板和店员们都认得这位魁梧胖人是大学

“总长”（校长），对他非常尊敬。提起他们对台大校长的尊敬，却有其传统性，因为日据时代，台大的前身“台北帝国大学”的“总长”和当时的“台湾总督”的身价是相等的，所以他们尊敬“台湾总督”，当然也就尊敬大学的“总长”。听说日据时代，人们走经“总督府”的门前都要行礼，我没有亲眼看到，不敢确信，但我在一九四九年一月到台湾大学以后，却发现有人走经校长室门前，尽管屋里面没有人，也要双手抚膝，向大门鞠了九十度的一躬，这样隆重的敬礼，当时我每天可以看到很多次数，但很快地便又消失了这种尊敬的表示。

大家对这位胖校长如此的尊敬，可是傅先生从来不摆架子，乐于和他们接近，所以南昌街两家书店的老板成了他的朋友，同时他也就是这两家书店的好主顾。宁波西街夜市的馄饨摊子，他常常去光顾，路旁摆棋的地摊，由于傅先生一向喜欢下象棋，常常蹲在地上和他们走上几盘。我常劝傅先生何必和他们争胜负，他总是表示：“明知我无法赢他，但我总要明了明了他们的棋谱究竟是怎样的变化。”

关于病与食的小事

由于抗战胜利后，傅先生在美国养病（高血压）时，医师对他曾有少吃甚至于完全不吃盐类的告诫，所以他回国之后，从南京到台湾，每餐只是一碗白饭，配上一片西瓜或木瓜，可是日子久了，难免叫人无法自己控制自己，自己虐待自己，所以常常自己谋求解决之策。例如他每次出去开会或接洽公务回来，常绕道馆前街或公园路口买一大堆山东煎饼或肉包，拿回学校，请同事们吃，当然他自己也要暂时开禁。当时台大尚没有较大规模的餐厅，我中午总是买面包充饥，另外有一位李绪先秘书则带便当。有一次下班之后，我和李秘书在秘书室午餐，这时傅先生正准备回家，从校长室出来，看到我们在吃，于是走了过来，右手拿了我的一个面包，左手取了李秘书便当盒里的一块卤肉。“面包夹肉，正是很好的三明治。”边吃边说，笑着走了。

又一次傅先生从体育场看运动会回来向我说：“糟了，刚才我在体育场鱿鱼摊子吃了一碗鱿鱼羹，把烟斗丢在那里了！”我说：“这好办，我去取。”但傅先生一面阻止我前去，一面说：“还是我自己来。”结果真的他又去了一趟体育场，把烟斗取了回来。自然从校长室走到体育场，也有一段不算近的路程。后来有一个女同学告诉我，当傅校长去取烟斗的时候，却又再补充了一碗鱿鱼羹。

以上所举的几件有趣的事，无非是说明傅先生的不拘形迹，未把校长的职务看成政务官。

体胖的几件趣闻

由于傅先生体胖，也常发生有趣的事情。记得抗战期间，一位社会学家陶孟和先生（传说业已去世）说笑话，他说：“傅孟真若是唱平剧，扮曹阿瞒，不必穿厚底靴子，也不需要穿棉坎肩，更不必在脸上搽白粉。”另外还有一件笑话，也是在抗战期间，傅先生和考古学家李济先生（当时任中央博物院筹备主任）同船由四川宜宾到重庆，当时的小火轮，没有房舱，更谈不上官舱和大餐间，临时情商两个船员把他们自己的铺位暂时价让给他们，但房间很小，两个铺位距离又很近，而同房间尚有五六个铺位由其他不值勤的船员们睡用。一夜过去，第二天清晨，这两位胖人互相埋怨，他说他打鼾打得太大，他说他的鼾声更响，后来其他船员告诉他们，两位先生的鼾声都不小，吵得我们一夜未能睡好。

傅先生、李济先生和另外一位裘善元先生，有一次同在重庆参加一个宴会，宴会结束后，主人特别替他们雇好了三乘“滑竿”，六个抬“滑竿”的工人守在门前。第一个走出来的是裘善元先生，工人们看见是一个胖子，大家都不愿意抬，于是互相推让。第二个走出来的是李济先生，剩下来的四个工人看看比刚才出来的还胖些，彼此又是一番推让。等到傅先生最后走了出来，所剩下的两个工人一看，吓了一跳，比第二个胖得更厉害，两人扛起“滑竿”拔腿跑掉，弄得请客的主人很尴尬。

还有一次，傅先生在昆明乘坐人力车，大概是从拓东路到靛花巷的住所。昆明的人力车夫，拉起车来，总是飞快地跑，和长沙人力车夫的斯文慢步，正好相反，如遇到下坡路，总是把“车把”用胳膊一抱，两脚悬空，直冲而下。这一次由于傅先生又胖又重，走经逼死坡（南明时代的一个遗迹），那是极大的斜坡，车子急速滑下，滑得过猛，于是车子翻覆了，车上人掉下来，车子也摔坏了。可笑的是车夫不但不表示歉意，反怪乘客身体过胖过重，要他赔车子。

大炮与吸烟的幽默

傅先生有时候也很幽默，记得他刚到台大的时候，第一次举行行政会议，有一个学院的院长谈到“我们日本时代”如何如何，傅先生立刻幽他一默，向他重复了一句：“我们日本时代！”这时在座的人全都笑了，只有那位院长却始终没有醒悟过来。又一次举行九十几个出席人的校务会议，法学院的教授们向这位曾经被选为参政员而又是有名的大炮手开起连珠炮来，自然他应付得裕如。等到下午继续开会的时候，这些炮手却被另外的一批炮手轰得不亦乐乎，这时候傅先生笑了，他说：“剃人头者，人恒剃其头，此之谓欤？”

傅先生不但幽默而且非常讲理。记得中央研究院历史语言研究所在抗战胜利迁回南京的时候，曾以高价买到傅增湘氏所藏的一部北宋刊南宋补刊的《史记》，特别买了一个大号保险箱珍藏这部《史记》和其他珍籍，如敦煌卷子和蝴蝶装的《文苑英华》等等。有一次傅先生把这部《史记》借到办公室翻阅，准备写一篇跋语，那时候南京正是溽暑的天气，其时尚无所谓“冷气”设备，只靠吊在屋顶上的大电扇来调剂空气，可是这部《史记》已是老古董，书叶既薄且脆，很容易被风吹破，那时候我职司图书，责任所在，看了这样危险的镜头，立刻把电扇关掉，傅先生汗流浃背，但也无可奈何，只向我作了一个非常天真的表情，连说：“好，好！”还有，傅先生喜欢自己走进书库找书，书库规定不准吸烟，有时候傅先生忘了，忘记把嘴上的雪茄拿下来，只要我向他的雪茄烟一指，他便会作出一个天真的姿势，连说：“糟糕，糟糕！”满讲道理的。

红烧肉炸丸子文章

傅先生作事，向来是一丝不苟，而且知人甚深。一个名贤的后裔，总想到台大任教，但他硬是不聘！接任校长之初，发现他的好友又是老友的弟弟教书不理想，绝不顾虑地劝他自动辞职！又发现一位教授，绝无教书的能力，只好叫他做些行政工作。可惜的是傅先生在去世之前，因为生病的关系，脾气有些改变，因之大家都有预感而为他担心。傅先生的喜欢发脾气，大家都知道，其实脾气发完，便算过去了，可是后来有些不同，首当其冲的是当时的余又荪总务长（已因车祸去世）。自然，这是疾病所缠，我们不应该对傅先生有所批评，但可惜的是他整顿台大的计划，却刚刚做完了开宗明义第一章。

傅先生到台大以后所写的文章，由于他的眼疾（血管破裂），不能长时间执笔，大半是他口述而由我草草记下大意，然后加以整理，有时候掺入我个人的一些小意见，他看了之后，认为有道理，并不认为我在自作聪明。那时候我也住在福州街校长宿舍，常常在晚饭过后，他叫他家里的佣人龙嫂泡上一杯香片茶，然后向我用商量的口气："咱们 dictate 一点东西好不好？"于是他一面用口来说，一面用手里的烟斗作指挥，我伏在案上好像是在作两人会议席上的记录。但这样一写，有时候连续到两三个小时，直至深夜。记得我最后替他记录的一篇东西，是他为台大"大一"国文课本所写的一篇短序，这篇序言很别致，全是用菜肴作比喻，所以"红烧肉"、"炸丸子"一类的菜名都包括在内，乍看起来，好像是一个菜馆的 menu，可惜这篇文章，并未完成，而且底稿现在也不知去向了。

关山千里的大箱子

回想对日抗战开始后大概半年多，我从长沙到广州，由广州到香港，准备从香港取道越南海防，进入云南昆明。那时候傅先生也在香港。我抵港后第二天，到九龙弥敦酒店看他，他非常高兴地对我说："你来得正好，这里有一只大箱子，请你替我带到昆明去。"同时又叮嘱我："箱子里面是很重要的东西，可以说是我的生命，务必妥为保管，不要遗失。"我小心翼翼的携带这只箱子过海存到我所住的美洲酒店。一个星期过后，当我启程去昆明的时候，就开始为这只大箱子服起务来。

当时从香港到海防的轮船票很难买到，我加入了西南联大的教授团体，由叶公超先生率领，才得到了一张"小广东"轮的统舱票。上船的时候，又因为找不到电船，挨到很晚才登上"小广东"。一夜一天到了海防，我把这只箱子连同我的不少行李送到天然旅馆。在海防住了两天，第三天清晨搭上滇越火车北上。滇越火车全程要走三天，白天走晚上停。第一天停在老街（丛山峻岭的中越交界处），第二天停在开远。在老街和开远停下来的时候，不但乘客要下来，连乘客们所带的行李也要搬下火车，第二天黎明再搬运上去。可是这两个小地方的旅馆太少，经常客满。我那一次到了开远，雇人替我担行李找旅馆，东找西找，家家没有房间，幸亏替我担行李的那个越南小伙子，灵机一动，领我住进一所规模很大但空若无人的法国医院，才解决了当天住的问题。

等到在昆明住定下来，这时傅先生也到了昆明。在我们从昆明城内迁到北郊龙头村的一个偶然的机会，我看傅先生正在清理那只大箱子，于是我隐藏很久很久的疑问，也就是这只大箱里面究竟保存着什么东西的谜底，这时候终于揭开了，原来里面所放的只不过是傅先生自己的一些文稿和许多纸片资料而已！

（原载《中外杂志》一九七七年第二十一卷第六期）

关于傅孟真先生的几件事

陈之迈

《传记文学》一九七六年元月号寄到罗马，才知近来多位前辈先生曾举行座谈会纪念孟真先生，深以道远未能参加为怅。孟真先生为我生平最景仰的一位长者，随即自箧中检出他的来信十数通，细读一遍，引起无穷的怀念。《传记文学》编者欢迎未被邀请参加座谈者发表书面意见，爰就我所知道关于孟真先生的几件事，根据所保存的信札及记录，简记下来，以作补充资料。

"独立评论社"聚餐会聆听高论

我是在二十三年（一九三四年）间第一次晤见孟真先生的，地点在北平的欧美同学会"独立评论社"聚餐会上。《独立评论》是胡适之、丁在君、蒋廷黻、傅孟真几位先生在九一八事变后所创办的。时值国难当前，大家提出“书生何以报国”的问题，听说这个问题是孟真先生首先提出的。是时我初出茅庐，年仅二十六岁，忽然与这许多位前辈先生同在一起，实在万分惶恐。孟真先生的著作和论文我读过不少，早已心仪其人，一旦面晤，真是兴奋异常。此后“独立评论社”经常聚餐，使我有很多机会聆听先生的高论。当时强邻压境，我最想知道的是军事方面的问题。当代文人中懂得军事的有三位最为出色，一为张季鸾先生，一为丁在君先生，一为傅孟真先生。从他们的著作及言论中我学到了许多军事常识，这是在欧美留学所绝对学不到的。有人批评孟真先生的言论偏激，其实他是一位实际主义者，即英文所谓 realist。他有强烈的正义感，有诚炽的爱国心，也有充沛的道德勇气。但是他也会说，“国家事虽如此使人心烦，而办事者又有若干不必要的麻烦，然我们生为中国人，只有严正的 face the issue 而已”（三十七年七月四日来信）。我认为这几句简单的话，可以代表孟真先生对人对事的基本看法。

长沙与重庆的晤叙

抗战前夕，孟真先生与我都被邀参加庐山谈话会，旋即发生全面抗战。此后我们有一段时间同在长沙，几乎日夕相处，常作竟夕之谈。二十七年元月十五日，我和湘潭黎宪初女士在长沙结婚，国难期间，一切从简，但孟真先生前来道贺，并且自动代表来宾致辞，语出诙谐，而不落俗套。此后数年，他移往昆明，我则迁居重庆。他是国民参政员，每年必到重庆两三次。出席会议，经常住在上清寺中央研究院，与我所住的曾家岩行政院宿舍相距不到二百公尺。晚间如无敌机来袭，时常在一起漫谈天下大事，偶然于深夜一同到街头摊子吃一碗四川“抄手”（馄饨），然后握手而别。孟真先生是极端留心时事的。当时我在行政院承办一部分机密工作，孟真先生与我谈话从来不问我涉及国家机密的事情，以保存我身为公务员的操守。从这些小处可见他之为人。

三十六年六月，孟真先生因心脏病赴美治疗，住哈佛大学医院，我曾去电慰问，他病稍好迁往 New Haven 休养。在此时期我和他通电话，请他于痊愈后到华盛顿一游。他的医生不准他吃盐，鱼肉亦宜少吃，最好是吃白水煮鸡蛋和白米饭。这样的客人太容易招待了，可以下榻我家，内子尽可招呼。

华盛顿之行办了一次第一流的国民外交

孟真先生果然被我说服了，于六月九日到达华盛顿。是日晚间我在华盛顿北京楼为他洗尘，请了一位共和党参议员马龙（George Malone），一位共和党众议员周以德（Walter H. Judd），一位民主党众议员理斯（Garroll Reece），以及几位社会人士和他晤谈。翌日我又陪他见了民主党参议员康纳利（Tom Connally，参议院外交委员会主席）和共和党参议员范登堡（Arthur Vandenberg，参议院共和党领袖）。那时还很少听到“国民外交”这个名词，而孟真先生这次却真是办了第一流的国民外交。他的言论偏重国内军事的形势，而这是他的特长，举出具体的事实提出安危之所系以及应当着力的地方。他在国内不时严厉督责政府及其官员，但在国外则绝口不谈国内政治。

他在华盛顿住了一个多星期，旋即返 New Haven，六月底即乘船回国。他在华盛顿还会见了许多人，也参加了几次中国人例行的宴会。经过长时期的思考，他对中美关系已有一套具体的想法和做法，并拟回国向当局献议。

辞谢考试院院长的提名

孟真先生这次访华盛顿还有一事可提。他告诉我，蒋介石有意提名他为考试院院长，问我有无意见。我对此事自然不敢妄参末议，但我曾对他说，依照民国五权政制，五院院长对于国家大计之厘定都能参预，考试院院长是一个有分量的职位。至于考试院本身的业务，自可由“考选部”和“铨叙部”处理，“考试院院长”可以不必多所操心。他听了我的话亦觉不无道理，故对接受与否曾作深入考虑，但是他终于辞谢了。

他回国后不久（十月廿日），写了一封长信给我，密密丛丛的小字写了近两千字，其中关涉到若干对美外交及人事问题，内容结实，可惜现在尚未到全部发表的阶段。

嘱代台大延揽学人回国任教

一九五〇年五月初，我陪同一批美国新闻记者访问台湾。五月八日上午，我抽空到台湾大学去拜访孟真先生，他在校长办公室接见我，谈了约半小时，托我为台大延揽留美杰出学人回国任教。翌日清晨他约我早餐，他说去看他的人十九都是找差事的，到了晚上他便觉疲倦之极。同日下午，我陪同记者返美，孟真先生亲来送行，不料松山机场之别，竟成永诀。

（原载《传记文学》一九七六年第二十八卷第三期）

傅孟真先生的民族思想

傅乐成

前　言

先伯孟真先生，去世已有十三年了，但至今还没有人为他写一部比较详细的传。最适合同时也愿意为他写传的胡适之先生，已于去年作古。他的其他老友而可以为他写传的，也大多衰病侵寻，不适繁剧。因此一两年来，我常有一个不自量力的想法，就是由我为孟真先生来写一部至少五六十万字的传。虽然这个想法经常的萦扰着我，但直到几个月前才立定实行的决心。从去年十一月起，我开始整理孟真先生寄存于“中央研究院”历史语言研究所的各种函件，这工作至今还没有结束。最近，家伯母俞大綵女士也把她所收藏的有关孟真先生的一批文件，交给我应用。现在资料方面，已经没有问题，此后只是看我能不能胜任这个工作了。

无论就学识和写作能力来说，这个工作对于我，实有相当的艰巨，决不能掉以轻心。因此在正式写传以前，必须先有一个准备工作，诸如孟真先生思想学问的探讨，资料的分类和取舍，中外著名传记的参考等。此外我还打算先写上几篇文章，作为写传的一种试验或练习，同时把若干重要资料，在文章中先行发表出来，以广流传。因为这些原始资料，颇有公之于世的价值，而在传里又不可能全部引用。这篇文章的发表，便是基于以上的理由。

孟真先生具有强烈的民族意识和国家观念，报纸上曾说他是狂热的爱国者，他的这种狂热，随时见之于言论行动。在他所遗留的作品与函件中，这类资料可以说俯拾即是。本文只是把这类资料，略加分类和说明，其中并没有什么“体系”。但我相信，读者从这些资料，可以看出孟真先生民族思想的一个大致轮廓。

一、历史人物的评价

孟真先生在他的文章和言论中，对历史大事和人物，时有论列。我们可以发现，他对历史人物的推崇或贬斥，主要以其人的节操如何为标准。他对具有气节的人，尤其是抵御外侮，为国损躯的烈士，常致无上的景仰；对于汉奸贰臣，则诛伐不遗余力。就我所知，他生平最推崇的历史人物，要算诸葛亮、文天祥和谢枋得。此外对黄道周、顾炎武、王夫之等，也都深致敬意。这些人无一不是以气节著称的。他甚至对冉闵、桓温、刘裕等也颇有奖饰之词，可见他是如何地重视民族大义了。

抗战期间，孟真先生曾作一次公开演讲，要青年人效法诸葛亮。讲稿至今还在，但其内容与本文没有多大关系，故不多述。至于他对文、谢的赞扬，可以从他的《中国民族革命史稿》（仅成两章，未出版）中的话看出来：

> 南宋之亡，虽亡于政治之不竞，而其殉国之烈者，则前古所未有也。其尤难者，则文谢二公也。夫自死犹易，而置其妻子于死则不易；一时激于义愤而死犹易，十年如一日，志事一贯，不以日月之迁移而缓其初志，不以形势全非而弛其努力，则极难矣。夫一死了事，固贤于偷生者万万，然君臣之节，民族之义，非可徒以一死了之者。故应奋斗不懈，及其万无可为，而后一死焉。文山、叠山之所为，所以照耀千古者也。自文山率勤王之师以入卫，至于死身燕市，经无穷之拙败，终不改易初志。读其《指南录》者，顽夫廉，懦夫有立志焉。

他对文天祥的文采，也非常钦佩，尤其对文的阐发民族大义的诗文，更称道不置，认为国人皆应熟读。《史稿》又说：

> 天祥文采，亦为一时之盛。有《指南录》，录其勤王赴阙至海道入温州一段之诗歌。后人更集其后此所作以续之，名《指南后录》。两书中忠义炳然，正所谓以浩气发为文章者也，凡国人皆应熟读之。

民国三十三年，孟真先生曾为他的儿子仁轨写一横幅，写的是文天祥的《正气歌》《衣带赞》和几首其他的诗。当时仁轨不过十岁，是看不懂这些诗的，但他在跋中说出写此横幅的用意：

> 为仁轨儿书文山先生《正气歌》《衣带赞》，并以先生他诗补余幅。其日习数行，期以成诵，今所不解，稍长必求其解。念兹在兹，做人之道，发轫于是，立基于是。若不能看破生死，则必为生死所困，所以异于禽兽者几希矣。

明末诸臣，孟真先生似乎最尊重黄道周，他本人也有若干地方与道周相似。他有一个卷宗，里面藏着道周的书画照片。记得我在高中毕业时，孟真先生送给我一部《黄石斋集》，以示勉励，可惜未能好好地读。他最瞧不起的，要算是钱谦益。民国二十年五月，他在钱的《牧斋有学集》的封面上题了如下的几句话：

> 此老行事奇丑，斯文之耻辱，人伦之败类也。然卅载风流，数朝掌故，其书固不可删，存之益彰其丑焉。

这几句话对钱来说，我觉得是公允的。

明末遗老中，孟真先生对顾炎武是景仰的，但对与顾齐名的黄宗羲，颇多讥责。他在黄的《明夷待访录》中批了许多话，认为黄有逢迎满人的意思。现在把黄的原文和孟真先生的批语，一起抄录于下：

> 一、原文：何三代而下之有乱无治也！乃观胡翰所谓十二运者，起周敬王甲子，以至于今，皆在一乱之运。向后二十年，交入大壮，始得一治，则三代之盛犹未绝望也。(《序》)
>
> 批语：献谀东胡，可耻可恨。
>
> 二、原文：冬十月，雨窗削笔，喟然而叹曰："……大壮之交，吾虽老矣，如箕子之见访，或庶几焉。"(《序》)
>
> 批语：竟以春秋自拟，世上岂有外诸夏内夷狄之春

秋哉！

三、原文：今也天下之人，怨恶其君，视之如寇仇，名之为独夫，固其所也。而小儒规规焉以君臣之义无所逃于天地之间，至桀纣之暴，犹谓汤武不当诛之，而妄传伯夷叔齐无稽之事。乃兆人万姓之血肉曾不异夫腐鼠，岂天地之大，于兆人万姓中独私其一人一姓乎？（《原君》）

批语：此篇本旨，是毁谤明朝，以劝人归顺清室也。此处点其题矣！

关于黄的气节，可以说从来没有人怀疑过，惟孟真先生就其文字，直斥其用心。先生在世时，我曾把这些批语给他的老友某先生看，某先生不以为然，但没有说出理由。我认为我们无妨就孟真先生的观点，对黄宗羲的著作作一番探讨，再来评定黄究竟是怎样的一个人物。

二、鼓吹抗日

孟真先生是五四运动的健将，可知他在学生时代即是反日的。九一八事变后，日寇侵我日亟，孟真先生极感痛愤。民国二十一年，他与丁在君、胡适之、蒋廷黻诸先生在北平合办了一个杂志，叫作《独立评论》。他在上面连续发表言论，鼓吹抗日，反对华北特殊化，甚为日人和亲日分子所忌。同年，他的《东北史纲》出版，他写这本书的目的，是根据历史，证明东北属于我国，以驳斥日人“满蒙在历史上非支那领土”的谬论。他并在自序中说“国人不尽无耻之人，中国即非必亡之国”，显示出他对“不抵抗主义”者的痛恨！

这里再说他的几件不大为人所知的事：

民国二十一年十月，孟真先生正在北平任中央研究院历史语言研究所所长。这时日寇侵陷东北，平津危急，在北平的一部分学人，发起设北平为“文化城”（也就是中立区）的运动，梦想以这种办法逃避日寇的炮火。孟真先生对他们劝说无效，因此不得不申明立场。十月十二日，他写信给当时中央研究院院长蔡孑民、总干事杨杏佛两先生，说明他绝未参与这种运动。原函如下：

> 孑民杏佛两先生：北大马叔平先生赴京，运动什么北平设为“文化城”。此事初发起时，斯年即表示不赞成。盖沈阳设治安会于日军入城以后，北平的“学者”将欲划北平为中立区于日军压境之先；而为此事图谋者，偏偏正是平日最反对外国人者，斯年实为中国读书人惭愧也。今马君南去，难免谓赞助者多人，故斯年有向院声明的必要。此事研究所同人绝未与之有任何之

关系，特以环境关系，未便在此明白宣言反对，私下劝告，他们皆不听也。

后来马衡等人的“文化城”之梦未能实现，固然不一定与孟真先生的反对有关，但从这件事可以看出，在北方的学人中，他是最坚决的反日者。

二十二年五月，国民政府与日本签订《塘沽停战协定》，孟真先生极表反对。六月，胡适之先生在《独立评论》发表《保全华北的重要》一文，认为政府暂时无力收复失地，赞成华北停战。孟真先生大怒，要求退出独立评论社。他对胡先生素来执礼甚恭，这次却大大的例外，弄得胡先生非常伤感。最后由丁在君先生写一长信给他，加以劝解，他才打消退社的意思。丁先生的长信，他始终保存着，大概作为与胡先生友情上的一点纪念吧！

二十四年，日本特务土肥原到北平，与宋哲元幕中的亲日分子萧振瀛勾结（孟真先生一直说萧是汉奸，国人有同感者也不少，近来又有人说他不是汉奸。但说他是亲日分子，大概不会冤枉他），企图赞成冀察乃至华北五省的“特殊化”。同年冬天，由萧邀集北平教育界人士谈话，席间萧以各人的安全为威胁，想迫使他们就范。孟真先生起立陈辞，把萧大骂一顿。结果大家一哄而散，粉碎了萧的阴谋。接着北平教育界组织起来，在手无寸铁的情况下，为国苦斗，直到七七事变。当时我正在北平上初中，孟真先生骂萧的事，在学校中传诵一时。

孟真先生不常作诗，尤其是旧诗。他在北京大学作学生时，虽曾发表过几篇新诗，旧诗则在抗战前似乎没有人见过。但在抗战期间，为了景慕忠烈，他曾破例作了几首旧诗。民国二十七年末，山东省专员范筑先先生战死聊城，孟真先生曾写了四首诗哀悼他：

受任孤危际，抚民水火中。
歃血召英俊，誓死奏肤公。
郡陷廿城在，北门管钥通。
方期收河朔，何意殒方戎。
东郡百战地，胜节著当年。
古有御胡守，平原与常山。
阻寇遏其势，王师于以旋。
一门多忠烈，颜范应俱传。
岛夷成弩末，中干徒外强。
逆贼争腐鼠，变乱起萧墙。
国军正东顾，亿兆担壶浆。
北定中原日，太牢告国殇。
立国有大本，亮节与忠贞。
三齐多义士，此道今不倾。

一死泰山重，再战浊济清。
英英父子业，百世堪仪刑。

二十九年，张自忠将军战死于襄阳。三十三年，张将军殉国四周年，孟真先生也有诗追悼，题曰“悲歌”，诗句如下：

泰山重一死，堂堂去不回。
身名收马革，风日惨云雷。
忠义犹生气，艰难想将才。
中原谁匡济，流涕楚郢哀。

这首诗本是陈槃庵先生代作，但经过孟真先生的删改。现在把陈先生原作也抄在下面，以供爱好旧诗的读者来品评。陈诗是：

一死能明耻，堂堂去不回。
身名收马革，江汉惨云雷。
忠义犹生气，艰难想将才。
中兴谁共济，流涕楚郢哀。

此外孟真先生还想为张将军作一年谱，曾与张将军的令弟自明先生商洽过多次，可惜因事忙，始终未能了却这桩心愿。

三、民族问题的讨论

谈到中国民族问题，孟真先生始终坚持着“中华民族是一个”的原则。他认为中国民族自古至今经常与外族同化，合成一体，中国境内现虽仍有若干种族，但也正在同化混合的过程中，不足影响中国民族的整体性。他对某些学者的巧立名目，强分中国为若干民族，表示不满。他认为政治固不应支配学术，但如果某种学术对国家民族有危害的可能，政府应加以取缔。

民国二十八年，孟真先生住在昆明，他的老友顾颉刚先生也在昆明，为《益世报》主编《边疆》附刊。孟真先生便曾写信给顾，本着这个原则，劝顾对于民族问题的讨论，必须谨慎。信中说：

> 有两名词，在此地用之，宜必谨慎。其一为“边疆”。夫“边人”自昔为贱称，“边地”自古为“不开化”之异名；此等感觉云南读书人并未有也，特云南人不若川粤人之易于发作耳。其次即所谓“民族”。犹忆五六年前敝所刊行凌纯声先生之赫哲族研究时，弟力主

不用“赫哲民族”一名词。当时所以有此感觉者，以“民族”一词之界说，原具于《民族主义》一书中，此书在今日有法律上之效力，而政府机关之刊物，尤不应与之相违也。今来西南，尤感觉此事政治上之重要性。夫云南人既自曰“只有一个中国民族”，深不愿为之探本追源；吾辈羁旅在此，又何必巧立各种民族之名目乎！今日本人在暹罗宣传桂滇为泰族Thai故居，而鼓动其收复失地。英国人又在缅甸拉拢国界内之土司，近更收纳华工，广事传教。即迤西之佛教，亦自有其立国之邪说。则吾辈正当曰“中华民族一个”耳。此间情形，颇有隐忧，迤西尤甚。但当严禁汉人侵夺番夷，并使之加速汉化，并制止一切非汉字之文字之推行，务于短期中贯彻其汉族之意识，斯为正图。如巧立名目以招分化之实，似非学人爱国之忠也。基此考量，以数事供之吾兄。

一、“边疆附刊”之名，似可改为“云南”“地理”“西南”等，“边疆”一词废止之。

二、此中及他处，凡非专门刊物无普及性者，务以讨论地理、经济、土产、政情等为限，莫谈一切巧立名目之民族。

三、更当尽力发挥“中华民族是一个”之大义，证明夷汉之为一家，并可以历史为证。即如我辈，在北人谁敢保证其无胡人血统，在南人谁敢保证其无百粤苗黎血统，今日之云南，实即千百年前之江南巴蜀耳。此非曲学也。日前友人见上期《边疆》，中有名干城者，发论云："汉人殖民云南，是一部用鲜血来写的争斗史。在今日，边地夷民，仍时有叛乱情事。"所谓鲜血史，如此人稍知史事，当知其妄也。友人实不胜骇怪，弟甚愿兄之俯顺卑见，于国家实有利也。

顾先生接受孟真先生的劝告，因而著论对"中华民族是一个"的理论加以阐发，但引起民族学家云大教授吴文藻的不满，吴命他的学生费孝通加以反驳，说中华民族不是一个。孟真先生认为吴、费的言论，将在云南发生不良的影响，因吴是中英庚款董事会派到云大去的，乃致函此会的董事长朱骝先、总干事杭立武两先生，希望将吴他调，以免发生事端。在这封信里，孟真先生反复申论吴等见解的错误及流弊，原信甚长，现在把重要的部分抄录如下：

先是颉刚在此为《益世报》办《边疆》附刊，弟曾规劝其在此少谈"边疆""民族"等等在此有刺激性之名词。彼乃连作两文以自明，其一，论"中国本部"之不通；其二，论中华民族是一个。其中自有缺陷，然立意甚为正大，实是今日政治上对民族一问题惟一之立场。吴使其弟子费孝通驳之，谓“中国本部”一名词有其科学的根据；中华民族不能说是一个；即苗、瑶、倮㑩皆是民族。一切帝国主义论殖民地的道理，他都接受了。颉刚于是又用心回答一万数千字之长文，以申其旧说。

欲知此事关系之重要，宜先看清此地的“民族问题”。此地之汉人，其祖先为纯粹汉人者本居少数，今日汉族在此地之能有多数，乃同化之故。此一力量，即汉族之最伟大处所在，故汉族不是一个种族，而是一个民族。若论种性，则吾辈亦岂能保无胡越血统。此种同化作用，在此地本在进行中。即如主席龙云，倮㑩也；大官如周钟岳，民家也；巨绅如李根源，僰夷也。彼等皆以“中国人”自居，而不以其部落自居，此自是国家之福。今中原避难之“学者”，来此后大在报屁股上做文，说这些地方是倮㑩，这些地方是僰夷，……更说中华民族不是一个，这些都是“民族”，有自决权，汉族不能漠视此等少数民族。更有高调，为学问作学问，不管政治，……弟以为最可痛恨者此也。

此地正在同化中，来了此辈“学者”，不特以此等议论对同化加以打击，而且专刺激国族分化之意识，增加部落意识。盖此等同化之人，本讳言其渊源，今言之不已，轻则使之生气，重则使之有分离汉人之意识，此何为者哉！夫学问不应多受政治之支配，固然矣。若以一种无聊之学问，其恶影响及于政治，自当在取缔之例。吴某所办之民族学会，即是专门提倡这些把戏的。他自己虽尚未作文，而其高弟子费某则大放厥词。若说此辈有心作祸，固不然，然以其拾取“帝国主义在殖民地发达之科学”之牙慧，以不了解政治及受西洋人恶习太深之故，忘其所以，加之要在此地出头，其结果必有恶果无疑也。

孟真先生对民族问题所持的观点，自然不为某些“为学问而学问”的民族学者所同意，但如果我们对中华民族的演进历史稍有认识的话，便知道孟真先生的见解，实在是不易之论。而他在信中所流露的爱国家爱民族的苦心，更当为我们所体会。在《中国民族革命史稿》中，孟真先生对中华民族的演进及特性，有更精密的论述，将在后面详加介绍。

四、中国民族革命史稿

《中国民族革命史》是孟真先生未完成的著作，而且从来没有发表过，因此暂名为《中国民族革命史稿》(以下简称《史稿》)，它大致是民国二十七年秋天到次年春天的一段时间内在昆明写成的。《史稿》原分若干章，不得而知，写成的只有第一章《界说与断限》和第四章《金元之祸及中国人之抵抗》，共约两万字。第一章在当时已经誊清，第四章则未成定稿，尚待整理。孟真先生撰写《史稿》的时候，正值抗日战争最艰苦的阶段。《史稿》的内容，是以历史为根据，说明中华民族的整体性及其抵御外侮百折不挠的民族精神，用以鼓励民心士气，增强国人的团结和民族自信心。

在第一章中，孟真先生认为中华民族虽在名词上有汉、满、蒙、回、藏等族，但事实上实为一族。满人的祖先，乃明代的土司，汉化本已甚深。努尔哈赤造反之初，建州部的女真人不过数万，在他们的队伍中，汉人和高丽人，恐怕超过半数。满洲的若干姓氏，最初都是汉姓，后来才强行泯除汉字的痕迹。（如瓜尔佳即关家，章佳即张家等。）清代诸帝如康熙、嘉庆、道光，都是汉女所生[①]，也可以证明满人与汉人的混合，虽皇帝亦不例外。现今满人在生活、语言、宗教上均与汉人无殊，因此都已成为汉人。至于蒙、藏和维吾尔族，虽然自有其语言文字，但他们与中国在同一政治组织中已有数百年，血统甚多混合，利害完全一致。他们与汉人同属大陆人种，他们所信仰的佛教和回教，也都是汉人的宗教。因此蒙、藏、维吾尔族，只可算是中华民族的支派。

根据这些史实，孟真先生详论中国同化力的伟大。他并

---

① 道光帝生母孝淑睿皇后喜塔腊氏为满洲正白旗。——编者

且指出，满、蒙等族，在昔虽为寇仇，但今日既融合于一大民族之中，便是兄弟。《史稿》说：

> 汉族一名，在今日亦已失其逻辑性，不如用汉人一名词。若必言族，则皆是中华民族耳。夫族之所以为族者，以其血统相贯，如家族之扩充耳。然汉人之伟大处正在其血统不单元，历代之中，无时不吸取外来之血脉，故能智力齐全，保其滋大。无论今日刘、李、张、王各大姓，在历史上每是胡人所用之汉姓，在今日已泯其一切外来之踪迹；即如金之一姓，本是匈奴；汪之一姓，在唐尚是徽州之土司；福建之萨、蒲诸姓，则元代之色目人也。且姓者最多不过父系之标帜耳，而中国人联婚，最少限制，兼以多妻之故，一切人皆混合至于饱和度。今日之北人，谁敢保其无胡人血统？今日之南人，谁敢保其无蛮越血统？故满洲人在今日变为汉人之情况，即元氏在唐代变为汉人之情况也。今日西南若干部落中人变为汉人之现象，即我辈先世在千年前经过之现象也。
>
> 此一无形而有质，常流而若不见之经程，所以延长汉人之命脉者也，所以增加汉人之数量者也，所以使汉人永久适于新环境，经天择而愈优胜者也。浏览历史，文化武功上特出之人物，无代无之，所谓“太山不让土

壤，故能成其大；河海不择细流，故能就其深”也。故今日之全数收纳旧满人，而同化西南各部落人，乃中国史中四千年不断之工作，非今日之特殊现象。然则论原始论现事，与其曰汉族，毋宁曰汉人，名实好合也。若必问其族，则只有一体之中华民族耳。

明乎此义，则知当年汉人与之斗争者，虽在当日为寇仇，在今日既合于一大民族之内，即为兄弟矣。夫汉人在历史上与之斗争之民族，古以匈奴、鲜卑为重，今其一部分入汉人中矣，世上无其代表矣。后世以蒙古为甚，今则同在中华民族大一统之范围中为兄弟矣。若满洲则已变为汉人矣。今写此书，不讳当年蒙汉之争者，以其本不必讳。当时为敌国，蒙古人未以中国人自居，则中国决不能甘其征服；今日蒙古亦是中国人，满洲且同化为汉人，则亦一家兄弟，何此疆尔界之有哉！

同章中，孟真先生对中国民族的特性，也有详细的阐述。并特别强调中国虽有时亡国，但其民族意识永远不能消灭；中国虽有时也呈现虚弱，但一旦政治领导得人，则可由极弱变为极强。《史稿》说：

一、中国民族者，不以侵略人为是，而亦不甘侵略之民族也。夫在中国之盛世，固曾南征北伐，拓地千里，然历代儒者，无不以为非是，虽世上稀有之英雄如秦皇、汉武者，在欧洲必为万世崇拜之人，在中国转为千年指摘之的。故秦汉之后，拓地者稀，仅有盛唐初明之两见耳。以如此众多之民族，如此广漠之疆土，意肯安居于大海之内，朔漠之南，不谓为酷好和平不可也。即汉武唐太宗之北向挞伐，亦是抵御的、反攻的战争，非过自我先之侵略战争也。然而好和平与甘侵略非一事，和平固我先民之所好，侵凌则非我先民之所甘。汉室初建，匈奴百般欺凌之，历高后、文、景三代，尽量忍受。及乎孝武，遂张挞伐。迄于孝宣，单于稽颡，于是大怨雪矣。光武中兴，匈奴又利用沿边败类以寇中国，光武收其降人，窦宪灭其侵我者，可谓恩威并施者矣。李唐初建，称臣突厥，及太宗即位，数年之间即使之臣服。北宋亡于女真，南宋乃连兵蒙古以灭之于蔡州。南宋亡于蒙古，及元顺帝，四方民兵蜂起，以复宋为口号。凡此皆不甘侵凌之例也。

二、中国民族者，虽亦偶为人灭其国，却永不能为人灭其民族意识，纵经数百年，一旦得环境之迁易，必起而解脱羁绊也。元至顺帝初，灭金百余年矣，其灭宋八十年矣，中原之地汉人失其政权者二百余年矣，然而汉人永不忘此。及元政一衰，淮上之兵蜂起，湖广之变频作，元卒以亡，中国卒以再兴。清至光宣时，明亡二百五十年矣；中国士大夫阶级，久为满人所用，且尝助之以灭太平天国矣。及欧风东渐，清廷屡辱，而革命思想立即深入于各阶级中，尤以少年为甚。于是顾亭林、王船山、吕晚村诸先生所昭示后人者，涣然流行，速于置邮而传命，此其所谓“野火烧不尽，春风吹又生”者耶？识乎此，则知中国民族，乃永不甘于灭亡之民族也。

三、中国民族者，永不忘其失地者也。晋室南迁，亦曾苟安于建康矣，然而北伐之念，无世无之。豪雄借此以为争夺政权之术，而世上清议，亦以为能光复故物者，即有获取大宝之资格，桓氏、刘氏皆深解此窍者也。唐之亡也，经五代之乱而失燕云十六州于契丹，北宋于此念念不忘，卒以谋之不周而取大祸，然亦可征其不忘失地矣。南宋右文偃武，世称不竞，然京邑之复，永不忘于心；只以高宗、秦桧辈心术不正，坐失机会，而其后更再三为权奸误国耳。又如隋唐之图高丽，儒生每谓其得不偿失，不知高丽本是辽东、玄菟、乐浪、高句骊数郡所治，在汉久列版图之内，其民亦为编户之民，隋唐之图，乃收复失地也。明之于安南亦然。是足征中国人永不忘其失地也。（今日朝鲜、越南，各有其语言，与昔不同。中国人应助其独立，无人欲再郡县之也。）

四、中国民族，虽有时以政治紊乱故，顿呈虚弱之象，然一旦政治有方，领导得人，可由极弱变为极强。举例言之，唐之初建，中国不可谓强，然太宗之世，遂统一戎夏。明之初建，起于民间，非经制之兵，久练之旅，其骑兵尤非蒙古之比。然一旦据有北平，即能制胜于漠南，东开辽沈，至于海滨。迄于成祖，安南置布政使，努儿干置都司（努儿干在今混同江入海处），虽汉唐之盛，何以加焉。此犹兴国之事也，请再言其衰世。晋南渡之后，内乱频仍，衰弱极矣，然一有桓温领导，亦可跃马河洛。苻坚南侵，晋之不能当至显也，然有谢安为之布置，乃大败之。及刘裕挺出，集残兵以成劲旅，北向无敌矣。宋之初渡江也，无兵可用，而湖广之地盗贼不可制。然久战后武力渐盛，逆亮遂不能渡江矣。其后在孟珙时为尤强，北宋自太宗以后所无也。其亡也，亡于奸臣误国耳，非无可用之兵也。然则中国非真弱者也，有时不幸以政治之紊乱而弱耳，然其强而有力之潜伏性自在也。一旦得其领率之人，纳民于轨物，教兵以义战，可由极弱突变为极强，汉、唐、明之兴，皆如此也。

识此四义，以瞻望将来，则我民族之人，但能同心协成，竭力自奋，将来之光明，必有不减于汉唐之盛者也。

以上所引论中国民族的整体性和特性的几段文字，实为孟真先生民族思想的精义所在，至今仍有振敝起懦的作用。因此详加介绍，希望对抱有民族自卑感或民族自虐狂的人，略具针砭的功效。

五、屏除伪教职员和检举汉奸

民国三十四年八月日本投降后，孟真先生出任代理北京大学校长。抗战期间，政府把北京、清华、南开三大学合组为西南联合大学，迁设昆明，继续上课。及至抗战胜利，西南联大解散，三大学迁回平津。数千员生和庞大校产的长途迁移，其困难自可想见，但北大比起清华、南开，更多一个难题。就是当平津沦陷期间，敌伪在北平的北大旧址，另设了一个伪北大，抗战胜利后，伪北大尚有员生数千人，无法安置。教育部乃在北平设立补习班，由陈雪屏先生主持，收容伪北大学生，并征调一批伪教职员暂时维持课业，徐求解决的办法。但这批伪教职员，组成团体，到处请愿，要求北大迁回后继续留用。加以若干到平的中央大员，往往对伪教职员滥示同情以市惠，因此更增加了他们的气焰。

孟真先生为了保持北大的清洁，于同年十月在重庆发表声明，说北京大学决不录用伪北大的教职员。十二月，他在重庆再度发表声明，重申不用伪员的决心。声明的要点是：

一、专科以上学校，必须要在礼义廉耻四字上，做一个不折不扣的榜样，给学生们，下一代的青年们看看。北大原先是请全体教员内迁的，事实上，除开周作人等一二人之外，没有内迁的少数教员，也转入辅仁、燕京任教。伪北大创办人钱稻荪，则原来就不是北大的教授。所以现在伪北大的教授，与北大根本毫无关系。二、朱部长（骝先）向我说过，伪北大教员绝无全体由补习班聘请任教之事，而系按照陆军总部征调敌伪人员服务办法，征调其中一部服务，不发聘书，与北大亦无关系。三、北大有绝对自由，不聘请任何伪校伪组织之人任教。四、在大的观点上说，如本校前任校长蒋梦麟先生，明春返国的胡适校长，北大教授团体及渝昆两地同学会，和我的意见是完全一致的。无论现在将来，北大都不容伪校伪组织的人插足其间。

他并且说：

人才缺乏是事实，从别的方面考虑征用未尝不可，但学校是陶冶培植后一代青年的地方，必须要能首先正是非，辨忠奸。否则下一代的青年不知所取，今天负教育责任的人，岂不都成了国家的罪人？听说燕京大学对于原校教授参加伪北大者一律解聘，个人非常佩服。假如我们北大尚不能做到这一步，那真没有脸见燕京的朋友了。

他又说：

青年何辜，现在二十岁的大学生，抗战爆发时还不过是十二岁的孩子，我是主张善为待之，予以就学便利。其实在校学生当以求学问为第一，教授的好坏与学生有直接关系，据我所知伪北大文理法三院教授的标准，就学问说，也不及现在北大教授的十分之一。很快的北大明夏就要迁返北平了，以北大资格之老，加上胡适校长的名望，一定能够聘到许多第一流的教授。所以伪校教员不用，对学生是绝对有利的。这一点朱部长也再三表示支持，相信北平的青年学生，也不会轻易受人欺骗。

最后他说：

这些话就是打死我也是要说的！（见民国三十四年十二月八日北平《世界日报》）

孟真先生的两次声明，在北平引起甚大的骚动。伪教职员以罢课为要挟，不承认“征调”，并向北平行营主任李宗仁请愿，闹得乌烟瘴气。伪北大教授容庚并在报端发表致孟真先生的公开信，为伪员辩护。信中说他本人所以留在北平的原因是：“日寇必败，无劳跋涉，一也。喜整理而拙玄想，舍书本不能写作，二也。二十年来搜集之书籍彝器，世所稀有，未忍舍弃，三也。‘不曰坚乎，磨而不磷；不曰白乎，涅而不缁。’素性倔强，将以一试余之坚白，四也。”做伪教员的理由则是：“沦陷区之人民，势不能尽室以内迁；政府军队，仓皇撤退，亦未与人民以内迁之机会。荼毒蹂躏，被日寇之害为独深；大旱云霓，望政府之来为独切。我有子女，待教于人；人有子女，亦待教于我；则出而任教，余之责也。策日寇之必败，鼓励学生以最后胜利终属于我者，亦余之责也。”又说：“坚苦卓绝，极人世悲惨之境，果何为乎？固知吾国之不亡，教育之不当停顿，故忍受而无悔也。汉奸乎？汉忠乎？事实具在，非巧言所能蒙蔽者。”（见民国三十四年十一月七日北平《正报》）容的话虽然荒唐可笑，但在伪教职员看来，则是至理名言，同时也颇能博得一般不明大义的人的同情。

在这种情形下，孟真先生想贯彻他的主张，自然不是一件容易的事，但他凭了他的勇气和毅力，加以政府的坚决支持，终能使北大在北平顺利复课。原来伪北大的学生，经过甄试，有一部分进入北大，继续求学。至于伪教职员，则始终未能达到他们的目的。

北平是北方汉奸的渊薮，抗战胜利后，政府虽曾在北平逮捕大批汉奸，但其狡黠者，往往假造证据，自称曾参与地下工作，于国有功。甚至少数不肖的政府官吏，也为他们说情。因此政府对汉奸的处置，有些地方不能令人满意。例如伪北京大学校长鲍鉴清附敌有据，而河北高等法院判决其无罪，以致舆论哗然。孟真先生乃于三十五年七月，找出鲍的四项罪行证据，向河北高等法院提出抗告。并于同月十七日致函当时的司法行政部长谢冠生先生，说明他对审判鲍鉴清及巨奸王荫泰等的意见，原信如下：

冠生先生部长左右：

关于北平汉奸惩治事件，有三事不获已上陈，敬乞台察。

一、报载伪北京大学校长鲍鉴清在河北高院判决无罪，至堪骇异。查鲍逆神通广大，早经保释，今复判决无罪，实留学术界莫大之隐患。该逆在伪职任内，勾结日寇，在伪校遍布日本顾问及特务，以实行奴化政策，何得无罪？北平情形特殊，汉奸势力不小。此案仍待最高法院复判，拟请大部依据成例，提来首都复审，以正是非，而申国纪。否则“无罪”之例一开，后患不堪设想矣。除呈最高法院外，谨此奉陈。

二、巨奸王荫泰正在苏高审判，该逆逢迎日寇意指，挤走其前任而代之，变本加厉，即以献粮献物资为约。在其任内，剥削华北民食，使人吃“混合面”。更大搜五金，故宫铜缸，历史博物馆古炮，皆彼搜罗，献出凡数百万斤。故王逆揖唐、王逆克敏之罪恶，尚不足以比之。拟请大部特予注意，尽法惩治，以伸华北人民之愤。

三、文化汉奸钱逆稻荪，在北平有特殊势力，似可一并调京审讯。

以上各事，关系国法人纪，故敢负责上陈，敬乞采纳，至荷。

其后鲍鉴清由河北高等法院检察官申请再审，结果如何，现无资料可查。王荫泰似乎被判重刑，但未处死。钱稻荪被处何刑，亦已不复记忆。此外孟真先生对伪新民会副会长张燕卿的判决无罪，也曾公开表示不满。据说张曾为政府做地下工作，因而将功折罪。但孟真先生认为张在华北的罪行，仅次于三王（王克敏、王揖唐、王荫泰），地下工作即使有此一说，亦只能据以减刑，而不能全部免罪。张如不绳之以法，其他汉奸均可不予治罪。

从上面的事，可以看出孟真先生对伪员汉奸态度的严正和立场的坚决。北平的报纸曾说他对伪教职员抱有一种“不共戴天的忿怒”，虽是句玩笑话，却颇能传神。自然也因此得罪许多人，但他一切不顾。他曾说：“我知道恨我的人一定很多，但我却不作乡愿！”

“不作乡愿！”实在是今日每个读书人所应牢记的一句话！

六、俄国暴行的抨击

孟真先生对于俄国，无论是帝俄或苏俄，都从来没有恭维过。抗战以前，日本侵我最亟，因此他的言论以鼓吹抗日为重心。抗战初起，中苏关系甚佳；太平洋战争发生后，中苏更成为“盟邦”。因此他虽然没有称颂过苏俄，却也没有公开攻击过。抗战后期，苏俄对中国的野心日炽，孟真先碍于“邦交”，仍然没有对苏俄作明显的指责，他只是在他的文章中，委婉的告诉国人，苏俄将来必为中国的大患，以唤起国人的注意。这可以他的《战后建都问题》一文为例。

民国三十二年下半年，抗日战争已入坦途，国人多憧憬着战后的美丽远景。因此后方的若干学人，提出了战后的建都问题。参加讨论这个问题的学人极多，大家纷纷提出意见，有的主张战后迁都北平或西安，有的主张仍都南京，此外还有各种不同的看法。是年十一月二十九日，孟真先生在重庆《大公报》发表《战后建都问题》一文，主张战后迁都北平。他主张迁都的理由很多，但最主要的，便是迁都北方可以全力抵制苏俄。他认为都城应设在全国军略上最要害之地，而战后全国军略上最要害之地，必在北方。因为百年"海祸"，将以抗战告终，但在陆地上，则问题决不简单。国人应鼓起勇气，效法汉唐定都长安的精神，把国都放在与强邻接近的地方。文中说：

> 强大的苏联，与我们工业化的基础地域接壤，这个事实使得我们更该赶快工业化这个区域。我们的头脑，理当放在与我们接壤最多的友邦之旁，否则有变为顽冥之虑。大凡两个国家，接触近，较易维持和平；接触远，较可由忽略而无事生事。远例如宋金，本是盟国，以不接头而生侵略。近例如黑龙江之役，假如当时政府在北平，或者对那事注意要多些吧！

又说：

> 北平以交通发达之故，可以控制东三省，长城北三省。其地恰当东三省，长城北三省（热河、察哈尔、绥远），华北四省（冀、豫、鲁、晋）共十省之大工业农牧圈之中心。这个十省大工业农牧圈，是中华民国建国的大本钱。有这十省，我们的资源尚不及美苏与大英帝

国；没有这十省，我们决做不了一等国家，决赶不上法德，只比意大利好些而已。

又说：

若照东汉安乐主义的办法，便在南京住下好了；若有西汉开国的魄力，把都城放在边塞上，还是到北平去。不过，不求安乐者，子孙有时可以得到安乐；求安乐者，每不得安乐。个人国家皆是如此的。

文中虽然仍称苏俄为“友邦”，但通篇的立意则是非常明显的。

这篇文章发表后，曾有若干读者与孟真先生通信，讨论这个问题。其中有位郑君，在谈到中国近代的外患时，认为日、英、法三国为中国的大仇。孟真先生在回信中要他不要忘记俄国，并告诉郑君许多俄国（包括帝俄和苏俄）侵略中国屠杀华人的史实。信中说：

请你看谁并了中国领土最多？以西北论，不特藩邦皆亡于俄，即伊犁将军的直接辖境，亦以“回乱”“代管”一幕中丧失其一半。你看现在的地图，不是伊犁直在边界上吗？那个地方不是有一个陷角吗？原来的疆土巴尔喀什湖在内。再看东北,《尼布楚条约》(康熙朝)中俄分界,以北冰洋、太平洋之分水岭为界,所以全部的俄属东海滨州、黑龙江州,是中国的直接统治区域。其中虽地广人稀,但汉人移居者已不在少数,在咸丰间已遭屠杀。而爱珲一地,所谓江东六十四屯,其居民(多是汉人移民者)在庚子年几乎全数被俄国马队赶到江里去,留下几个解到彼得斯堡(今列宁格勒)。试看东海滨州、黑龙江州的几个俄国大城,哪一个不有汉名?(如伯力[①]、庙街[②]、海参威[③]等等。)那时候这些地方已经有不少移民,而一齐杀戮。这些地方,在清朝政治系统上是与中国内地一般直接的。所以你所恨"日、英、法"一个次序,至少把俄国加入吧!

又说:

---

① 在黑龙江、乌苏里江汇合口东岸。清为吉林三姓副都统所辖。1858年(咸丰八年)沙俄侵略军建为要塞,称哈巴罗夫卡。1860年沙俄强迫清政府订立不平等的《中俄北京条约》,遂被俄割占。1883年(光绪九年)改名"哈巴罗夫斯克"。——编者

② 在黑龙江北岸。1850年(道光三十年)沙俄侵略军潜入黑龙江流域,筑寨于此,命名为"尼克拉耶夫斯克"。1858年(咸丰八年)沙俄强迫清政府订立不平等的《中俄瑷珲条约》,遂被沙俄割占。——编者

③ 在今绥芬河口海湾东岸。1860年(咸丰十年),沙俄强迫清政府订立不平等的《中俄北京条约》,遂被沙俄割占。俄筑寨建港于此,改名为符拉迪沃斯托克,意为"控制东方"。——编者

苏俄革命时，中国人在俄境者尚有数十万，史达林在清党中，全数迁到 Kharsakstan 或以西，下落全不明了，你知道吗？这些人有许多在苏联建过功勋，苏波战事中，中国人有十几万。

如果拿这封信与《战后建都问题》一文相互参看，则孟真先生写此一文的主旨，更表露无遗。

三十四年二月，罗斯福、邱吉尔与史达林会于雅尔达。英美为求苏俄于德国失败后对日作战，不惜出卖中国，与苏俄签立密约，允许苏俄于战后恢复帝俄时代在我国东北的权益。我政府迫于时势，曲予容忍。同年八月八日，苏俄对日宣战，进攻东北。十四日，日本投降。也就在这一天，《中苏友好条约》[1]成立，这条约以雅尔达密约为蓝本，丧失了我国东北的许多权利。继而俄人占领东北全境，拆运价值二十亿美元的机器，其军队劫掠杀烧，无所不为，并且拒不撤兵。三十五年二月十一日，雅尔达密约正式公布。其后不久，孟真先生与王云五先生等共二十人，联合在各报发表宣言，抗议这个秘密协定。其中除谴责英美，并痛斥苏俄欺骗世界的伪行及其野心。同时促请政府，对俄采取坚强的步骤。宣言说：

① 即《中苏友好同盟条约》。——编者

苏联在雅尔达会议中的要求，完全违反对侵略的法西斯国家共同作战的目的。违反列宁先生与中山先生共同建设中苏友爱的新基础。违反苏联多次的对外宣言，尤其是对华放弃帝俄时代不平等条约的宣言。违反《大西洋宪章》以来各重要文件的精神。苏联所标榜的打倒帝国主义，然则今日苏联要求恢复其“俄罗斯帝国的权利”，又何以自解？苏联乘人之难，提出这种要求，其异于帝俄对中国之行为者何在？这种行为难免造成今后世界战祸的因素。为中国，为世界，我们不得不提出严厉的抗议。

又说：

中国政府应将这一问题及最近东北各种震惊人心的发展全部公开，要求联合国调查，用以杜绝今后任何可能类此的秘密外交，并以避免东北重为世界大战的因素。关于目前的局势，中国政府除在苏联同样履行其条约义务的条件下，履行其所签订的中苏条约中所应履行的义务外，不得再有任何丧失国家主权及利益的行为。

这时国人对苏俄在华的暴行，同声愤慨。二月二十二日，重庆学生游行，要求俄军立即撤出东北，各地学生纷起响应。二十五日，孟真先生又在《大公报》发表《中国要和东北共存亡》一文，坚决反对东北政治经济的特殊化和外倾化以及疆域的分割化，并强调中国没有了东北，中国必永为贫、病、愚之国。中国应“不惜为东北死几千万人，损失国民财富十分之九，不惜为东北赌国家之兴废，赌民族之存亡”。这篇文章在当时颇有鼓舞人心的作用。由于国人的愤怒与舆论的一致指责，俄军终于三月撤出东北。

孟真先生一向被人目为自由主义者，但强烈的国家观念和民族意识在他的思想中至少占有同样重要的地位。所以他与某些国家民族观念薄弱甚或等于零的自由主义者，是不能相提并论的。

（原载《传记文学》一九六三年第二卷第五、第六期）

傅斯年的文章

白话文学与心理的改革

自从去年秋天，我心里有一种怀疑，觉得这白话文学的主义，不久定要风行。然而这白话文学主义的真价值，或者为着速效弄糟了——这真可虑的很。凡是一种新主义、新事业，在西洋人手里，胜利未必很快，成功却不是糊里糊涂；一到中国人手里，总是登时结个不熟的果子，登时落了。所以这白话文学发展得越快，我越替他的前途耽心。这不是我一人的私虑，别人也有如此想的。《每周评论》的第十一号里，有仲密先生的一篇《思想革命》，我看了很受点感动，觉得他所说的都是我心里的话。现在把他抄在下面：

> 近年来文学革命的运动渐见功效……颇有人认为正当……白话在社会上的势力，日见盛大，这是很可乐观的事。
>
> 但我想文学这事物，本合文字与思想两者而成。表

现思想的文字不良，固然足以阻碍文字的发达；若思想本质不良，徒有文字，也有什么用处呢？我们反对古文，大半原为他晦涩难解，养成国民笼统的心思，使得表现力与理解力都不发达；但别一方面，实又因为他内中的思想荒谬，于人有害的缘故。这宗儒道合成的不自然的思想，寄寓在古文中间，几千年来，根深蒂固，没有经过廓清，所以这荒谬的思想，与晦涩的古文，几乎已融合为一，不能分离。我们随手翻开古文一看，大抵总有一种荒谬思想出现。便是现代的人做一篇古文，既然免不了用几个古典熟语，那种荒谬思想已经渗透了文字里面去了，自然也随着出现。……如今废去古文，将这表现荒谬思想的专用器具撤去，也是一种有效的办法。但他们心里的思想恐怕终于不能一时变过，将来老瘾发时，仍旧胡说乱道的写了出来，不过从前是用古文，此刻用了白话罢了。话虽容易懂了，思想却仍然荒谬，仍然有害。

……中国人如不真是革面洗心的改悔，将旧有的荒谬思想弃去，无论用古文或白话文，都说不出好东西来。就是改学了德文或世界语，也未尝不可以拿来做黑幕，讲忠孝节烈，发表他们的荒谬思想……从前的荒谬思想尚是寄寓在晦涩的古文中间，看了，中毒的人还是少数，若变成白话，便通行更广，流毒无穷了。所以我

> 说，文学革命上，文学改革是第一步，思想改革是第二步，却比第一步更为重要。我们不可对于文字一方面过于乐观了，闲却了这一面的重大问题。

这篇文章我读过之后，起了若干想念；现在我所做的这文，正所谓有感而作。平情而论，现在的社会里，居然有人相信白话，肯用白话，真所谓难能可贵。不溺流俗的人，我们欢迎之不暇，何必作求全的责备。又一转念，中国人在进化的决赛场上太落后了，我们不得不着急，大家快快的再跳上一步——从白话文学的介壳跳到白话文学的内心，用白话文学的内心造就那个未来的真中华民国。

白话文学的介壳，就是那些"什么""那个""月亮""太阳"的字眼儿，连在一起的，就是口里的话写在纸上的。这个的前途定然发展的很宽，成功的很速。白话文学的内心是人生的深切而又著明的表现，是向上生活的兴奋剂，这个的前途就不容乐观了。

现在并白话的介壳而亦反对的人，大概可以分做两类：一类是迷顽可怜的老朽，一类是新旧未定家。迷顽可怜的老朽反对我们不会有什么效果，因为有自然先生帮助我们打他们，他们垂死的命运早已判决了。况且他的气力是萎靡的，胆子是老鼠似的，最怕的是势力（这里是说怕势力，不是说崇拜势力，因为崇拜势力，他还不配呢），最爱的是金钱，最发达的是肉欲，最讲究的是门面话，因而最不健全的是他的作为，最没效果的是他的反抗。况且这些人说不懂得道理，却还懂得“趋时”，若用真理征服他，他便以化外自豪，若到大家成了风气之后，他也决不为采薇而食的顽民。况且单就白话的介壳而论，未必有所谓离经叛道的东西。好在他们也是会说白话的，乃祖、乃宗也曾读过白话的高头讲章的，苟不至于如林纾一样，怕白话文风行了，他那古文的小说卖不动了，因而发生饭碗问题，断不至于发恨“拼此残年”反对白话。所以我们爽性不必理他，他久而久之总会变的。若至于我所谓新旧未定家，就是唐俟先生所谓“理想经验双全家，理想经验未定家”。这都是识时务的俊杰！但他们既不会拼命发挥自己的主义，也决不会拼命反对别人的主义——只会看风使舵。他们都是时势造就的儿子，没有一个是造就时势的老子；都是被群众征服过的俘虏，没有一个是征服群众的将军。见理不明，因而没主义可说；志行薄弱，因而没宗派可指；再加上个“唯吃饭主义”，就决定他的飘萍转蓬的终身了。这不仅少数人如此，实在中国的大大多数是这般。民国元年，遍天下都是革命党，到了四年，遍天下都是官僚派。这类滑稽的风气迁流，确是中国人易于改变的征验。又如袁世凯篡国的时代，有位大人先生上表劝进说，“赖大皇帝之威灵，军未浃旬，而江表戡定”。转眼之间，帝制取消，他又劝退，劈头便是，“慰廷先生阁下”。这不是举个二端的例，少数的例，实在可以形容中国人的普通而又普通的心理啊！所以我平日总以为在中国提倡一种新主义的精神狠难得好——因为中国人遗传性上有问题——然而提倡一种新主义的皮毛没有不速成的，因为中国人都以“识时务”为应世上策。由此看来，白话文学介壳的发展，顺着时势的迁流，几年以内，总会有点小成绩，可以无疑了。

然而白话文学内心的命运却很有问题。白话文学的内心应当是：人生的深切而又著明的表现，向上生活的兴奋剂（近来看见《新青年》五卷一号里一篇文章，叫做《人的文学》，我真佩服到极点了。我所谓白话文学内心，就以他所说的人道主义为本）。这真难办到！第一层，我们的祖先差不多对于人生都没有透彻的见解，会说什么“圣贤”话、“大人”话、“小人”话、“求容”话、“骄人”话、“妖精”话、“浑沌”话、“仙佛侠鬼”话，最不会的是说“人”话，因为他们最不懂得的是“人”，最不要求的是人生的向上。第二层，我们所居的社会，又是这般——大家醉生梦死，少数人也难得觉悟。受那样恶浊历史的压迫，被这样恶浊空气的包围，想把向上的生活当做文学的本旨——“去开辟人荒”——真是“难于上青天”的事。老实说，一千年来中国人的思想，总算经过无数的变化了，然而脾胃的本质依然如故。唐朝诗赋是时尚的，他们就拼命弄诗赋；宋朝制艺是时尚的，他们就拼命弄制艺；明清八股是时尚的，他们就拼命弄八股；现在英文是时尚的，他们就拼命弄英文。现在的学生学英文，和当年的童生学八股，其心理乃毫无二致。他们对于文学的观念只有两层：一层是用来满足他的肉欲；一层是用来发挥他的肉欲。由前一层，才有非奴隶而似奴隶、非囚犯而似囚犯的献谀文、科场文；由后一层，才有非妓女而似妓女、非娈童而似娈童的感慨文。所以用“曾子曰吾日三省吾身”做题目去作八股，和用“怎当他临去秋波那一转”做题目去作八股，是一种性情的两面，其脾胃乃毫无二致。他们正在那里经营猎取名利的妙用，研究乘兴遣怀的韵事。你偏引着他们去开辟成败祸福未可知的“人荒”，他们如何情愿呢？苟不至于革面洗心的地步，必超不过“高头讲章白话文”的境界。然则白话文学内心的成功，颇有点不可期了。

但是把白话文学分做内外两面也是不通的办法。所谓真白话文学，必须包含三种质素：第一，用白话做材料；第二，有精工的技术；第三，有公正的主义。三者缺一不可。美术派的主张，早经失败了，现在文学上的正宗，是为人生的缘故的文学。譬之于人物，人物所由成是两面的：一才具，二德行。加特林、拿破仑、叶赫那拉氏、袁世凯未尝无才具，然而总不能说他是人，人物更不必论了。易卜生是近代戏剧的革命家，一半由于他革戏剧的艺术，一半由于他革人生的观念（参看 Bernard Shaw’s *The Quintessence of*

Ibsenism)。俄国在近代文学界中放了个大异彩，一半由于他的艺术，一半由于他的主义。所谓世界的文学出产品者，何尝不是用一种特殊的语言写出的呢？但是经过各国翻译之后，艺术上的作用，丧失十之六七了，依然据有第一等的位置，只为他有不朽主义的缘故。我们为什么爱读《孔雀东南飞》呢？因为他对于人生做了个可怕的描写。为什么爱读杜甫的《石壕吏》《兵车行》呢？因为他也对于人生做了个可怕的描写。为什么重视王粲的《七哀诗》而轻视王粲的《登楼赋》呢？因为《七哀诗》是悲悯人生的，《登楼赋》便不相干了。林纾揣度现在主张白话的人必以为"《水浒》《红楼梦》不可思议"，真是妄以小人之心度人的话。我们固不能说《红楼梦》《水浒》不是文学，然亦不成其为真有价值的文学；固不能不承认《红楼梦》《水浒》的艺术，然亦断断乎不能不否认他们的主旨。艺术而外无可取，就是我们应当排斥的文学。平情而论，中国人用白话做文，已经好几百年了，然而所出产的都是二、三等以下的事物，这都由于没有真主义的缘故。现在大家所谈的文学革命，当然不专就艺术一方面而论——若是就艺术一方面而论，原不必费此神力——当然更要注重主义一方面。文学革命第一声炮放去，其中就有一种声浪说道：灭信仰，造信仰；灭道德，造道德；灭生活，造生活。所以据我看来，胡适之先生的《易卜生主义》、周启孟先生的《人的文学》和《文学革命论》《建

设的文学革命论》等，同是文学革命的宣言书。我现在看到许多不长进的白话——如我所作的——真是不能乐观，如此办下去，势必有“骈文主义的白话”，“八股主义的白话”，白话的墓志铭、神道碑。我们须得认清楚白话文学的材料和主义不能相离，去创造内外相称、灵魂和体壳一贯的真白话文学！

所以我们现在为文学革命的缘故，最要注意的是思想的改变。至于这文学革命里头应当有的思想是什么思想，《人的文学》中早已说得正确而又透彻，现在无须抄写了。

但是单说思想革命，似乎不如说心理改换包括些，因为思想之外，还有感情，思想的革命之外，还有感情的发展。合感情与思想，文学的内心才有所凭托，所以泛称心理改换，较为普遍了（思想原有广、狭两层意思。狭意的就是心理学上所谓“思想”，广意的就是心理的总称。《思想革命》一篇里所谓思想，当然不是狭意的。我现在不是格外立异，是为说明的方便起见，分别讲去，免大家误会）。思想一种心理作用，发达最后，因而力量比较的薄弱。必有别种动机，然后有思想，而思想所得，又多不能见诸行事。思想固然有一部分创造的力量，然而不如感情更有创造的力量；感情主宰思想，感情决定行事，感情造成意志。感情是动力，因而影响一切的效果很大——这是思想所不及的。我们与其说中国人缺乏“人”的思想，不如说他缺乏“人”的感情；

我们与其说俄国近代文学中富有“人”的思想，不如说他富有“人”的感情。思想尽管高明，文章尽管卑劣，一旦有深沉挚爱的感情发动，自然如圣灵启示一般，欲罢不能（宗教徒所谓圣灵启示，就是感情的大发动）。中国人是个感情薄弱的民族，所以从古以来很少伟大的文学出产。现在希望一种有价值的新文学发生，自必发挥我们大家的人的感情，受一件不良社会的刺激，便把这刺激保持住，来扩大起来，研究起来，表现出来，解决了来——于是乎有正义的文学。

我现在有一种怪感想：我以为未来的真正中华民国，还须借着文学革命的力量造成。现在所谓中华民国者，真是滑稽的组织；到了今日，政治上已成“水穷山尽”的地步了。其所以“水穷山尽”的缘故，想由于思想不变，政体变了。以旧思想运用新政体，自然弄得不成一件事。回想当年鼓吹革命的人，对于民主政体的真相，实在很少真知灼见。所以能把满洲推倒，一半由于种族上的恶感，一半由于野心家的投机。我仿佛记得孙中山在《民报》上拿唐太宗比自己，章太炎在《訄书》上居然有“后王者起”的话头。唐太宗是什么人，还不是杨广一流的人才而又败类的吗？章太炎在当年并不主张共和，是大家知道的。至于有人竟自把“饮冰内热”“一卧沧江惊岁晚，几回青锁点朝班”两个典故，当做名字，去鼓吹“开明专制万能”的主义，更全是旧思想了。革命的主动人物既已如此，被鼓吹的人也就可想而知。学者的心里忘不了“九世之仇”，一般人的心理又要借着机会躁进。所谓民主主义，只好当幌子罢了。所以民国元、二年间像唐花一般的“怒发”和民国三、四年间像冰雹一般的摧残，都是专制思想的表现，都是受历史上遗传思想的支配，都是用“英雄”“豪杰”“宦达”“攀权”的人生观弄出来的。想“宦达”、要“攀权”的人固不足深责，至于“英雄”“豪杰”又何尝不是民贼的绰号呢？用这种精神去造民国，不用平民的精神去造民国，岂有弄成不政治昏乱、四方割据的呢？到了现在，大大应该有一种根本的觉悟了：形式的革新——就是政治的革新——是不中用的了，须得有精神上的革新——就是运用政治的思想的革新——去支配一切。物质的革命失败了，政治的革命失败了，现在有思想革命的萌芽了。现在的时代恰和光绪末年的时代有几分近似：彼时是政治革命的萌芽期，现在是思想革命的萌芽期。想把这思想革命运用成功，必须以新思想夹在新文学里，刺激大家，感动大家，因而使大家恍然大悟。徒使大家理解是枉然的，必须唤起大家的感情；徒用言说晓谕是无甚效力的，必须用文学的感动力。未来的真正中华民国靠着新思想，新思想不能不夹在新文学里，犹之乎俄国的革命是以文人做肥料去培养的。我们须得认清楚我们的时代，认清楚了，须得善用我们的时代。

二十年里的各种改革，弄到结果，总是“葫芦题”；这都原于不是根本改革。放开思想去改革政治，自然是以暴易暴，没有丝毫长进。若是以思想的力量改造社会，再以社会的力量改造政治，便好得多了——这是根本改革。更有一层，若果不作征服的决心，而取迁就的手段，又是枉然。中国人的革新事业多半如此。我们须得立定志愿去克服旧主义（不适时的主义）——这是改革的根本手段。天地间事，不是东风压倒西风，就是西风压倒东风；各不相下，便成旋风，旋风是最讨厌的。所以调和是迁就的别名，迁就是糟糕的绰号。政治上讲调和，才有今日的怪现状，学术上讲调和，才有所谓“古今中外党”。

梁任公先生能发明新文体，因而有所谓“新民派”，是极好的事了，然而偏要和策论的调头调和，其末流便成一种浪飘飘的、油汪汪的报纸文。——这是文学上的调和。须知天地间的事物不是一件一件、一段一段的独立的，是互相关连的，所以西洋成西洋的系统，中国成中国的系统，动摇一件，牵动多种。调和是没成效的，必须征服，必须根本改换。改革的作用是散布“人的”思想，改革的武器是优越的文学。文学的功效不可思议，动人心速，人人心深，住人心久，一经被他感化了，登时现于行事。用手段高强的文学包括着“人的”思想，促动大家对于人生的自觉心，是我们的使命。我们须得认清楚我们的使命！认清楚了，须得竭力完成我们的使命！

总而言之，真正的中华民国必须建设在新思想的上面。新思想必须放在新文学的里面；若是彼此离开，思想不免丢掉他的灵验，麻木起来了。所以未来的中华民国的长成，很靠着文学革命的培养。文学原是发达人生的惟一手段，既这样说，我们所取的不特不及与人生无涉的文学，并且不及仅仅表现人生的文学，只取抬高人生的文学。凡抬高人生以外的文学，都是应该排斥的文学。

民国八年四月五日

（原载一九一九年五月一日《新潮》第一卷第五号）

《新潮》之回顾与前瞻

自从《新潮》出世到现在，已经八个月整了。

这八个月中，我们觉得很满意，因而发生无穷的希望；然而也颇遇着几层困难，使我们感受些苦痛。苦痛原是该有的，如此些小的苦痛更没有说他的价值，将来希望也没有说出的必要。不过，爱读《新潮》的人，不免想要知道我们杂志的起原、经过和将来。所以现在略说一回，作为和读者诸君闲谈罢了。

我先有一句话提醒诸君：我们杂志纯是由觉悟而结合的。至于将来，若不死于非命，我敢保必定放个光彩——大小未可知——决不会"寿终正寝"，更不会寂寞老成下去。

民国六年的秋天，我和顾颉刚君住在同一宿舍同一号里，徐彦之君是我们的近邻，我们几个人每天必要闲谈的。

有时说到北京大学的将来，我们抱很多的希望，觉得学生应该办几种杂志。因为学生必须有自动的生活，办有组织的事件，然后所学所想，不至枉费了；而且杂志是最有趣味、最于学业有补助的事，最有益的自动生活。再就我们自己的脾气上着想，我们将来的生活，总离不了教育界和出版界。那么，我们曷不在当学生的时候，练习一回呢。所以我们当时颇以这事做谈话的资料。颉刚的朋友潘介泉君，我的朋友罗志希君，常加入我们这闲谈。不过当时仅仅是一种希望的意思，觉得赤手空拳，何从做起，简直和戏论差不多。中国的读书人有一种“群居终日，言不及义”的习惯。这个希望也是我们群居的一种消遣品。

七年的秋天，子俊和我又谈起这层事。子俊说：“何如竟自尝试一回呢？不成功也没什么不可以。”于是乎作了个预算，最难的是经济方面，社员分配担任外，不够还多；至于文稿，或者不至于很拮据。我们想，我们都是北大的学生，学校或者可以帮我们成功。子俊就和文科学长陈独秀先生商量了一次。陈先生说：“只要你们有办的决心和长久支持的志愿，经济方面，可以由学校担负。”这是我们初料所不及的，就约集同人，商量组织法了。最先和罗志希、康白情两位研究办法，其后有十多位同学加入，对这事都很有兴味。胡适之先生做我们的顾问，我们很受他些指导。十月十三日，开第一次预备会，决定我们要办什么样的杂志，不使他杂乱无章，不使他有课艺性质，定他的原素是：

（一）批评的精神；

（二）科学的主义；

（三）革新的文词。

子俊要把英文的名字定做*the Renaissance*。同时，志希要定他的中文名字作《新潮》。两个名词恰好可以互译。十一月十九日，开第二次会，把职员举妥，着手预备稿件。李守常先生把图书馆的一个房间拨给了新潮社用。李辛白先生帮助我们把印刷发行等事布置妥协。本年一月一日，第一号出世了。

从一月一日到五月四日，几个月里，我们经过了许多次困难，较大的有三层。第一层是经济方面的波折。在第一号未出世以前，已经摇了一摇。出世以后，不免有和我们不表同情的，常以学校补助《新潮》为题目，责备校长。加以北大的杂志团体一时出了几个，更有许多在酝酿中的，学校方面既没有一一补助的力量，又不能有重有轻，于是乎评议会议决了一个议案，一律改为垫款前三期。《新潮》当时已出了二期，第三期在印刷中，卖出的一时收不回书价来，照此议案，第四期便生危险。第一期一经出版，就很受社会的欢迎，转眼再版。所以我们当时若托一家书店包办发行，赔赚不管，若《新青年》托群益的办法，一定可成，不过我们终不愿和这可爱的北京大学脱离关系，总想维持学校原来答应我们的办法。

当时就有外人要来资助我们，我们自然是简截拒绝。我们在创办之先，有一种决心，除北京大学的资助外，决不受私人一文钱的帮助。后来我们把我们的情形写信给评议会，评议会了解《新潮》的情形，又知道议案在后，学校答应我们的在先，就把原定办法维持住了。从现在看来，这简直没有丝毫关系。因为照第一卷的销路，学校并不赔钱，到第二卷里，敢保销路必然更广，必有盈余。但是当时没有十分把握，觉得万一印刷费不继了，出版停滞了，大家没精神了，岂不可惜？所以才有这一番——从现在看起来，可以叫做——过虑。

第二层是发生了许多反动，有几家报纸天天骂我们，几几乎像他们的职业。甚而至于我们学校的某某几个教员休息室里，也从此多事。我们不免有受气负苦的地方，甚而至于树若干敌，结许多怨，前两月志希和我的被诬，也未尝不以此为根源。

第三层是惹出了一个大波浪。有位“文通先生”，惯和北大过不去，非一次了。有一天拿着两本《新潮》、几本《新青年》送把地位最高的一个人看，加了许多非圣乱经、洪水猛兽、邪说横行的评语，怂恿这位地位最高的来处治北大和我们。这位地位最高的交给教育总长傅沅叔斟酌办理。

接着就是所谓新参议院的张某要提查办蔡校长、弹劾傅总长的议案。接着就是林四娘运动她的伟丈夫。接着就是老头们啰唣当局，当局啰唣蔡先生。接着就是谣言大起，校内校外，各地报纸上，甚至辽远若广州、若成都也成了报界批评的问题。谁晓得他们只会暗地里投入几个石子，骂上几声，啰唣几回，再不来了。“这原不算大侮蔑，大侮蔑也须有胆力。”酿成这段事故，虽由于《新青年》的记者，我们不过占一小小部分，但是我们既也投入这个漩涡，不由得使我们气壮十倍，觉着此后的希望，随着艰难的无穷而无穷。

读者诸位批评《新潮》，有许多精透的话，我们感谢的很。我也想自反一回。我想，我们所表现出的有三种长处，同时和这三种长处相伴有三种对待的短处。第一，我们敢自信，有点勇猛的精神。冒冒然就出版，毅然决然的定了这样一个宗旨，不曾丝毫犹疑。诸位当知道，在我们筹备第一号出版的时候，只有有五卷寿命的《新青年》和方出世的《每周评论》，是我们的同道，此外若《国民公报》常有和我们的思想同流的文章。我们这一类的思想、文词、态度，很受一般社会的嘲笑怒骂——自然也有很欢迎我们的——我们却是把方针定准了，守住了。到了现在，虽然不过八个月，社会的空气却是大改了，有几十家同志。回想八个月前，另是一副面目，我们所受社会的待遇，自然和现在不同。至于我们的议论，总是有什么说什么，不懂得什么叫客气，什么顾忌——总而言之，什么叫不可说。要说就说，说还要说尽。第二，我们是由于觉悟而结合的。每人觉得以前的生活上、思想上，有些不是，决计以后不如此了：因为彼此都在同一时代，受同样教育，所以以前的错误大致同类，所觉悟的差不多一样。这可谓知识上的同一趋向。用这知识上的接触做根本，造成这个团体。我以为最纯粹、最精密、最能长久的感情，是在知识上建设的感情，比着宗教或戚属的感情纯粹得多。恩怨造成的感情是不可靠的，因为恩怨容易变化，容易掺杂；独有知识造成的感情，随着知识进化。我们同人结合之先，多没有什么交情。若颉刚、子俊和我的关系，原是例外。我们当时集合同志的时候，只凭知识上的一致，虽是我们极好的朋友，而觉悟上有不同时，我们并不为感情而请他。一旦结合之后，大家相敬相谅，团结的很牢，做起事来很有勇气。志希和我，因为彼此都有好吵闹的脾气，几乎每天打嘴仗，甚而至于气忿忿的，不谈话了。然而过五六分钟，仍然一切如常，任凭吵上多少次，我们总是最好不过的朋友。或者因为吵闹多了，友道上更觉趣些。所以我敢大胆着说，新潮社是最纯洁的结合，因为感情基于知识，同道由于觉悟。既不以私交为第一层，更没有相共同的个身利害关系。第三层，我们很有些孩子气。文词上有些很不磨炼的话，同时觉着他是些最有真趣的话；思想上有些很不磨炼的思想，同时觉着他是些最单纯可信的直觉。我们既是一群孩子，所以彼此相待，也和孩子的喜怒哀乐差不多。至于对于殊样社会的态度，用个不好的典故，便是“爱之欲其生，恶之欲其死”；用个好典故，便是“见善若惊，疾恶如仇”。

至于我们的短处，据我看来，恰恰和这三项在一起。我们有点勇猛的精神，同时有个武断的毛病。要说便说，说得太快了，于是乎容易错。观察研究不能仔细，判断不能平心静气——我不敢为我自已讳。我不是说我们要“战战兢兢”的发议论，“庸德之行，庸言之谨”，已经是乡愿了，“战战兢兢”，便不成人形。我是说，天地间的事物，情形复杂的很，简直和乱麻一样；我们若不一条一条的搂开，而用“快刀斩乱麻”的手段，那里能够得“事理之平”？我们的结合是纯由知识的，所以我们的结合算是极自由的。所以我们所发的言论是极自由因而极不一致的，虽有统一的精神，而无一体的主张。我们看别人的杂志很杂，焉知后人看我们的杂志不说很杂呢？我们有孩子气，能以匠心经营的文艺品，繁复错综的长篇研究，比较得不如自然成就的文艺品，简括有力的短篇批评，占胜些。我们要说便说，要止便止，虽则是自然些，有时也太觉随便。况且我们是学生，时间有限，所以经营不专，因而不深。

缺憾没有不可弥补的，我们不知道则已，既经知道，自然有弥补的必然。若是别位肯责备我们，发觉我们所不自觉的，我们尤其感激。有我们这一群最可爱的同社，必成一件最可爱的事业。

自从五四运动以后，我们的杂志停顿了。因为北京大学几个月里事故很多，同社诸君多在学校里服务，也有往上海的，就无暇及此了。现在大学恢复旧状，我们社员又集在一起，把几个月的苦斗生涯放下，再弄这笔杆下的苦斗。从今以后，我们得个新生命。五四运动过后，中国的社会趋向改变了。有觉悟的添了许多，就是那些不曾自己觉悟的，也被这几声霹雷，吓得清醒。北大的精神大发作，社会上对于北大的空气大改变，以后是社会改造运动的时代。我们在这个时候，处这个地方，自然造成一种新生命。况且现在同学入社的多了，力量自然比先厚些。又有《新青年》记者诸位先生，答应给我们投稿，更是可以欢喜的。同社毕业的有几位在京，有几位在外，加上一番社会上的实地考练，再做出的文章，当然更要成熟些。杨振声君往美国去，俞平伯君和我往英国去。虽有在外的，在内的，然而精神上一气，所以第二号第一期，不是泛泛的一回换卷数，是我们的一个新扩张。

近两年里，为着昏乱政治的反响，种下了一个根本大改造的萌芽。现在仿佛像前清末年，革命运动、立宪运动的时代一个样，酝酿些时，中国或又有一种的平民运动。所以我们虽当现在的如此如此的南北两政府之下，我们的希望并不减杀。不过就最近两三个月内的情形而论，我们又生一种忧虑。这忧虑或者是一种过虑；但是如果人人有这过虑，或者于事业的将来上有益些。我觉得期刊物的出现太多了，有点不成熟而发挥的现象。照现在中国社会的麻木、无知觉而论，固然应该有许多提醒的器具，然而厚蓄实力一层也是要注意的：发泄太早太猛，或者于将来无益有损。精深细密的刊物尤其要紧。就现在的出版物中，能仔细研究一个问题而按部就班的解决他，不落在随便发议论的一种毛病里，只有一个《建设》。以多年研究所得的文艺思想、人道主义精切勇猛的发表出来，只有一个《新青年》。此外以《星期评论》《少年中国》《解放与改造》和短命的《每周评论》《湘江评论》算最有价值。然而第一流的虽有多种，我总觉着为应现时所要求，为谋方来的扩展，还嫌实力薄些。我们原是学生，所以正是厚蓄实力的时候。我不愿《新潮》在现在铮铮有声，我只愿《新潮》在十年之后，收个切切实实的效果。我们的知识越进，人数越多，而《新潮》的页数越减，才见我们的真实改善。

至于新潮社的结合，是个学会的雏形。这学会是个读书会，将来进步，有些设备了，可以合伙研究几件务事。最后的目的，是宣传一种主义，到这一层，算止境了。我们决不使他成偌大的一个结合，去处治社会上的一切事件。

发布些小册子，编辑一种人事学科的丛书，一种思想潮流的丛书，一种文艺丛书，和其他刊物，是我们的事业；此外也没有我们的事业。中国的政治，不特现在是糟糕的，就是将来，我也以为是更要糟糕的。两千年专制的结果，把国民的责任心几乎消磨净了。所以中国人单独的行动什九卑鄙龌龊，团体的行动什九过度逾量——这都由于除自己之外，无论对于什么都不负责任。我常想，专制之后，必然产成无治：中国既不是从贵族政治转来的，自不能到贤人政治一个阶级。至于贤人政治之好不好，另是一个问题。所以在中国是断不能以政治改政治的，而对于政治关心，有时不免是极无效果、极笨的事。我们同社中有这见解的人很多。我虽心量褊狭，不过尚不至于对于一切政治上的事件，深恶痛绝！然而以个人的脾胃和见解的缘故，不特自己要以教书匠终其身，就是看见别人作良善的政治活动的，也屡起反感。同社中和我抱同样心思的正多。常有一种极纯洁的结合，而一转再转便成政党的小体。如此一般人的结合，自然没有一转再转的危险。那么，我们是“专心致志”，办“终身以之”的读书会了。

我希望新潮社员从今以后，时时刻刻不忘《新潮》的改善。知道他的缺陷极透彻了，然后可以“日新月异而岁不同”。一团体和一个人一样，进步全靠着觉悟——觉悟以前如何如何的不好，以后该当如何如何，然后渐渐的到好的地界去。天地间没有没有缺陷的人，所以我们对于我们自己，应该严格的自反，对于我们的缺陷，不特不必回护，而且无所用其恨惋。如此固是很好，不过仍不到理性的景界——应该即时从从容容的补上，改好。

《新潮》的将来大约也是宣传文艺思想、人道主义的，不是个专研究现日中国社会问题的；也是各人发挥各人的主张的，不是有一致的主义壁垒整严的。这可就我们同社的情性、品质、知识、兴趣上断出。我觉得我们同社很多个性主义和智慧主义的人。这样性情，自然也不免有很大的流弊，但是我总相信天地间没有一件好物事没有坏效果的，没有一件坏物事没有好效果的。凭我们性情的自然，切实发挥去，就是了。

我不久要往英国去了。我在《新潮》杂志里多半年，跟着三十几位最敢决、最透彻、最可敬爱、最有希望的同学，办些事件，满（足）不了同人和自己的希望，很是抱歉。我只盼我去中国以后，新潮社日日发展。我的身子虽然在外国，而我的精神留在北大里。因为我觉得我一生最有趣味的际会是在北大的几年，最可爱的是新潮社，最有希望的是北大的文化运动。我对于读者诸君所要求的，是给我们个严格的批评。我希望同社诸君的是：（一）切实的求学；（二）毕业后再到国外读书去；（三）非到三十岁不在社会服务。中国越混沌，我们越要有力学的耐心。我只承（认）大的方面有人类，小的方面有“我”，是真实的。“我”和人类中间的一切阶级，若家族、地方、国家等等，都是偶像。我们要为人类的缘故，培成一个“真我”。

八年九月五日

（原载一九一九年十月三十日《新潮》第二卷第一号）

闲谈历史教科书

颇不幸，我没有作过中学历史教员，也没有在大学教过中国通史或西洋通史，所以我不曾受到这种极有价值的经验的好处。现在谈历史教科书，或者有时不免是悬想，这要请本文读者体察并原谅。

一、历史教科书和各种自然科学教科书之不同处

编历史教科书，在一点上与编算学、物理等教科书有绝不同之处，我们要看明白，才可以谈编历史教科书的宗旨。算学与物理科学是可以拿大原则概括无限的引申事实的。这个凭借，在地质、生物各种科学已难，在历史几不适用。庞

加赉[①]（Henri Poincaré ）说：

最有趣的事实是那些不止一次可用的，是那些有机会再出现的。幸而我们生在一个富于这样事实的世界内。姑假设说，我们这世界中不止六十元素（按，此数是三十年前的话），而有六千万元素，而众多的他们，又不是这些极稀少，那些非常多，而是平均的分配着。那么，我们每次捡起一块石子便得到一个新元素的机会，是很多的。我们知道别的石子的成分，不足以助我们知道这个新捡起来的。在遇到每一件新物体时，我们只好像一个婴儿一般，顺从我们一时的兴致与需要而行动。在这样一个世界中，科学是不会有的，也许思想与生命都是不可能的，因为照这样情形，天演不能发展出自身保存的本能来。多谢上帝，事实不如此，但这个福气，也同其他我们常有的福气一样，并未引人注意。生物学家也要同样的受窘，假如世上只有个体，没有种类，而遗传性不足以使儿子像父亲的话。（*Science et Méthode*，p. 11）

① 即庞加莱。法国数学家、物理学家和天文学家。20 世纪初国际数学界的领袖人物。——编者

物质科学只和百来种元素办交涉，社会科学乃须和无限数的元素办交涉，算学家解决不了三体问题，难道治史学者能解决三十体？若史学家不安于此一个庞氏所谓“天命”，而以简单公式概括古今史实，那么是史论不是史学，是一家言不是客观知识了。在一人著书时，作史论，成一家言，本不无可，然而写起历史教科书来，若这样办，却是大罪过，因为这是以“我”替代史实了。

物质科学中，设立一个命题，可以概括（Mach所谓述状）无限度的引申命题，所以编物理以及理论化学教科书，虽不必如Hertz的办法，把机力学变做一个几何原本，总可以拿原则概括事实，拿大命题统率小命题。所以编这些门类的教科书，大约有三个领导的原则：第一项，列定概括命题，以包函甚多引申的命题与无限的事实；第二项，举切近于读者的例，以喻命题之意义；第三项，在应用上着想。这些情形，一想到历史教科书上，几乎全不适用。第一项固不必说，历史学中没有这东西。第二项也不相干，历史上件件事都是单体的，本无所谓则与例。第三项，历史知识之应用，也是和物质知识之应用全然不同的。

我们没有九等人品微分方程式，所以人物只得一个一个的叙说。我们没有百行的原素表，所以行动只得一件一件的叙说。我们没有两件相同的史事，历史中异样石子之数，何止六千万，所以归纳是说不来，因果是谈不定的。因果二词，既非近代物理学所用，亦不适用于任何客观事实之解释，其由来本自神学思想出。现在用此一名词，只当作一个“方便名词”，叙说先后关系而已，并无深意。照这样说，历史教科书怎样写呢？

我想，我们对历史事件，虽不能作抽象的概括命题，却可以根据某种观点，作严密的选择。古今中外的历史事件多得无数，既不容归纳，只得选择了。至于选择的原则，又如何呢？

二、选择历史事件之原则

想回答这个问题，必须先问，我们为什么应在中学中设历史一科？（据二十一年课程标准，小学历史虽并入社会科内，但历史仍为社会科的中心。）中学中设这一科，本有他的历史背景，中国、西洋没有大不同。中国人之读史习惯，在当年为的是科场、作文及一般知识。当年学问本以经史为大端，并没有自然科学，当年知识本以人文为贵重，物质知识是为人不看重的。西洋教育系统中，历史之占一位置，也是沿袭文艺复兴以来的习惯。所谓 liberal education 者，本舍不了历史。历史是供给士人以修饰及谈资的，没有这层装点，算是野人。到了现在，这话仿佛不该这样说了。物质界、生命界的知识无数，这在智慧上是无量价值；工艺界经济的知识无数，这在人生上是无量福利。以中小学生之时光精力，应付此等切身的知识，尚虑不及，还要谈历史吗？设若历史只是士人的装饰品、谈吐的资料、文艺的辅佐，胡思乱想所取材，还值得成一学校科目吗？

我以为历史仍应保存在中小学中，而其目的，应该与自文艺复兴以来的士人教育用意不同，因而作用不同。所有装饰性的、士流阶级性的、记诵性的，皆不与近代生活相干，所以可以一齐不采。只有三个意义，我们似当充分看重。

第一是对于“人类”（Menschheit）及“人性”（Menschlichkeit）之了解，把历史知识当作“人学”。若能实现这一个意思，历史当然不比动物学次要。人性是难于抽象解释的，尤其是人的团体行动。如借历史说明生命界最近一段的进化论，当然是与我们现在生活有关的。

第二是国民的训练。把历史教科做成一种公民教科，借历史事件做榜样，启发爱国心、民族向上心、民族不屈性、前进的启示、公德的要求、建国的榜样；借历史形容比借空话形容切实动听得多。“托诸空言，不如见诸行事之深切著明也”。

第三是文化演进之阶段，民族形态之述状，在中国史更应注重政治、社会、文物三事之相互影响。

这三个要求既树立，其余一切物事，可以少论，“不食马肝，不为不知味”，中学生不知历代皇帝与年数，不为愚！

这三义在上文中再详说，现在另转到别一点上讨论。

三、教育部设定之标准

说到教育部颁布的历史课程标准，我当时看了，颇不敢恭维。现在手中无此物，无法细说，且就我记得的印象写下。此标准之作者，似未见到几个贯串上下的原则，但忙于一代一代的堆积题目，弄得读者觉得颇像一部《策府统宗》一类书的目录！还有一点很要紧，天下的事都不是可以不实验便完美的。此标准之作者，似乎并没有自己试着作一部历史教科书。先自己看看可行不可行，遽然成为定律，强书贾以必遵。书贾奉令承教，急急上市以图利，自然管不了许多。而且所定标准，节目太细，欲充分叙说，则限于字数；欲有所刊落，则不合定程。其中还有假想的节目，无人研究出的阶段，在书贾固只得将就敷衍，在大才也觉得手足束缚。我希望教育部把这种标准放宽些，而对于审查上更用心些，才可算是重其所重，而轻其所轻了。

近来教育部把中学历史分作本国史、外国史，我也莫测其用意。虽然中国与本国两名词不同，只有民国才是严格意义下的本国。但这层毛病还小，不要管它，专想想他所谓外国史。外国史一个科目，以我所见闻，诚不知道除中国外那一个有这样说法，这样教法。历史当然要有个地方范围。有地方范围，才能叙说人文演进、人事变迁之意义。外国真不成一个历史的体（entity）。以外国为范围，这历史怎样写法呢？这位制法者之心中，必以为外国史如下式：

世界史减去中国史等于外国史。

那么，我们看看这书怎么写。以国别为次，还以时代为次呢？若以国别为次，这样外国史简不成了一部通志的四裔传，显然不像话，也没法教人。无论何人，只要是试着编历史教科书的，当不如此。想来总是以时代为次的。既以时代为次，正在那里谈罗马全盛时代，忽然转到倭奴之耶马台国；正在那里谈罗马法王制服日耳曼族之罗马皇帝，忽然转到突厥之强大，如何可以免于语次无伦之病。诚然，在善于叙述者可以调剂一下，使这样的不使减少，然而文化的统绪、历史的继续性，必受此规定之障碍。须知世界上的国家民族虽多，而文化的统绪并不多。“西洋”一个名词，本来可包括欧、非、西亚，且印度与此系之关连也比与中国稍深些。然则历史尽可照旧分成中国史、西洋史。如此，既可以明了西方文化因革的脉络，并可以表显中国文化的地位，因为东亚、中亚的历史，大可附见中国史中。他们在文化上本是中国的四裔；在历史上，也仅是中国的卫星而已。若将这些个自中国史中删去而与西洋混入一书，既失自然之位置，又无端减削大汉之地位，诚不可解。

四、编历史教科书的一个基础则律

照常识说，十件事都说不明白，不如一件事说得明白，较为有益。凡一切有头无尾的事，不能启发的事，不能引人生深切印象的事，在教育的价值上都是很有问题的。然则历史一科，若想不使学生生反感，而收到设此一科的效用，与其多说些事，而说不明白，不如少说些事，而说得明白。现在编教科书者，格于制定标准，有些事，不得不说，其情可原。但因此发生的弊端，总要设法改正才好，无论由教部方面，或编者方面。

我觉得编历史教科书，应该依据上文第三节所说三种选择标准，运用下列一个原则：

在规定之字数及时限内，将历史事件之数减少到最少限度，将每一历史事件之叙述，充分到最大限度。

由此原则，自然要引申出下列几个方式。

一、所含之题目（Subjects）比现存者应大大减少，但字数或者应该增加。

二、人名、地名、官名都减少到最少限度。每一地名，必见于附图。其今不知其地理者，亦应在地图上注明“无考”。每一官名，必注明它的职掌或级品。

三、充分利用年表、系表、沿革表及其他各种图表，容纳纷纭的事实、中学生读来无兴味的材料。如此，则叙述的正文中可以不致如京都江海之赋，只是些私名，学生对之自然要增加兴味了。

四、一件重要事件，叙述上应该不惜详尽，应该把“故事”“传记”的艺术作用，酌量引到教科书的正文中。

五、若干历史事件，前后相关者，可以据其意义联贯说之。如西汉初年的国内大事，第一段是削平异姓诸王，第二段是除诸吕，第三段是削弱同姓诸王。若把这些事都当作独立的事看去，自然要分节叙述；若把它们看作“汉初皇帝政权之安定化”过程中之三个阶段，由远及亲，一步一步的来，至武帝而完成，或者化零为整，读者不嫌破碎了。

五、活的教科书

照上节四五两项所说，我们所要求的是一部活的历史教科书。（一）将散碎的事件，连贯起来，执其要领。历史事件虽多，而一个时代的政治与文化之趋转，在大头绪本不多的，抓住要害，自可应付众多史实。（二）将民族中伟大人物的性格行事（皇帝却不可要或少要），选几个形容出来，将民族兴亡中的若干壮烈的事件选几条叙述清楚，才是把有意义的历史知识供给于学生，不强似说了一朝又一朝，提过一人又一人？（三）将文化演进的阶段，上下连贯起来叙说之；必要时，可以打破朝代的限制。

总而言之，学校中历史科固需辅助读物，教科书本身总当是一部有形体、有神采，能激发人、能锻炼人的书。不当将教科书本身编得难收效果，却把一切推在辅助读物上。

六、辅助书

辅助读物是一事，我今天不谈。教本的辅助书又是一事，我现在说出两种来。

一是读史图像。编历史教科书者，应该搜集一切最有助于了解史的图像，编为一书。例如石刻中的永乐中奴儿干都司碑、锡兰发见之郑和碑；金刻文中如令敦、宗周钟、小盂鼎（大致如郭沫若所释）、虢季子白盘、秦权、莽量等；其他文字品，如重要的汉晋木简、唐皇帝劳问沙州张氏的玺书、正德中在西边建喇嘛寺的诏书、万历中封日本国王的敕书，诸如此类，举不胜举。今人好谈造纸与印刷术，然则何不将自殷、商甲骨文字至当代报纸，一个大演进过程中（一）各种字体，（二）各种书写之材料，自甲骨至机器纸，（三）各种书式，如汉代简书、唐代写本、宋印宋装的

《文苑英华》、活字本、明末线装书等等，一齐用图像形容出来？至于生活状态，美术演进，尤靠图像，是不消说的。如此一个辅助书，可以代替十万字的叙述，并且可以增加十倍的兴趣。不过编这书不是容易的事。胡乱剽窃一阵，什么孔子像咧，汉武帝像咧，前者本是后人想象，后者尤不知来历何若，是不信实，且没有作用的。

二是读史地图。这件东西的需要不消说的，可惜现在为学校中之中国史，没有一部适用的。杨惺吾的自然仍旧是最好的，虽然有些也是乱画，不过他的体例是绝不适用于学校教科的。日本图中，我见的有箭内亘者，这书比学校用的中国制造好得多，但错误仍多，且亦不适于中国人用。我随便举一点，以征中国人画此类图之不经意。一个朝代的疆域，前后变迁是很大的，如汉朝文帝时与武帝末年大不同，武帝末年又与《汉志》所载西汉末年颇不同。如画一个汉代疆域图，必须注明适用于何一年，岂可注明大约年数？不记年数的一代疆域图，是简直不通的。制读史地图，实在是一件极难作的事。然若没有一部好图，教科书如失左右臂一般，而教授上又必感受极大麻烦。

我希望编历史教科书者，同时编这两件东西。

七、编西洋史教科书时应注意的几个大题目

依上文第三节所举三个标准编西洋史，可以省略许多西洋人的西洋史中题目。本来我们既接受西洋文化，自应注重西洋历史。然而这是专门科目，中国人虽然绝不当自暴自弃，以为做不成西洋史学家，但我们学校的西洋史当然要和英、美人不同。即就欧洲论，各国的历史教本内外出入也不同。自西欧言之，五世纪以后的东罗马帝国，关系甚少，故教科书记载极略，每每的但在记十字军、记土耳其时带着一笔。然近代希腊与保加利亚、罗马尼亚等国之观点，当然与此不同。以此为例，封建的德意志中若干事件与我们什么相干？西罗马一代一代的皇帝世谱，与我们有何关涉？照抄西欧各国学校中的历史教科书，借用 Robinson 与 Breasted，似都不是办法。

照我们国家教育的立场言，学校用的西洋史，或者可以下列诸事为纲领。

远古史：说明各地远古文明之起源，及演进之阶段，以为希腊、罗马、波斯、大食诸史之基石。

古代史：希腊、罗马之政治的、社会的演进，文化之总积及其遗留于后来西欧、东欧、西亚、北非之人文的传袭（legacy）。

中代史：旧文明族与新武力族之渐混合及其混合之效

果；西方文物与东方（近东）宗教之接触；近代文明最基本层之建立。

近代史：（一）欧洲民族之稳定（言未为大食、蒙古所践踏）；（二）精神的解放；（三）物质的扩张；（四）科学思想之发展；（五）近代民族之长成；（六）人权思想与经济思想；（七）世界之缩小；（八）最近代文明之不安定形态。

这是我今夕所想到的一个纲领，不敢说无毛病。然中国学校的西洋史，总当是举大遗细的西洋史，并且是为中国用的西洋史，似乎是没有问题的。

八、民族主义与历史教材

本国史之教育的价值，本来一大部分在启发民族意识上，即外国史也可用“借喻”的方法，启发民族意识。历史一科与民族主义之密切关系，本是不待讨论的。当前的问题，只在用何方法使历史教育有效的、有益的启发民族思想。我觉得下列几条似乎人人都知道采用，如用得小心，也并无毛病。

（一）说明中国人对世界文化上的贡献。

（二）亲切的叙述历代与外夷奋斗之艰难。

（三）亲切的叙述国衰、国亡时之耻辱与人民死亡。

（四）详述民族英雄之生平。

（五）详述兴隆时代之远略。

不过，若是说过了火，既害真实，亦失作用。对青年是不应该欺骗的，治史学是绝不当说谎的。譬如造纸、印刷诸事，诚当大书特书，然若以为价值与发明蒸汽机相等，则近于妄。又如张衡的测地震器，固是一段佳话，然若与盖理律[①]之发明并论，尤近于诬。好在中国历史本有其大光荣，爱国者不必言过其实，只说实话，即足以达到他的目的，又何苦在那里无中生有，说些不相干，培养国民的夸大狂呢？我们应该借历史锻炼国民的自重心（不是自大心），启发强固的民族意识，以便准备为国家之独立与自由而奋斗。同时我们也应该借历史陶冶文化大同思想，使中国人为世界文化之继承者、促进者。如此乃是泱泱大国之风，不为岛夷，不为索虏。

容纳民族思想于历史教材中，但当以事实启发，不当以言辞耳提面命。历史之用，本在借喻于行事，又何必于其中“托诸空言”。常常有很足以启发民族意识的事，或为教历史一科者所忽略。姑举几例。靳準、冉闵之品格本不足道，然其屠戮胡虏之行为，极足以形容西晋亡后胡晋相仇之情景，晋人民族意识之深刻化。作高中教科书者，对此等事皆一字不提。此犹可曰事属微细，请言其较大者。晋南渡

① 即伽利略。——编者

后，自桓氏起，几以做皇帝为规复中原之酬劳品，而刘裕之功烈，实不在东罗马帝茹斯丁下。当时士人心中此一极重要之思想（规复中原），我一时所查到之教科书中似皆未充分叙述出来。此犹可曰其中支节太多，请言其更大者。明祖建国，本附韩宋。韩宋建国，虽托弥勒佛，终以恢复宋统为最大口号。虽世人皆知其非赵氏之裔，然建号承统，人心归附，本是一场民族革命。此中意义，绝不在清道咸中天德太平一派人运动之下。而且，韩宋兵力所及，亦有可观，在大都未下时，先打破了上京（多伦）。这一派是不当与张士诚、方国珍齐看的。郭子兴与明太祖原都是此一派中的将领，明太祖奉其朔十余年，虽王业已隆，犹于其国中发号施令时，用"皇帝圣旨吴王令旨"之公式。及韩氏沉于瓜步，朱氏仍吴王之称，未建国号，"事等于监国"，其曰吴元年者，犹是"古者诸侯各于其国称元年"之义。元之贰臣降朱氏者，始教以不拜军中所设宋帝御位，以后此等贰臣，恰是明初年立制修史之人，乃尽泯此民族革命的踪迹，而朱氏亦渐忘其革命的立场，自居于胡元之继承人矣。然此等事迹，实民族奋斗史中第一等重要材料，决不在太平天国革命之意义以下。今之作历史教科书者，竟于此一字不提，远袭元贰臣降明者之自损尊荣，近取清人著述之帝胡寇汉。王鸿绪曰："元为正统，明为龙兴。"未免缺少认识。

九、结语

我答应了叶溯中先生写此一文，一月中非甚忙即小病，直到最后的今日，才赶两夕的工夫成此一篇闲谈，聊以塞责，决不敢以为定论。此题目中我要说者，写出不及一半，其余只好将来在别处写了。

最后一句话：编历史教科书，大体上等于修史，才、学、识三难皆在此需用，决不是随便的事。以榜样论，司马涑水的《通鉴》，本是一部教科书，是一部造诣到绝顶的教科书。不过那部书是为“资治”用的，今之教科为训练国民用，目的不同；那部书为皇帝、大臣、士大夫立言，今之教科对青年说话，对象不同而已。遵原则以选择史事，尽考索以折衷至当，正是作教科书者所当追步。“高山仰止，景行行之”，幸作教科书者留心焉！

（原载一九三五年十月一日《教与学》第一卷第四期）

地利与胜利

从倭贼在卢沟桥寻衅起，到现在二十二个月的中间，我们根据经验，可以判定倭贼作战的总策略是这样的：用他认为最相应的代价，换取我们最重要的交通枢纽，而且在一处呈胶滞状态时，另从侧面袭攻，或在距争夺处甚远之另一区域进攻，使得我们感觉着调动上之困难。倭贼用这个方法侵略我们，自始至今没有例外。细细想来，他只能用这个方法，更无其他方法可用，因为，若是他想找一个地方和我们决战，是做不到的，若在交通于他不利的地方，和我们消耗，他必然更认为吃亏，所以他只有取这样一个策略。去年春天，我在汉口听到一位为我们效力的外国军事家说，"日本的战略，是欧战前德国陆军学校教科书上的办法"，这话形容倭贼的似有变化而实无变化处，再好不过了。倭贼之终必归于全败，也就要在这个战略上决定了。在德国，乃至在全部欧洲（除苏联外），所发达的这样战略，都是为国家较小，交通发达，工业繁盛，易于速战速决的地方而适用的。倭贼用这法子而不能决，更谈不到速决，则其失败的运命，便算注定了。

看清楚倭贼的不变动的战略是如此，则我们可以定出一个最少消费、最有便利的策略，在各地相互照顾着使用，使得倭贼这样的战略不发生效力，而早归于失败。我们这个策略的原则便是：充分利用我们现在所据地形上的优点，迅速补救我们地形上的弱点，使得我们的“腹里”成不可攻之地位，而运用我们在东南和西北的两臂，使他沿江的深入，沿海的占据，不发生任何效力。

这一个原则的具体实施项目，不是在这一篇短文中所能说完的，现在姑举其中的三个重要纲领。

第一，我们要充分发挥江南山地中地形的便利，使得倭贼沿江的深入失其重要。自抗战以来，最能利用地形上的便利者，可以拿山西的战事经过做例子。我们在山西，失去了正太、同蒲两路的时期颇早，但我们的主帅决定，国军并不自山西退出，而且更派生力军时常加入，使得倭贼在此地，如同陷在大泽中。一年以来，倭贼之不能南向渡河以窥郑洛，西向渡河以扰秦夏者，以此为主要原因；倭贼人力物力在此一带消耗之大，亦以此为原因。以山西喻江南，现在倭贼虽在长江游弋，近来又得到南昌，但是如想在江南更有进展，可就做不到了。浙江全省，除了浙西三府杭嘉湖以外，都是山地，而桐庐以西，富阳以南的地势，尤使得敌人不敢在浙江进展，皖南大部分是山地，洽以江西之西北部山地，俨然等于山西的吕梁、中条，草木之掩护，水流之交错，更使其胜过山西，这一地带的据守，关系江南的战局甚大。所以我们的军民能合作在这些江南山地中利用地形以抗敌，一如山西的局面，不特南昌之失可以补偿，更使敌人无在江南发展之可能。看来地形最便利于日本者，是海岸，其次是长江，铁道已不甚便当，公路更差，所以他无论在哪一省，都不能离公路甚远的县镇活动。然则江南山地之扼守，是使他沿浙赣、南浔、粤汉北段，各种图谋，诚费力而真无效用的。即令他能在江上伸一臂到鄂西，我们却也在陆地上，尤其是山地里，伸一臂到浙东，他还不是江上逍遥而已！这些江南山地，在今后的战局中，关系更大，我们的主帅和将士，必能发挥他的最大效用。所以南昌之失，事实上不算很重要。

第二，因为倭贼的战略，是没有变化的，我们大致可以料定，他在每下一步的攻击地是何处，而预谋对付。从他在大亚湾登陆算起，他之敢于在广东登陆，是他料定英国当时的心理，不是他愿在华南出大本钱。接着犯海南岛，也是同样的把戏。接着修水一带，也是要占交通形胜，而不肯出大价，不过事实上他出的钱比他预料的高多了。自今而后他的方向，我揣断如下：就华中、华南论，他决不会在北海登陆侵略广西，纵使在那一带的海岸上强力占个据点，其情形不过与占厦门一样，其作用无非空军海军在海南岛之对岸有个照应；他决无深入广西的志愿，因为广西的地形，既使他深入不利，而广西的民众组织为各省冠，尤使他深入即等于寻死。至于由广西境向百色攻以胁滇省之一说尤其是绝对不可能，这层忧虑，在后方的人，大可不想。为这层忧虑太近于幻想了。但，这不是说，我们可以不尽人力，坐着恃天险的。地形之便利，必须以人力运用，否则虽以三峡之险，如不拒守，历史上也曾有人一步一步进来。然则他之不敢自海上犯广西仍是怕我们在广西的布置，加以当地的地形，遂成不可犯之势。其实他在北海一带占个据点一件事，可能性也不大，因为他的海军炮火究不能达到海岸内五十里以外，他在海岸上不过得到沙鸥，一离开沙鸥的领域，便是他遭打的地方了，他决不肯出大代价的。然则倭国贼军下一季向他国民报销的是什么？我想来，仍是鄂中、鄂西及洞庭湖西岸一带。我们知道，自平汉、粤汉两路失其联络以后，我们的南北交通，在川省以外者，靠一线复杂曲折的公路，自洛阳至湘黔一带。他必图谋切断这一条联络，他可以趁洞庭湖水涨向西岸城市开炮，更要趁江水尚未大涨，在荆地水区活动。但这一层我们早料到了，当局早把精兵良将放在这些地方，来则送死而已。环顾长江以南全部形势，倭贼更无便宜可赚，南浔路上，算他最后的一个便宜了。常有人顾虑到的，由南昌到株洲，由岳阳到长沙，倭贼是决不得逼的，大致他也不会在这些道路上尝试。

第三，我们用作抗战复兴的根据的川滇黔桂四省，固有其地形地利上之绝大优点，亦有其缺点。发挥其优点，补救其缺点，是现在当务之急，亦是后方军民应日夜不息，合作进行之事。川省之东面、东南、北面，都有大山，层层叠叠的峙立。北面则汉中之北山形更佳，所以这几省的地域，可以说是不可侵犯的区域。但是，最好的形势是外面有崇山叠关不可侵犯，内面却要交通便利，我们的条件，合于上项而不合于下一项，目下由滇至川，及由川至陇，交通上之不便，大大的要补救。我不是说，我们对这一事上努力少，开辟这些山路实在千难万难，目下的成绩，已大有可观，但为将来长期抗战之便利，待办的事仍然很多。我们希望，滇川两省间的交通，至少要有两线，愈偏西愈好，既省运费，又少空袭之损失。目下叙昆间之公路，听说快要通车，这是云南人民对国家的又一个大贡献，我们希望这条路可以合于甲种路标准。此外，由滇省至西昌的公路，能早成就更好。至于大理以北直赴西康[①]，也应该有一条公路。打开地图看，

① 旧省名。在中国西南部。包括今四川省西部及西藏自治区东部地区。1914 年设川边特别区，1928 年改为西康省，先设西康建省委员会，1939 年将原属四川省的雅安、西昌等县划入正式建制。省会雅安。1950 年金沙江以西改设昌都地区。1955 年西康省撤销，金沙江以东地区划归四川省。1956 年昌都地区划归西藏。——编者

这一处的地形，自然甚不便于修路，但当年忽必烈由此路来率大军数十万，灭大理，灭缅甸，虽说蒙古兵以骑兵为主体，这一条路终非不可通的，不过沿途人烟稀少，征工太不容易了。由四川北出的公路，似乎也是太少，目下的局面，似乎过于集中南郑。而不经南郑，循嘉陵江上流至天水的一条路，也许在军事运输上同叙昆公路有同等的重要。总而言之，川滇间应有两条公路，愈西愈好；川陕川陇间也应有不同的公路，愈西愈好。“腹里”的交通网组织成功，然后外环的险要，得以利用，果然到了后来，日本人“狗急跳墙”，不避牺牲的集中攻打我们区域，我们在“腹里”调兵仍是很方便的，倭贼真要技穷了。以上是举例说地形，以下再举例说物利。川滇黔桂四省中，两富而两穷，幸而有一大好处，就民食平均来说，米大体可以自给。如不能自给，则是管理上的问题了。四省之中，只有贵州米不够吃，这是有法子调剂的。我们前方的战士，不少是吃小麦的，所以小麦的生产应速求其增加并当抑其高价。这个“腹里”，食虽大体无问题，衣上却须当局操心一下，如何屯积棉布，增加麻布，增种棉花，都是应该立刻努力进行的事。其次是药品，这也要大量屯积的（阔人的补药，以及一切介于有用无用之间的“注册药”，自然除外）。以上的一切要紧事，我在川省所见，似乎筹办的还不够快，而一切浪费如重庆及其他市上一望而见的汽油浪费，各种日用洋货的浪费，还不见厉行取缔，这是可惜的。尤其重要的是，在抗战期间，决不可任大多民众感觉到必要物价沸腾之苦痛。诚然，我们不是一个自给的国家，但是，四省中过半是出超的省份，粮食的产量又不少，使人民生活，尤其是劳苦大众，相当的安定，不是办不到的。举欧战作例，欧洲各国，皆不自给，英法虽有海上交通之便，却也大受德国潜艇之袭击，至于德奥，简直是挨饿。但是，他们在战争中涨价极微，尤其是食物。这都由于处理得严，处理得快，管理得密，管理得强。总而言之，在战争期间，国民经济应该自给自足，生活指数应该相当安定，这样才可以精神奋发，才可以努力奋战。抗战的大业，决不能在最近期间结束，至少还有三年。三年以后，我们必偕英法美以全胜，倭国必随中欧的桀纣以灭亡。在我胜利而他灭亡之前，苦是要吃，人力是要尽的。

以上所说，仅仅是举例，因为遍论在本文中是不可能的。不过这些例子的原则本是很明显的。这原则便是："必求尽其人力以运用地利，胜利之左券在此。"

（收入《傅斯年全集》第五册，第217—223页，联经出版事业公司，一九八〇年）

汪贼与倭寇——一个心理的分解

汪精卫的卖国行动，到了签订《日支新关系调整要纲》[①]而登峰造极，自从前年（一九三八年）十二月底，汪贼发表了所谓“艳电”之后，其行动之荒谬，一步赛过一步，全世无不称奇，国人无不觉得可耻。然而总有很多人，以为其中总有几分上当，虽以深恶痛绝他这为人的人，也还在报上预料他要在几个月内死到倭奴手里，盖以为弄来弄去弄到山尽水穷，总还要和日本人扯皮起来，而遭了倭奴的暗算。谁知道虽是深知他痛恶他的人，也料不到他竟能迎合追赶日本人的志愿到这步田地，“虽是日本人，时而觉到汪之允许迁就之容易，大吃一惊”（报载高陶所说）。然则凡以为汪贼之动机，尚有半分上当者，都是错看了他，高抬了他，他是一个彻底的汉奸，甘心的卖国者。只有一个不可一天不

① 即《日华新关系调整要纲》。——编者

做大官的欲望，而不惜断送他的四万万同种人，和他同种人的历史与子孙，以达到他这欲望。

所以汪贼的行动，只有用“罪犯心理”分析他，才能了解。我不是这一行的专家，姑且把我所知道的几点写下来，供心理学家检讨。

在国民革命军北伐的时候，我在广州两三年，颇听说他的家世，尤其是母系的情形，他不是嫡出，而家庭中又是极端的守旧，严父之后，又有严兄。最初便受了一个女儿式的教育，在这样情形下所造成的儿童，自然有正常心理者少，有变态心理者多，或可有聪慧的头脑，不容易有安定的神志，他要作“人上人”的欲望，而不知度量自己的本领，也许就是这样环境造成的罢。那时候，广东闹得如火如荼，血流满街，一多半是由于他，我也在其中几乎送了性命。后来“宁汉分裂”一幕，他又是主角。当时我听到一位党国前辈老先生说他过去的行动，而归结着说：“精卫在政治上必做不出好事来，因为他从来说话不算话。”像有主义，又实无主义。同时我又听一位党国老先生说：“精卫全无新知识，只学南宋人作诗词，这就是没出息。”当时我游西湖去，他的一个亲戚向我说：“你们觉得汪有聪明吗？他在法国念书的时候，学法文一个字也学不进，活似老牛一样。”这些话，我虽觉得很有意思，然以当时并不识汪，不知其深刻到何程度，只见得一出一出翻云覆雨的戏，觉得其人可怕，其事可痛罢了！

二十六年夏在庐山聚会，汪作谈话会的主席，其言语举动甚不自然，回到南京，几个朋友闲谈，说这真有些不像政治家的样子。但同时还都有点可惜他，说唐有壬那个小子所造成的“心理疙瘩”，至今还存在。沪战将开，政府成立了一个国防参议会，汪作主席，我也在里边，每周至少开会一次，有时两次，在这会中，自然常听到汪的妙论，于是使我想到在“北伐”“宁汉”时代所听到两位老先生对他的批评，觉得深切不过。当时我的印象如下。第一，他决不知政治。一谈政治，有时好听，却全无实质，只可骗初听高论之无辜者，决不能耸动听过两三次以上的人，而且遇事都是滑调，浮着而不进去。第二，他标榜的口号，无一不和他的性格矛盾。譬如他高谈民治而绝无容量，标榜理智而最好动感情，反对复古而自己是一个不良传统的文人。常看到他做着主席发气，却不明其气之对象，气之原因，那么只是些心中的“疙瘩”（mental complexes）在那里时时发动罢了。第三，他对于外国事情，莫名其妙之程度，诚可骇人。他每读文电，遇到外国人之名字，连法国人的名字在内，一齐念不出来，总使这会的秘书长代读。然则欧美国家之存在，在他心中，也比在同治年间军机大臣的心中，差不了许多。

这些观察，只可以证明他在政治上之决无希望，尚不足以证明他之必做汉奸，所以他今日之必作汉奸，尚须进一步求之。有人说，他的婆娘所谓“陈璧君者，太糟糕了”，这话颇有些不错。她也是专心要做“人上人”的人，做不到便气得了不得。汉光武的时代，彭宠造反，史家说是“其妻刚戾，不堪其夫之为人下”，陈璧君何其酷似！不过，这话虽可说是一个原因，却不能说是主要原因。此等大事，既受妻之影响，自须由其自己负责任。譬如武则天，后来做的事，当然要由唐高宗负其责任。谁要唐高宗宠她信她，何况汪贼之作汉奸是他自己现在做的事。

然则以上所说各项，只是助因，其主因决不在此。主因何在？在他蕴蓄的妾妇怨妒心理，发而为偏要作“人上人”的要求。上文说过，庶孽子弟，有时有他的特别心理组合，我这话并不是说庶孽子多如此。自古以来，庶孽子中，甚有清明高朗之人，可追延陵季子遗世克让之风者。只要母教好些，家庭的环境正常些。不过，以我所闻，汪贼之早年环境，决难说是正常，于是“人上人”之要求，成于个人的心中，害了国家的大事。夫“不度德不量力”而求作“人上人”之要求，在家家乱，在国国乱，《春秋》中所记弑父弑君，有几个不是受这个心理所支配。

至于汪贼在政治上偏要做“人上人”，应该完全是他家庭环境所造成，而决不是政治活动所造成。何以呢？在中山先生逝世后，他便狂妄的以第二任总理自命，他夫妻两个，从中国到南洋，招摇来招摇去。中山先生当年绝不曾器重他到这样，只是他自己自命如此，是他自己的心理自命他如此。中山先生当年用他，大有分寸，总未交他政治的总则，施设的任务，用他之处，说来好听些，是“书记翩翩”，因为他的文章确是漂亮，说来不好听些，便只是使他“吊丧问疾”。因为他那一副对人似乎恳切的面孔，只好如此用，不料他竟妄自想象，以为“仲尼既没，文不在兹乎”，于是乎非做中国主人翁不可。当年与胡展堂先生之龃龉，何尝不由他之妄自尊大，由此心理，兴风作浪，十年前已经不恤生民涂炭，今天更不恤民族沦灭。大凡领袖之欲，压人之愿，本为人类所共有，然而用如此不顾一切狠毒到尽头之手段行之，则除具有罪犯心理、凶险疙瘩者，焉能做到这步田地。不晓得他小时在家如何为人看不起。到老时在国如此陷害人。

当年契丹有一个大可汗，把渤海国灭了，封他的儿子做东丹王，王渤海故地，却把小子立为太子。这东丹王便大怒。当他父亲死了，由辽东渡海逃到登莱，降了中国，并且做了一首诗，诗曰：“小山压大山，大山全无力。羞见故乡人，从此投外国。”汪贼今日之投日本，正是这个投外国的心理，不过，东丹王毕竟是契丹的长子。在封建时代，他这心理还有点根据，在汪精卫之以中国主人翁自命，却全是自己狂妄梦想，毫无根据，那么东丹王的死鬼若有知觉，还要羞见这个后来人。

在妒妇狠毒要做“人上人”之心理上，汪贼倭寇大有相同处，或者这也就是汪贼倭寇可以“合作”之“精神条件”吧。原来日本小鬼也是最富于“卑贱疙瘩”（inferiority complex）的，看到自己那副猢狲形，更恨得非做“人上人”不可。我想，设若倭奴再长三寸，这疙瘩也许好些，便可少害人些。可惜不然，小鬼之要做“人上人”自古如此，当初识中国文化的时候，认做徐福的后代，误以为徐福是避秦的高人。稍知中国事，又妄称太伯之后，大有与中华世家争正统之姿势。到了唐朝知道中国多了，又造了一段故事，说是在隋炀帝的时候，他的倭王向中国致书，称“日出处天皇致书日没处皇帝”。（按，此事虽为欧阳修所采，决非实事，盖如此之文书，隋之边吏难以接受，且天皇之称呼，在唐高宗、武后前，倭奴向何处学来？）在这些时候，一面羡慕中国，先受封，且请乐浪郡守为他判断内部斗争，后又用中国年号（按，日本古寺，颇有用唐代年号的遗物），却又一面自大，大得要说是天神下降。直到明朝，他那若有若无的“天皇”，虽然还在那里下一诏，称天下四海，他那实际执政的足利氏，便历世向中国求封为日本国王，即如丰臣秀吉，以欲借伐朝鲜而问鼎中原，为日本后世人所敬仰，却也受了中国之封（按，此事日本人不承认，然若未受封，万历之诰命何从留下而宝藏之），这样矛盾心理，譬如以庶孽要为长宗，进退失据，自然全是“卑贱疙瘩”所表现。这样心理，自古已然，于今为烈，一面模仿西洋人，一面要说东亚本位，凭他这样心理发挥起来，好比妒妇之灭人之门，绝嫡之子，一旦得志，是决不使中国民族存在的，岂只国家而已。

日本人二千年中之历史，从部落到帝国，所表显的心理有两面：一面是要学人，一面是要上过人，一面自觉不如人，一面偏爱凭凌人，由他发挥这个性儿，只能有己无人。试看他灭韩的步骤，先上来说是助他解放，后来便是政治经济独霸，俄日战后，还说是保护国，不久便兼并了他，在当年不是高谈日韩亲善，如这些年之高谈“日支亲善”一样吗？他起初不是谈尊重韩国主权，如现在与汪协定前文的滥调一样吗？他不是对朝鲜人说日韩同种吗？

日本鬼子的性情，完全的得步进步，他今天订的条件，若是明天可以进一步，便毫不含糊的废弃；他今夜说的话，若是回家一想，还可进一步，明早起来，便立刻不认账。几年前在北平听到现在的一位封疆大吏说，日本人的性情有三点：一多疑，二小气，三性急。这样性情，哪有中间妥协的可能，即以他最近的侵略而论，在“九一八”时，他只说要求条约的权利，照他解释条约的权利，转眼便树立傀儡伪国了。彼时还说，要求不过长城，不过一年，便闹所谓“华北问题”了。“华北问题”他自己还未下妥定义，于是广泛含糊的三原则来了。在上海战事初起时，犹宣言世界曰“不侵华南”，次年便先以厦门作试探，继之以广东登陆了。目下他在中国还是进退两难的时候，已经在与汪贼之协定中布置妥了侵略苏联，吞并整个印度支那半岛、整个南洋的根据了。这样的国家若不在国外遭受败衄，其侵略必无止境，而且快得很，这完全是小人得志，狠妇称心的把戏，对这种人只有“有你无我，有我无你”两句话。

凡是甲乙两国订个中途妥协的条约，必须有两个条件，至少有其中之一：第一，定约的对方要守信义；第二，弱者之一方虽稍弱，总亦要有力量维持这条约。换句话说，如对面破坏了，此方还能抵抗，不这样，决不能维持。试看汪贼所定约之对方，是那样得步进步的，是那样说话不算话的。再看汪贼的本身，有一个姓周的色鬼，姓丁的屠户，虽高宗武亦逃之大吉，有这样的力量，还能对日本说“以此为限”。其实这话仍是泛论，“日汪协定”已经卖了中国整个的平面，并且卖了上苍天下黄泉之立体，无所不包，即无所谓限，政治经济军事文化乃至思想，无不订明使我永为奴隶。这又是何等条约，比之当年日本与韩国所订的条约，犹有君子小人之分了。然而汪贼的狗党，还在那里骗人，说“委曲求全”。试看这些文件，委曲真到了一万分了，求全却在哪里？若必说求全，乃是倭贼求得中国之全体，而非国人求得一息之全生。若是国人中还有觉得他这个代订的卖身契，而可一想希图苟存者，直是晋惠帝之劝人凶年食肉糜，白痴而已！

汪贼有己无人，发了邪火，便欲断卖同种；倭贼有己无人，动了狂念，便欲绝灭人类。二者都是一种罪犯心理，不过一个是孤兽，一个是狼群，有此差别罢了。若是世界上还应该有人类的话，便当快快把这些人类毒素扫荡去。

（原载一九四〇年二月二十五日《今日评论》第三卷第八期）

留学问题谈

一

本年正月初一二间，我在上海等船，每天所想的都是这个留学问题。当时如有相当的时间，定可作一长文，只因为七忙八乱，现在竟把那时的感想完全忘了。我早有对于留学一事的若干境界在心中，但都是就我个人着想，不曾把留学当个教育问题去观察。自从上船，到了现在，三个月整了，因为四周的接触，颇有客观的感想。现在把他写下来。至于主观的境界——就是我个人想我个人——仅有几层意思可以告朋友们的，但没有写出的必要了。

留学是一个教育问题，同时是一个社会问题，所以相连的范围极大，从教育方针，到国民经济的统计，都要着想的。我现在先把留学的种类分述如下。

（一）教育部官费　原来各省的官费不划一，后来教育部把他划一了，定第一试在本省，第二试在教育部，本省支费，教育部管理的法子。这是从民国五年以后的事。教育部的当事人，定了一个严格的标准。至于原是自费后来补费的办法，限制也是很严。因为从民国二年以后，社会上很多应取严格的主张，于是有此结果。

（二）各省津贴费　此项颇不划一：一来各省有各省的办法，一来每省并没有一定的办法。有时资送俭学生，有时资送失风的政客。

（三）各衙署津贴费　此项与教育上不生丝毫影响，因为营求之者颇多以差使为心。

（四）俭学生　此类与下一类国人皆知其详情，故不述。

（五）勤工俭学生

（六）非俭学的自费生　此项中各人的情形极参差。有的是富豪的子弟，读书原不过一种玩艺儿。有的奉家庭的命而来，自然也是有钱人家的子弟，刻苦求学的不能占多数。有的千辛百苦借贷而来，必然是刻苦的求学了。

上列几项，目的各有不同，途径自然大不一样，所以只能分别论去。

最无道理的是第三项。为什么呢？因为造就不了人才，反搅坏了留学界的空气。论理说，中央或外省各衙署，为技术或管理的必要，派人学习，何尝不是应该的呢？但中国现在的官厅，何曾配说这句话。官厅里边原不曾有造就人才的目的。有时也感于特种的必要，偶尔有这目的，但这不是通常的情形。就是本着这目的去做，而选派的时候，仍以私而不以公，所以结果必是当事者的亲族故旧或善于钻营的人得之，还有什么人才可说。

中国一般的人想和官场生因缘，必抱下列两目的之一：一是大发其财，二是鬼混其差使。怎么教大发其财？在求学或其他未与官场生缘的时候，抱着一种享受绝大生活的志愿，所以拼命前钻，以达最后的目的。怎么叫鬼混其差使？他本没有大发其财的志愿，所以也没有发奋卖国的魄力，但生活上必须舒服，衣食住总要为小小的讲究，又须有小小的嗜好，一家人必须有小小的快活。钱到手，饭到口，快活到身上，万事皆休，也没有作事的心，也没有志愿、思想、感情。这类鬼混的生活，在北京和各省城是常见的。照前一项——大发其财——留学生是一个很好的进身之阶，况且照汇业懋业的前例，熟习外国话，交接外国人，也于将来大发其财，就是大卖其国上，有很大的方便。照后一项，留学生的生活，在外国看来，就是简约，在国内看法，也恍如登天，吃的穿的住的，大可顶上部署的小老爷，况且又没有因总长省长更动而坍台的危险，自然是一件好差使。由前一项，留学生是一个绝好的资格，由后一项，留学生是一个绝好的差使，自然有人钻营去。钻营的决赛，自然是最无耻者得之。最无耻者跑到国外去，自然仍是最无耻。最无耻者在国外的心理，看着公使如天人，领事也不减于大老官，若一旦有所谓总长次长也者，遨游欧美，自然须得郊迎三千里。有此心理，欧洲文化的精神，是再也听不到的。至于专门的技术，又因长于钻营之故，而短于预备，因没有预备之故，而不能学习。来到国外，名义上是学习、考察，实际上是学 abcd。从 abcd 到专门技术，相差何止一万八千里。而且年岁大了，心绪多了，还不能如小学生的专心。所以成就是极难望的，但官气官意官趣早已成就了。他们以语言不便的缘故，只能和留学生往来，自然也有不长进的，乐于切近官气，或竟以为这般朋友，可以为作官之帮助。

所以结果是于己无益，于人有损的。自然也不少奋勉的人，全没有这样习气，我也曾亲见过，但如此的实不少[①]了。

二

各省津贴费一项，因为其中等差很多，不能约略论断。资送俭学生当和俭学生一概论去，资送失风的小小人物是和上一类同列的。我现在觉得社会上有一种极不好的心理，就是以留学为一种投机的准备，有人在国内玩不转，然后往国

① “不少”似应为“不多”。——编者

外潜息，待些时再转回国内玩转去。所以必待社会上觉得留学生无以异于国内学生，不以留学生为特殊阶级，然后留学界的志趣，可以为全部的清洁。我并不是反对在国内作事多年的人，因失风而往国外求学，我是觉得在国内作事多年的人，除另有一番志趣的不算外，大半心绪太多了，心绪多就不能宁静，不能宁静就难于成就其学问。姑举一例：我的一位朋友告我，有一个这样留学的，从英往法，上车下车时都有许多同乡后辈接送，我的朋友劝他可以不必，他说，“很显威风啊”。这句话竟传为此间的一个笑谈。有此心理，自然于学问毫不相涉。

非俭学的自费生也不一致的，无□概括论列。况且他们拿着自己的或自己可得的钱去往国外读书，这是他们的绝对自由，与留学的政策可以说是毫不相涉，自然不必论去。而且他肯拿钱在国外花去，毕竟比拿钱在国内花好些，勤的可以多得些知识，惰的也还可以看看国外的大街，回国改改自己的大街，看看国外的街头厕所，回国改改自己的街头厕所。纵然所得不过九牛之一毛，毕竟九牛之一毛大过没有无数倍。至于勤苦奋勉的自费生，节饮食、菲衣服，而致力于买书纳学费的人，自然是最可敬的了。

所以现在所当详细讨论的，并不是上几项，而是教育部官费与俭学之对待问题。现在把教育部官费和与教育部官费同一办法的学生作一类，再以俭学和勤工生作一类，对待论去。

近几年来，社会上很多对于俭学会不同情的批评，英法的留学界中存此见解的也很多。他们既对于俭学的办法不同情，每每以教育部的办法为大致不差。他们的见解大致如下。

（一）俭学生的短处　a. 没有严格的选择；b. 没有成熟的预备；c. 没有求严重学问的资财，所以结果与学问上不能有所得，而妄耗钱财于国外。

（二）官费生的长处　a. 有较为严格的选择；b. 有较为成熟的准备；c. 有求严重学问的资财，所以是有目的的留学。

上列一种见解，自然不能说他完全不是，自然也有他的一番意思，但有一种根本的误解，就是把求专门名家的学问，和接受欧化混为一谈，而且太把贵族的学问看重了，太把专门名家的学问以外的事看轻了。平情而论，派官费学生的目的是一件事，俭学勤工又是一件事。派官费学生的目的，自然是求专门的技术，造学者的人格。俭学勤工其中也有本此志趣的，但大多数所能得到的，不过是有用的学问上的通常见解与技能，因环境社会等等而造成的较有力量的人格。因俭学的办法不易得最深最近的学问而失望，实在是犯了希望太奢的毛病了。必以求最深最近的学问为留学的唯一目的，而以此目的以下的事都没有留学的必要，我是不能相信的。为什么呢？现在请问容受欧化，是不是一件急要的事？如各对于这问题加以否认，那么官费留学也可不必，更何所论于俭学？如加以肯切急迫的承认，便应想到容受欧化决不直是专门研究最深最近的学问所能办到的事。一种文化有一种文化的系统，把最上层移来，是站不住的，必须移全部系统的大略。所以我们断不能以为二三最深最高学者的力量是全能的，若没有强健的普通分子，就是有一二天才，也难得发生效力。所以于研究最高最深的学问以外，造就些强健的接受欧化的普通分子，是无疑的必要，简直更可以说，比造就专门名家还必要。学问一件事，就普通立论，原不是人生的目的，原不过是达到发展人生的手段。精诣的学问自然是难能而可贵，自然我们普通人要在他们左右喝采，但决不能以此责之人人，而且我们若不相信资本的竞争世界是对的，而相信劳动的合作世界是绝对的是的，便应晓得这般学者，也只是合作中的一部分人，其价值不能说在通常的强健社会分子上。他们固然是社会所需要，但因为普通的强健社会分子应该有多多的数目，所以后一项更为需要。俭学勤工生正是应这般的需要的。一来他们的环境是在国外，无论多少，总晓得些外国事物，回来和中国的老样比较，自然因比较而生改造心。二来因为他们俭学的缘故，不能和欧洲的中级腐败社会接触，专能和肩任文明的劳动者接触，所以很多知道欧洲新运动机会，而少学腐败习气的机会。我实在见了不少的官费生和阔绰的自费生，学问在那里，尚未可知，而“外国牌子”已经很大。在中国有腐败牌子的人，来国外必学上外国牌子。在国外有外国牌子的人，回国去，必染中国牌子。双料的牌子造成双料的不成材。俭学生自然没有造这牌子的机会。（来）俭学生的生活，是不舒服的，所以易生奋勉的心。因生计的有分寸，可以造成一种有分寸的精神。我每每想，人类不能太多物质的享受了，太多了，必懈怠，少了才能奋斗。安富的人，细胞的组织是松的。生活不扰心绪的人，精神是恍惚的。一般的阔绰留学生老爷，除自怠自荒者不计外，就是聪明，也每每是空聪明，就是有见解，也每每是不合实际的空见解，学来的东西，每每没有创造性，不过是些空东西，回国后看看一切概不切题，最容易变成一番糟生活。俭学生经过严霜烈日的锻炼，肢体与精神是强固的，就是学问智识不曾充分发达，但他所发达的一部分，都可化为有用。他们的智能不是空慧，是有创造性。只要有创造性，就是所得不多，也比得许许多多的空慧的好，因为有用就是有价值。所以我以为俭学不特不至为求学之累，而且可为炼身之方。我很相信他们对于未来的中国很能有所供献，因为我信空慧不能建设事业，只有强固敢行的人格，方能建设事业，我又相信一般俭学生的境地，不泰不绌，恰当可以成就这样人格的所在。辛勤的劳力，不倦的工作，才是文化的制造者。简单的生活，不安的境况，才是成就人物的动机。

三

况且有助于中国学术思想与否，也不尽在学问的精深，而全靠有 a. 强固发扬敢作的心神；b. 和科学的条理；c. 和宣扬的力量。我不是说我们不必为精深的要求，我只是说有时精深的流为无用，而有强固敢作的精神的永不会化为无用。请举实例。章行严先生当年于中国的思想有很大的功劳。但章先生的学问，未必就可称精深，而章先生当年确曾以敢作强固的精神而成功（现在如何另是一事）。胡适之先生是留学生中最少得的，他于文学和哲学的一部，极有精深的系统，但他每每推重赵元任先生，自以为不及。但他两位孰于中国为最有益，这可不待想而答了。与其说胡先生是个繁博的学者，不如说他是个精神贯彻，强固自信，富有毅力的思想家。精神贯彻的思想家，必较繁博的学者为有效。一般的俭学生，就是少有为繁博的学者的机会，却不少有为精神贯彻的思想家的机会，而且他们的境遇，更易使精神坚强，那么，他们的成就，又何以知其必不如官费学生呢？

而且繁博的学者，俭学生未必就不能做。在欧洲读书，较之中国，不知方便多少倍，小城尽多图书馆，若必于大城作研究，也有价廉的僻处。有公开讲演，有流通书社，但有奋勉的力量，不患无成就的凭借。所接触的都是些科学的事物，自然思想易于精密。果有天才如弗兰克林，艰难正可造他的精神，俭学也能助他的力量，绝大发明是不对于这样人关门的。

我更有一层见解，以为早年留学，胜于成年留学，如教育部选送官费生的新法，都是成年后留学的。自然这办法也有这办法的长处，但是我想此后中国须有“世界式”的学者。什么教作“世界式”的学者呢？就是能和欧美的学者通达情意毫无阻隔，能和欧美的学者有同等的学力，能和欧美的学者为竞争的发明。更具体着说，能和欧洲学者立于同等的地位。再具体着说，能和欧洲学者一样的娴熟欧文，能和欧美的学者，一样的向深处培植。要达到这个目的，自非早到欧美不可。就以我个人立论，我尚有自知之明，希望本不太奢，比上文所说小的很多。我只希望英文能写说流畅，不是中国气的英文，又希望有一科学的训练，于基本科学上打个根基，再专诣一部分。不是说要和欧美的学者立于同等的地位，只是要立于一个能领受欧美学者的发明，而无妨碍，不生隔膜、不至囫囵吞枣的地位。但此刻觉得力量太不济了，没有这个时间。二十几岁的人，从猎取零碎上看来，尚不为老，然欲达我的目的，已觉得大老而特老。这几天，想得悔恨欲死，常常的想，若我十年前因俭学会而来欧洲，学问脾气见识上，恐怕比现在好多罢，就是身体精神也能好得多。所以凭我理想若能于十三四岁时以俭学会来欧洲，待根基培成，再能稍增费用而为深切之研究，是最好的。如此办法，果是人才，必成“世界式”的学者，奉劝幼年有志的人，快快为往欧洲的准备，不要沉闷在中国的乌烟瘴气里。要是到了发“又二十五年则就木焉”之叹的时候，已经是大不得了，而特不得了了。

有人说，早年去国，容易把中国事忘得干干净净，回国后每每成废物。我说这由于留学界中缺少组织的缘故。一有相宜的组织，这层危险是决无可虑的（理由详后）。再举实例，胡适之先生往美国去时只十七岁，何以成中国学的学者呢？这仍是“存乎其人”罢了。

再就现在教育部资送官费的办法而论，我也有一番意思。照现在的办法，有一个很不好的现象，就是很容易造就懒学生。竟有的人领用官费已经十多年了，仍然在此流荡，讨外国老婆，逛外国妓女，无所不至。用功也是这样，不用功也是这样，早毕业也是这样，晚毕业也是这样。这由于并不给他责任负。我尝听见人说，日本送留学生的办法，多半是由学校送，并责成他如何如何，须有著作，或其他的责任。我想现在教育部用的考取之后“万事皆休”的懒法子，似乎要改了才好。我对于这一项的意见，大致如下。

（一）须加官费留学生以著作或翻译的责任。

（二）须责成官费主为每月或每季的报告。

（三）学校派送毕业生或教员的办法，我以为很该提倡，恐结果较之官厅考送为相宜。

（四）应择学行最好的留学生，为再度之留学。

总而言之，不应对官费生取放任主义，不应以一条办法资送留学生。

就留学生的现状而论，总不能完全满意，所以社会上才有对于留学一事的若干议论。但这些议论都是就留学以前的选择上发的，很少就留学界中着想。我以为这样的个注意点，不免重其所轻，而轻其所重。政府或学校派学生留学，自然要有一个标准，但俭学勤工和其他自费等等实在没有严格的必要，而且有意留学，便应该鼓励，不应该阻止他。聪明不聪明，积学不积学，都与后来的成功上不必定有关系。我以为所应要求的，只是一个耐劳的身体和一副坚定的意志。况且人本应该受同等的教育，俭学生自费去留学，这是他们分所应受，而且是他们绝对的自由。国外预备和国内预备又是一样，或者国外更有效些。现在人每每以留学界的现状不好，归罪于送法的不周，我以为如归罪于留学界无组织，较为切题些。我现在有两层提议。

四

第一，我以为留学界中团体的精神与组织太少了，凡事都是各人干各人的。中国人的通性，本来是只知有个人，没有组织社会的耐心，但这毛病非大改不可。专就留学界而论，有组织之后，易于和外国的学者接触，易于考察社会情状，易于作有效的合作生活……省时间，而所得较多。譬如有一个共作的讲演社，每星期请一位外国的学者讲演或谈论，许多人就有了和这位学者作朋友的机会，要是个人的作去，必不易普遍的。又譬如与外国同学共办一个团体，长久了，便可多若干外国朋友，多习熟外国语言，多知道外国习惯，而且还可以增进群性，炼成批评的技能。中国人不是死不念书，就是死念书，这是最要不得的。又譬如相好的朋友，组成一个按时聚会的团体，每星期定一时间公聚，或作园林之游，或作社会上之考查，或作一种之游戏，平日相禁往来，如此可以发挥相亲切的感情，而不至因烦厌而生恶感，省时间，多趣味，多效力，较之“个人的”往来，既省时间，又多益处。无论大事小事，只要想成就自己，非于公共生活中求不可，决不能在个人生活中求得。

第二，我觉得在国外求学的人，应该对于国内的事有清白的知识。如不知道中国社会，便无从改造中国社会。北京大学的学生，终日与恶社会相处，知道他透彻，所以思想更激进，对于社会的态度最坚决。欧美的留学生，不终日与恶社会相处，所以对他每不能坚决。平时在国外，凭空着想，全不与中国现状相干，盖了许多空中楼阁，不免白费精神。一旦到国内，看看万事都与涉想的不同，先上来惊异，后来挫折，于是短气，于是颓唐，于是堕落，于是另换一副思想，另是一个人。假使先知道社会现状是怎样的，恐咱消极方面有得预防，积极方面有处下手，态度上坚决，见识上彻底，新运动不起于国外而起于国内，这都是有缘由的。所以留学界中应当组织一个团体，把中国所有的日报期刊都存列公览。虽在国外不能直接看社会是怎样的，但既有多多的报，也可得其大概，还可以从这些报的议论采色看出中国现在大致是怎样。如现在的情形，此间学会竟没有一份报。将来回国，或者竟如另一个世界无所措手足了。

第三，我以为留学界中应该借重留学界以外停留欧美的中国学者的感化。我这一层意思，是我上月在法国时所感触的。我在法国遇见了几位新朋友，都是极有志趣，思想与空气都能彻底澄清。比较在英国因常听见高谈政治而生的印象好的少。我觉得法国学生有一个较优的机会，就是法国常有中国学者居停，蔡孑民、李石曾、张溥泉、汪精卫诸先生在那里，颇生一大部分影响。假使吴稚晖先生常在英国，英国留学界中，或者多几位志趣超越，刻苦励行的人。人格的感化人，最有结实的效果。不必听他的见识，不必看他的行为，能于默而无言，静而不动的里边，给你许多的暗示，这些暗示，能使心神动荡，有时竟使心理上生很大的变态。我何以主张在国外还要仰仗中国的人格呢？第一，拿中国的普通人和西洋的普通人比，西洋的普通人高一筹，拿中国的下等人和西洋的下等人比，西洋的下等人高一筹，但拿中国的大人格和西洋的普通人、下等人比，自然不能开比例。（我此处所谓上下专以教育非立论有阶级之心。）留学生所接触的外国人，大半都是中下等人，志趣学行全不能加点帮助。和学者接触的底层很难，所以每日所见，都是些与意志上很少关系的事。要是有中国的学者相感化，知识上虽不必借资，志趣上或有很好的影响。第二，纵然有与外国学者接触的机会，而外国学者对你的提示，终不能着边际，若就实施上立论，或者中国学者的精神所集处，更为透彻。英国学者偏明白英国人的心理，以为人性是渐进的，劝中国人也要渐进，而不知中国人的性情，大和条顿民族不同，只能骤变，不能渐进。英国学者高谈政党国会，中国学生就盲目的去跟着高谈国会政党，而忘了中国并不曾有“社会”，并不曾有“有组织的舆论”，政治运动简直是大梦。由此类推，还是彻底的中国学者影响较好的。第三，这类人在国外的力量，比学生大些，或者竟因他们的绍介关系，而能使中国学生与外国学者的交往多些。第四，我上文所说的留学界团体的组织，很难开始。自好的人，多趁时间力学，所以不有则已，有则出风头者征每每乱混，若有这类人经营，或者收效最多。但我最后有句话说，和青年人志不同，道不合，无聊而遨游的人，我们老实不客气，可是绝不欢迎啊。

以上三层意思，是我偶然想到的，此外的事甚多，后来随时想起，随时写罢。但我总希望国人对于留学问题的注意点，应该丢开选送一层——因为在这层上讨论，无意味、无实效的，而注重在留学界中的事和回国后的安插法。（后一层也很要紧，我很知道几位学行极优的人，因回国后安插不当而堕落。）

我以为现在有使留学界变好的一个现象，就是国人对于欧美留学生的信用已堕。最初对于留学生钦仰之至，所以要出去留学的人，多半是要变成中国的一个特殊阶级，为自己造成一个好大身份的人。在国外时因国人相待之奢而引起的，很可为后来沉沦的媒介。当这容受欧化的时候，往西洋留学，只要机会容许，是人人应尽的义务，决不能自待太奢。直到中国社会上人觉得留学生与国内的学生不能就类别而分高下，于是乎，学界空气新鲜的日子到了。

（载一九二〇年六月九日至十二日《晨报》）

“五四”二十五年

今年的五月四日，是“五四”的第二十五年纪念。“五四”事件已经过去了一世纪的四分之一了。在这样变动剧烈的世界中，一世纪的四分之一，可以有无穷的大变化发生。即在中国，这变动也是空前的。所以若有人在今天依旧全称的、无择的讴歌“五四”，自是犯了不知世界演进、国家演进的愚蠢，其情可怜。然而若果“五四”的若干含义，在今日仍有教训性而并未实现，或者大势正与之相反演进，自然不必即是国家之福，其事可虑。

“五四”在当时本不是一个组织严密的运动，自然也不是一个全无计划的运动，不是一个单一的运动，自然也不是一个自身矛盾的运动。这个情形明显的表现于其整个运动的成就上，所以消极方面的成就比积极方面的多。这正是许多人贬责五四运动的根据。我以为“五四”纵有许多弱点，许多未成熟处，但这个消极的贡献，却是极可宝贵的，也还是今天甚可警醒的。

何以呢？中国的存在有几千年，自有其长处，即是说，有使他寿命如此长久的缘故。但是，这个几千年的存在，论对外呢，究竟光荣的年代不及屈辱的年代多；论内政呢，内政的真正清明，直如四川冬天之见太阳，“生民多艰”，古今一致。所以恢复民族的固有道德，诚为必要，这是不容怀疑的。然而涤荡传统的瑕秽，亦为必要，这也是不容怀疑的。假如我们必须头上肩上背上拖着一个四千年的垃圾箱，我们如何还有气力做一个抗敌劳动的近代国民？如何还有精神去对西洋文明“迎头赶上去”？试问明哲保身的哲学，“红老哲学”(《红楼梦》《老子》世故之极之哲学)、虚文哲学、样子主义、面子主义、八股主义、官僚主义、封闭五官主义，这样一切一切的哲学和主义，哪一件不是建设近代国家的障碍物？在洗刷这些哲学和主义，自须对于传统的物事重新估价一番。这正如尼采所说，“重估一切的价值”。自然，发动这个重新估价，自有感情的策动，而感情策动之下，必有过分的批评；但激流之下，纵有漩涡，也是逻辑上必然的，从长看来，仍是大道运行的必经阶段。今人颇有以为“五四”当年的这样重新估价有伤民族的自信心；不错，民族的自信心是必须树立的，但是，与其自信过去，而造些未曾有的历史奇迹，以掩护着夸大狂，何如自信将来，而一步一步的作我们建国的努力？这就是说，与其寄托自信心于新石器时代或“北京人”时代，何如寄自信心于今后的一百年？把一个老大病国变成一个近代的国家，有基玛尔的土耳其是好例。土耳其原有回教的加利弗（califate），这是土耳其几百年霸权的遗物，在上次大战中还有甚大的号召力，使土耳其虽败不亡。然而基玛尔胜利的进入君士坦丁后，毅然决然的废止这个制度。这因为这个制度之于土耳其，对外虽有号召的大力，在内却是彻底革新的阻碍，基玛尔务实不务名，所以在土耳其境内废止了他。又如中东、近东人民习用的红帽子，到屋子里也不脱的，他也为文化大同起见废除了他。至于文学的改革、习俗的改革，处处表现出他要彻底近代化土耳其的精神。他为什么不爱惜这些“国粹”呢？正因为这些“国粹”是土耳其走向近代化的障碍物。

我何以说“五四”的若干含义在今天仍有教训性呢？大凡时代的进展，总不免一正一反，一往一复。最近十五年，东西的若干强国——今日全是我们的敌人——各自闹其特殊的国粹运动，我们也有我们的国粹运动，我们的国粹运动自与他们的不同，这因为我们的“国粹”与他们的“国粹”不同。我们的国粹运动所以生于近来是很可了解的，在颇小限度内，有他的用处，然若无节制的发挥起来，只是妨碍我们国家民族的近代化，其流弊无穷。随便举青年一事作例说罢。不是大家都说今日的青年总是犯了消沉、逐利、走险三条路吗？要想纠正这些，决不是用老药方所能济事的，无论这药方是汉学的威仪齐庄，或是宋学的明心见性，这个都打不动他的心坎，你说你的，他做他的。要想打动他的心坎，只有以行动启发其爱国心，启发其祈求社会公道心，为这些事，舍生取义是容易的事。总而言之，建设近代国家无取乎中世纪主义。日本在维新之初，除去积极的走向近代化以外，又弄一套“祭政一致”“国体明征”的神秘法门。日本之强，是他近代化之效，而把日本造成一个神道狂，因而把日本卷入这个自杀的战争中，便是这神秘法门的效用。难道这是可以效法的吗？所以中世纪主义也许可为某甲某乙以忽不勒汗的过程成其为呼图克图，而于全国家、全民族，是全无意义的。

“五四”的积极口号是“民主”与“科学”。在这口号中，检讨二十五年的成绩，真正可叹得很。“民主”在今天，已是世界大势所必趋，这篇短文中无法畅谈，只谈谈“科学”。注意科学不是“五四”的新发明，今天的自然科学家，很多立志就学远在“五四”以前的。不过，科学成了青年的一般口号，自“五四”始。这口号很发生了他的作用，集体的自觉总比个人的嗜好力量大。所以若干研究组织之成立，若干青年科学家之成就，不能不说受这个口号的刺激。在抗战的前夕，若干自然科学在中国已经站稳了脚，例如地质、物理、生理、生物化学，而人文社会科学之客观研究，也有很速的进展。若不是倭鬼来扰，则以抗战前五年的速度论，中国今天可以有几个科学中心，可以有几种科学很像个样子了。即是说，科学的一般基础算有了。恰恰暴雨狂风正来在开花的前一夕。受战事的打击，到了今天，工作室中徒有四壁，而人亦奄奄一息，这全是应该的，无可免的，无可怨的。一旦复原，要加倍努力赶上去。不过，今天的中国科学确有一个极大的危险，这就是，用与科学极其相反的精神以为提倡科学之动力是也。今日提倡科学之口号高唱入云，而为自然科学的建设不知在哪里，其结果只是些杂志宣传，而这些杂志中的文学，每每充满反科学性。大致说来，有狭隘的功利主义，这是使自然科学不能发达的。然若自然科学不能发达，应用科学又焉得立其根本？又有狂言之徒，一往夸大，他却不知科学的第一义是不扯谎的。全部科学史告诉我们，若没有所谓学院自由（academic freedom），科学的进步是不可能的。全部科学史告诉我们，近代科学是从教条、学院哲学（scholasticism）、推测哲学（speculative philosophy）、社会成见中解放出来的，不是反过来向这些东西倒上去的。全部科学史又告诉我们，大科学家自然也有好人，有坏人，原来好坏本自难分，有好近名的，有好小利的，原来这也情有可原，但决没有乱说谎话的，作夸大狂的，强不知以为知的。大科学家自然有一种共同性，这可在盖理律、牛顿、达尔文、巴斯德诸人传记中寻得之，这些人与徇禄的经生绝无任何质量的相同处。所以今日提倡科学的方法极简单，建设几个真正可以作工作的所在，就是说，有适宜设备的所在，而容纳真正可以作科学工作的若干人于其中就够了。此外，便只是科学家自己的事了。此外，更无任何妙法。工作的环境可以培植科学家，宣传与运动是制造不出科学家来的。

我要提出一个“五四”的旧口号，这个口号是，“为科学而研究科学”，读者以为我这话迂阔么？只有这才是科学的清净法门！

（原载一九四四年五月四日重庆《大公报·星期论文》）

地方制度改革之感想

现在流行关于行政之理论有两件呼叫得最响最高的，一件是所谓中央与地方之分权，一件是所谓行政效率。我以为这两件都不是什么有逻辑性的问题，在分解之后，或者问题先已不能存在，遑论他的答案？

现在的中国和帝政专制时代的中国一样是没有地方的。因为地方官吏都是任命于中央，即是在理论上，解免系于中央，这些地方官是对中央负责，不是对地方负责的。中国并没有民选的市长，如法德；没有民选的省长，如美国；没有民选的县参事会，如英国。所以在中国（至少在理论上），中央与“地方”之争仍是一家之事，并不真是中央与地方之争。譬如大唐天子调度不了他的河北、山东节度使，只好对他们加官进禄，这却算不得分权于地方。如这样的事，本是所谓“割据”。这名词虽不好听只是事实可惜如此，也只是依事实定方案了。对付这样事实的方案是不能一概而论的，从最文的说起，先把中央的机能造得完善了，不怕他不来朝奉土。用句古典，所谓“远人不服则修文德以来之”。再就最粗的说，便是用兵力来纠正。用句古典，所谓“一条棍棒等身齐，打得来四百座军州都姓赵”。在这两极端中间，自然还有无数的法子，而其适用与否则在乎当前之形势。不过，实际问题既是如此，而避此则谈中央与地方分权，似乎未必能弭此日之内祸罢？

说到增加行政效率，似乎也有把这口号看得过重的地方。行政的手续要快，这是谁也不能否认的，如现在的若干行政机关及法院之耽搁事件，真是荒谬到极度的。但整顿这些事自有对症的药，如裁汰无用的人，减少无用的转折，变更党政双管的制度，督责官厅及人员之负责，等等，不必因此并近代官署制之雏形而亦废止之，转向当年之幕府制复古去。现在地方制度中有两个大改革的趋势。一、所谓省府合署办公。二、县政府中废局设科。省府合署办公究竟有什么好处，我至今莫能知晓，其有害处则是想得到的。既合署了，则厅中有事要先商之于省府秘书厅，省府秘书长对于省长是亲近的，省长是容易听他的话的，因此各厅本有奉承省政府秘书厅意见的趋势，如再合署而各厅不能直发公文了，则秘书厅之指挥各厅长更要加甚。于是各厅皆不成其为厅，皆成省府之科。有一次我以此一意询于一位亮节刚正的市长石衡青先生，他说："岂但如此而已，合署之后，各厅（或局）不能直发公文，厅长（或局长）还要仰承省署（或市署）科长的鼻息，自身只是一个科员，那够得上科长？"我对于他这话和对于他的对日意见一般的佩服！从此处看，可知此等改革，是极其根本的改革。不敢用当今的比喻，姑用明朝的比喻，好像把六部的权都集合在一个承宣太监身上一样。如此严重的改革，若徒因"行政效率"而起，真是小题大做了。不记得清末的事么？有的地方督抚同城，以致巡抚一无实权，当时主张行新政者，以此为诟病，于是废除之。又不记得官文、胡林翼的事吗？胡林翼是个极有才干的人，官文是个愚而好自用的人，只因官为总督，胡为巡抚，胡不得不用三分之二的精神去对付官文，三分之一乃是对付太平天国。现在开倒车者，似乎把这一类的经验都忘了，或者不知道。

至于废政府之各局，而县长可以自行派科长，也嫌有些笼统。夫县政府中之不该设财政、公安两局，而此两局之长尤其不应由省政府直派，在中国这样简陋的地方情形之下，这是当然的。至于教育，本当是全省齐一的，而其行政性质又与普通民政不同，这一局是不便裁的。县长若是熟习民政的，则在教育上其势不能内行。县长所派的教育科长，平均来决不如教育厅所派的教育局长，因为县长之选此等人当然远不如教育厅长在行。一切局之废止，势使县长有包办之权，县长固不是可以垂拱而治的，然也不是可以包办而治的。

我以为目前地方政治之不济，与其归罪于制度，毋宁归罪于人选。省主席、县长之人选若得当，在更好的制度下固然更好，在目前的制度下也还有很多事可做。若不得当，如一省之长永是由不能干城国家之武人充任，县长多是由护兵马弁无赖腐官为之，在现在的制度下固然好不了，在加权的制度下更容易把事弄坏。择人难而改制易，或者这就是现在不谈用人而注意在改制的原因罢？

老生不免常谈，话从远处说起。汉朝承袭秦朝的一个整整齐齐的行政系统，在地方制度上是很能划一的（此指郡县一部分说）。以郡统县，以中央统郡，虽设州刺史，以行监察权，州刺史却并不是个大官，不是郡守的上司。在天下乱时，邻郡兼并，不特州刺史大了，并且嫌刺史之名称不尊，于是设立了州牧。中央失权，州牧自辟掾属。这自辟掾属一件事本是要不得的，然以行政失了轨道既久，这样的风气，也就历魏晋而相沿成常规了。中央政府便加这样的地方官一个冠冕的名号，叫做“开府”。这不是在中央“开府作牧”的开府，而是在地方开府专征的开府。从此留下一个恶劣的封建式的幕府，制到了清末的督抚。不徒枉革了几场命，现在连知县也快要“开府”了。

“徒法不足以为政”，还是慎改制度，严求人选，何如？

（未刊稿，原收入《傅斯年全集》第五册，联经出版事业公司，一九八〇年）

论学校读经

记得十七八年以前，内因袁世凯暴压后之反动，外因法兰西一派革命思想和英吉利一派自由主义渐在中国知识界中深入，中国人的思想开始左倾，批评传统的文学，怀疑传统的伦理。这风气在当时的先锋重心固然是北京，而中山先生在上海创办《建设》杂志，实给此运动以绝大的政治动向。我们从他当时所表现的议论中清楚的看出，他是觉得专是一种文化的革命是不足的，必有政治的新生命，中国才能自立，必有政治的新方案，中国才能动转。中山先生提倡“把中国近代化”之功绩是后来中国人所万不当忘的！……溯自建业建都以来，政治上要右转些，本为事理之自然，当为人情所谅解。不料中国人“如醉人，扶得东来西又倒”。一朝右转，乃至步步倾之不已，只弄到去年的祀孔！远史不必谈，姑谈今史。清升孔子为大祀而清亡，袁世凯祀孔而袁世凯毙。韩退之有句话：“事佛求福，乃更得祸！”大凡国家将兴，只问苍生，国家不了，乃事鬼神，历史给我们无数的例。祀孔还不算完，接着又有读经的声浪，这事究竟演化到如何一步，我不敢知，我只替国家的前途担心。提倡革命的人们，无论左向右向的革命，总不免把主张说到极端，到极端才有强烈的气力，然而手操政权的人们，总应该用充分的知识、健强的理智，操持中道的，中道然后有安定！特别在这个千疮百孔的今日中国，应该做的是实际的事，安民的事，弄玄虚是不能救国的。

在批评读经政策之前，有几件历史事实应该知道。

一、中国历史上的伟大朝代都不是靠经术得天下、造国家的，而一经提倡经术之后，国力每每衰落的。我们且一代一代的看去。周朝还没有受这些经典于前代，那时候的学问只是些礼、乐、射、御、书、数的实际事件。秦朝焚书坑儒，更不必说。汉朝的缔造，一半赖高帝之武，一半赖文帝之文，高帝侮儒，文帝宗老，直到武帝才表章六经，然而茂陵一年所行，无事不与儒术相反。宣帝以后，儒术才真正流行，东海边上的读经人作师作相，汉朝也就在这时节起头不振作，直到王莽，遍天遍地都是经学。李唐创业，最表彰的是老子，到了玄宗，儒学才在中天，玄宗亲自注《孝经》，玄宗也亲自听破潼关的渔阳鼙鼓。赵宋的太祖、太宗都是武人，真宗像个道士，仁宗时儒术乃大行，也就从仁宗时起仰契丹如上国，有蕃夏而不能制。赵普号称以半部《论语》治天下，我却不知道他受南唐瓜子金，教太宗以夺嫡，在半部之外或在内？明朝是开头提倡宋元新儒学的，其结果造成些意气用事的儒生，酿成燕变而不能制。若不是当时外国人不闹，若不是永乐真有本领，中国又要沉沦了。再看偏安的南朝。南朝的第一流皇帝，一个是纯粹流氓刘寄奴，一个是高超儒生萧老公。刘寄奴到底还灭燕、灭秦，光复旧物，萧老公却直弄到断送南渡以来的汉人基业。我说这些话并不是蔑视六经、《论语》、《孟子》等之历史的价值。他们在当年自然有过极大的作用，我们的先民有这些贡献犹是我们今日可以自豪自负的。我只是说，虽在当年简单的社会里，国家创业也不是靠经学的，而一旦国家充分提倡经学，一面诚然陶冶出些好人物，一面又造成些浮文诡化的儒生。不看宋明的亡国吗？儒生纷纷降索虏，留梦炎本是状元，洪承畴更是理学人望，吴澄、钱谦益则胜国之盖世文宗也。事实如此，可知在古时经学制造的人物已经是好的敌不过不好的了。或者当时若没有经术，事情更糟，也未可定，不过当时的经术并无六七十分以上的成绩，是件确定的史实。

二、当时的经学，大部是用作门面装点的，词章家猎其典话，策论家装其排场，作举业的人用作进身的敲门砖。念经念到迂腐不堪的缺点虽极多，而真正用经文“正心诚意”的人可就少了。这本也难怪，经文难懂，又不切后代生活。所以六经以外，有比六经更有势力的书，更有作用的书。即如《贞观政要》，是一部帝王的教科书，远比《书经》有用；《太上感应篇》是一部乡绅的教科书，远比《礼记》有用；《近思录》是一部道学的教科书，远比《论语》好懂。以《春秋》教忠，远不如《正气歌》可以振人之气；以《大学》齐家，远不如《治家格言》实实在在。这都是在历史上有超过五经的作用的书。从《孝经》直到那些劝善报应书，虽雅俗不同，却多多少少有些实际效用。六经之内，却是十分之九以上但为装点之用、文章之资的。我这些话不是我的议论，更不是我的主张，只是我叙述历史的事实。若明白这些事实，便当了然读经的效用，从来没有独自完成过。即就维持儒家的道德教化论，在当年五经大半也还是门面的，也还是靠别的书支持儒教。那么，在当年的社会中失败了的读经，在今日反能成功吗？

三、汉朝的经学是汉朝的哲学，“以《春秋》折狱”，“以《三百篇》当谏书”，哪里是《春秋》《三百篇》本文之所有的事？汉朝的儒生自有其哲学，只拿五经比附出场面来而已。宋朝的经学是宋朝的哲学，自孙复、石介以下每人都是先有其哲学，再以经文附会之，岂特王安石一人而已？汉朝、宋朝的经学在当时所以有力量者，正因本是思想创造的事业，本来不是纯粹的经学，所以才有动荡力。清儒之所谓汉学是纯粹的经学了，乾嘉的经学也就全无政治的道德的作用了。清末，一面在那里办新学，一面在那里读经，更因今文为“康梁逆党”之学，不得用，读经乃全与现代隔开。上者剽窃乾嘉，下者死守高头讲章，一如用八股时，那时学堂讲经的笑话真正成千成万。少年学生上此课者，如做梦一般。我不知今之主张读经者，为的是充实国文或是充实道德力量？如欲以读经充实国文，是最费气力不讨好的；如欲以之充实道德力量，还要先有个时代哲学在。不过据六经造这时代哲学，在现在又是办不到的事了。

据以上三类历史事实看去，读经从来不会真正独自成功过，朝代的缔造也不会真正靠他过，只不过有些愚民的帝王用他笼络学究，使得韩文公发明“臣罪当诛，天王圣明”的公式；又有些外来的君主用他破除种族见解，弄到朱文公也在那里暗用“夷狄之有君，不如诸夏之亡”称赞金章宗！

难道相去不远的旧社会中试验二千年不曾完满成功的事，在相去如南北极的新社会中值得再去尝试吗？

以上是历史的考察，再就现在的情形论，尤觉这一回事断不可办。我的见解如下。

第一，现在中小学的儿童，非求身体健全发育不可，所以星期及假日是不能减的，每日功课是不能过多的。同时，儿童青年之就学，本为养成其国民的需要，谋生的资格，自然也该把知识教育的力量发挥到最大无害的限度，以便成就其为有用之人。况且现在的世界是列强竞进的，若是我们的中小学程度比起欧美日本同等学校来不如，岂非国家永远落后，即是永远吃亏？在这又要儿童青年健康，又要他们程度不比人差的难题下，原有的功课已嫌难以安排，若再加上一个千难万难的读经，又怎样办？挖补自儿童的身体呢？挖补自儿童的近代知识呢？

第二，经过明末以来朴学之进步，我们今日应该充分感觉六经之难读。汉儒之师说既不可恃，宋儒的臆想又不可凭，在今日只有妄人才敢说诗书全能了解，有声音、文字、训诂训练的人是深知“多见阙疑”“不知为不知”之重要性的。那么，今日学校读经，无异拿些教师自己半懂不懂的东西给学生。若是教师自己说实话“不懂”，或说“尚无人真正懂得”，诚不足以服受教育者之心。若自欺欺人，强作解事，无论根据汉儒、宋儒或杜撰，岂不是以学校为行诈之练习所，以读经为售欺之妙法门？凡常与欧美人接触的，或者如我一样，不免觉得，我们这大国民有个精神上的不了之局，就是不求深解，浑沌混过；又有个可耻之事，就是信口乱说，空话连篇。西洋人并不比中国人聪明，只比我们认真。六经虽在专门家手中也是半懂不懂的东西，一旦拿来给儿童，教者不过是浑沌混过，便要自欺欺人。这样的效用究竟是有益于儿童的理智呢，或是他们的人格？

以上第一件说明中小学课程中“排不下”这门功课，第二件说明“教不成”它。我想，这也很够反对这件事的“充足原理”了。至于六经中的社会不同于近代，因而六经中若干立意不适用于民国，整个用他训练青年，不定出什么怪样子，更是不消说的了。以世界之大，近代文明之富，偏觉得人文精华萃于中国先秦，真正陋极了！

至于感觉目下中小学国文及历史教材之浅陋荒谬，我却与若干时贤同意见，这是必须赶快想法的。政府或书店还应编些嘉言集、故事集、模范人格的传记以作教训，以为启发。国文、公民及历史的教材中，也当充实以此等有用的材料。这些材料必以中国的为限，其中国的自不妨一部分取资于六经中之可懂的、有启发性的、不违时代的材料，这就很够了。

（原载一九三五年四月七日《大公报·星期论文》，又载一九三五年四月十四日《独立评论》第一四六号）

人生问题发端

人生问题是个大题目！是个再大没有的题目！照我现在的学问思想而论，决不敢贸贸然解决他。但是这个问题，却不能放在将来解决；因为若不曾解决了他，一切思想，一切议论一切行事，都觉得没有着落似的。所以不瞒鄙陋，勉强把我近来所见，写了出来，作为我的人生观。还要请看的人共同理会这个意思，大家讨论，求出个确切精密的结束；我这篇文章，不过算一种提议罢了。所以题目就叫做“人生问题发端”。

一年以来，我有件最感苦痛的事情：就是每逢和人辩论的时候，有许多话说不出来——对着那种人说不出来——就是说出来了，他依然不管我说，专说他的，我依然不管他说，专说我的，弄来弄去，总是打不清的官司。我既然感着痛苦，就要想出条可以接近的办法，又从这里想到现在所以不能接近的原因。照我考求所得，有两件事是根本问题——

是一切问题的根本，是使我们所以为我们，他们所以为他们，使他们不能为我们，我们不能为他们的原动力：第一，是思想式的不同；第二，是人生观念的不同。这两件既然绝然不同，一切事项，都没接近的机缘了。就思想而论，“凡事应当拿是非当标准，不当拿时代当标准”；他们说，“从古所有，乌可议废者”。就人生而论，我们说，“凡人总当时时刻刻，拿公众的长久幸福，当做解决一切的根本”；他们说，“无念百年，快意今日”。这样的相左，那能够有接近的一天？要是还想使他同我接近，只有把我这根本观念，去化他的根本观念；如若化不来，只好作为罢论；如若化得来，那么就有公同依据的标准了，一切事项，可以“迎刃而解”了。什么“文学的革命”“伦理的革命”“社会的革命”……虽然是时势所迫，不能自已；然而竟有许多人不肯过来领会的。我们姑且不必请他领会，还请他“少安勿躁”，同我们讨论这根本问题。

这根本问题是两个互相独立的吗？我答道，不但不能说互相独立，简直可以说是一个问题——是一个问题的两面。有这样特殊的思想式，就有这样特殊的人生观；有那样特殊的人生观，就有那样特殊的思想式，两件事竟断不出先后，并且分不出彼此。要是把这两题作为一体，往深奥处研究去，差不多就遮盖了哲学的全部。但是这样研究，作者浅陋，还办不到，而且实际上也没大意思，不如就形质上分作两题，各自讨论。所有思想式一题，等在本志第三号上讨论去。现在把人生观念一题，提出来作个议案罢。

一

我们中国人在这里谈论人生问题，若果不管西洋人研究到什么地步，可就要枉费上许多精神，而且未必能切近真义。因为人生的各种观念，许多被人家研究过了，尽不必一条一条的寻根彻底；径自把他的成功或失败，作为借鉴，就方便多着了。所以我在评论中国各派人生观念以前，先把西洋人生观念里的各种潮流，约略说说。一章短文里头，原不能说到详细，不过举出大纲领罢了。

Ludwig Feuerbach 说："我最初所想的是上帝，后来是理，最后是人。"这句话说的很妙，竟可拿来代表近代人生观念的变化。起先是把上帝的道理，解释人生问题。后来觉着没有凭据，讲不通了，转到理上去。然而理这件东西，"探之茫茫，索之冥冥"，被 intellectualists 和其他的 classical philosophers 讲得翻江倒海，终是靠不着边涯。于是乎又变一次，同时受了科学发达的感化，转到人身上去。就是拿着人的自然，解释人生观念——简捷说罢，拿人生解释人生，拿人生的结果解释人生的真义。从此一切左道的人生观念和许多放荡的空议论，全失了根据了。我们考索人生问题，不可不理会这层最精、最新的道理。

人对于自身透彻的觉悟，总当说自达尔文发刊他的《物种由来》[①] 和《人所从出》[②] 两部书起。这两部书虽然没有哲学上的地位，但是人和自然界、生物界的关系——就是人的外周——说明白了。到了斯宾塞把孔德所提出的社会学，研究得有了头绪，更把生物学的原理，应用到社会人生上去；于是乎人和人的关系，又明白个大概。后来心理学又极发达，所有“组织”（structural），“机能”（functional），“行为”（behavioristic）各学派，都有极深的研究；人的自身的内部又晓得了。这三种科学——生物学、社会学、心理学——都是发明人之所以为人的。生物学家主张的总是“进化论”（Evolutionism），从此一转，就成了“实际主义”（pragmatism）“法国出产的“进化论”（Evolution Creatrice）也是从进化论转来。什么 life urge 和 life spirit，虽然一个说科学解释不了，一个更近于宗教，然而总是受了进化论的影响，并且可以说是进化论的各面。这并不是我专用比附的手段，硬把不相干的合在一起，其实各派的思想，虽是“分流”，毕竟“同源”。所以 B. Russell 在他的 *Scientific Methodin Philosophy* 里，竟把这些派别归为一类，叫做进化

① 即《物种起源》。——编者

② 即《人类的由来》——编者

论派。

Eucken 在他的 *Knowledge and Life* 里，也常合在一起批评去。我把他合在一起的缘故，是因为都是现代思潮一体的各面，都是就人论人，发明人之所以为人，都不是就“非人”论人。我们受了这种思潮的教训，当然要拿人生解决人生问题了。

但是现在为说明之便，却不能合拢一起讲下去，只得稍稍分析。论到小节，竟是一人一样；论大体，却可作为两大宗。第一，是生物学派；第二，是实际主义派。现在不便详细讲解他，姑且举出他们两派供给于人生观念最要的事实罢了。

生物学派，拿自然界做根据，解释人生。他所供给人生观念最切要的，约有以下各条。

（一）使人觉得他在自然界中的位置，因而晓得以己身顺应自然界。

（二）古时候的“万物主恒”之说，没法存在了。晓得各种事物都是随时变化的，晓得人生也在“迁化之流”（a stream of becoming）里头可就同大梦初醒一般，勉力前进。许多可能性（possibilities）、许多潜伏力（potentialities），不知不觉发泻出来。现在人类一日的进步，赛过中世纪的一年，都为着人人自觉着这个，所以能这样。

（三）古时哲学家对于人生动作，多半立于旁观批评的地位，没有探本追源，而且鼓励动作的。自从“生存竞争”发明以后，又有了“生存竞争”的别面——“互助”——一正一反，极可以鼓励人生的动作。这个原理仿佛对人生说道，“你的第一要义就是努力”。

（四）古时哲学家的人生观念，有时基于形上学，尽可以任意说去，全没着落，生物学派把这些虚物丢掉，拿着人的地位一条发明，尽够弃掉各种“意界”的代价而有余。从此思想中所谓“想象的优胜与独立”（imaginary superiority and independence）不能存在，总须拿人生解释人生问题。这样一转移间，思想的观念变了，人生的观念变了。因为思想从空洞的地方转到人生上，人生的范围内事，多半被思想揭开盖了。

（五）看见人类所由来的历史是那样，就可断定人类所向往的形迹必定也是那样。所以有了尼采的“超人观”（Ubermensch）。尼采的话，虽然说的太过度了，但是人类不止于现在的景况，却是天经地义。从此知道天地之间，是“虚而不屈，动而愈出”。人生的真义，就在乎力求这个“更多”，永不把“更多”当作“最多”。

以上都是生物学派所供给的。但是专把生物学解释人生，总不免太偏机械的意味。斯宾塞也曾自己觉着他的生活界说不切事实，说：“生活的大部分，不是生理、化学的名词能够表现的。”所以从生物学派更进一层，就是实际主义的说话。现在把这主义给人生观念最要紧的道理，写在下面。

（一）生物学派的人生观念是机械的，实际主义的人生观念是创造的。

（二）哲姆士说："精神主义的各种，总给人以可期之希望，物质主义却引人到失望的海里去。"（James，*Pragmatism* p.108）生物学派的主张虽然叫人努力，但是极不努力的道理，也可凭借着生物学家的议论而行。实际学派感觉着这个，把"软性"人和"硬性"人两派哲学外表的相左揭破了，事实上联成一个；一边就人性讲得透彻，不像理想家的不着边涯；一方说"道德生活是精神的，精神是创造的"（*Creative Intelligence*，p. 408），不像生物学派讲得全由"外铄"。这类的人生观念，是科学哲学的集粹，是昌明时期的理想思潮和十九世纪物质思潮的混合品，是在现代的科学、社会生活、哲学各问题之下必生的结果。

（三）古时哲学家总是拿宇宙观念解释人生问题，总不能很切题了；生物学家也是拿生物原理解释人生问题，每每把人生讲得卑卑的很。实际主义却拿着人生观念解释一切问题，只认定有一个实体——就是人生，不认定有惟一的实体——就是超于人生。所有我们可以知，应当知，以为要紧，应当以为要紧的，都是和人生有关，或者是人生的需要。供给人生的发达与成功的，是有用，有用就是真；损害人生的发达与成功的是无用（包括有害），无用就是假。这样抬高人生观念的位置，不特许多空泛的人生观念一括而清，就是生物学派只晓得人生的周围；不晓得人生的内心的人生观念，也嫌不尽了。所以我们可以说实际主义是生物学派进一层的，是联合着生物学派，发明人之所以为人的。

（四）既然发明人生是制定思想上、道德上一切标准的原料，就可以拿人生的福利（welfare）和人生的效用（effects）去解决人生问题。从此人生的意义脱离了失望，到了希望无穷的海；脱离了"一曲"，到了普通的境界；脱离了"常灭"，到了永存的地位。

照这看来，拿人生解释人生，是现在思想潮流的趋势。我们在这里研究人生问题，当然不能离开这条道路呵！

二

然而中国现在最占势力的人生观念和历史上最占势力的人生学说，多半不是就人生解释人生，总是拿"非人生"破坏人生。何以有这样多的"左道"人生观念呢？我想中国历来是个乱国。乱国的人，不容觉悟出人生真义。姑且举出几条驳驳他。

第一是达生观。这种人生观，在历史上和现在，都极有势力。发挥这个道理的人，当然以庄周做代表；阮籍的《大人先生传》和《达庄论》，也是这道理。这一派大要的意思总是要“齐死生，同去就”，并且以为善恶是平等的，智愚是一样的。看着人生，不过是一切物质的集合，随时变化，没有不灭的精神，所以尧、舜、桀、纣都没差别，“死则腐骨”。照这样人生观念去行，必定造出与世浮沉的人类。既然不分善恶，所以没有不屈的精神；既然没有将来的希望，所以不主张进化；既然以为好不好都是一样，所以改不好以为好只是多事；既然只见得人生外面变化，不见得人生里面永远不变，所以看得人生太没价值了。照效果而论，这种达生观已经这样可怕，若果合于真理，尚有可说，无如拿真理解他，他并没立足之地。凡立一种理论，总要应付各种实事，但凡有一处讲不通，这理论就不能成立。我们是人，人有喜有怒，有若干的情绪，有特殊的情操，有意志，有希望，拿这种达生观去应付，一定应付不下的。因为达生观忽略人性，所以处处讲不通了。达生观竟可以说是一种“非人性的人生观”。就以阮籍个人而论，总应该实行这达生观了；但是《晋书》本传里说：“（籍）子浑……有父风，少慕通达，不饰小节。籍谓之曰：‘仲容已豫吾此流，汝不得复尔。’”照这样看，阮籍竟不能实行下去。他爱他儿子，他不愿意他儿子学他，可见他这道理是不普遍的。不普遍的道理是不能存在的道理，然而大说特说，真是自欺。还有一层，照这达生观的道理而论，善恶是一样，一切是平等了；那么

“大人先生”“裈中群虱”是没分别，达生的和不达生的，是没上下，何以偏说“大人先生”好，“裈中群虱”不好；达生的好，不达生的不好呢？既然“一往平等”了，没有是非了，只好“无言”；然而偏来非那些，是这些，骂那些，赞这些，真是自陷。总而言之，解释人生真义，必须拿人性解去，必须把人性研究透彻，然后用来解释。如若不然，总是不遮盖事实的空想了。至于达生观所以在中国流行，也有几条缘故。第一，中国人是只见物质不想精神的。第二，中国人缺乏科学观念，所以这样在科学上讲不通的人生观念，却可以在中国行得通。第三，——这是最要紧的原故——中国的政治，永远是昏乱；在昏乱政治之下，并没有人生的乐趣，所以人生的究竟，不可得见。忽然起了反动，就有了达生观了。

第二是出世观。出世的人生观有两种：一、肉体的出世；二、精神的出世。前者是隐遁一流人，后者是一种印度思想。中国历史上最多隐士，都是专制政治的反响，专制政治最能消灭个性；尽有许多有独立思想的人，不肯甘心忍受，没法子办，只有“遁世不见知而不悔”。什么“贤者避世，其次避地”啊！都是在昏乱时候。有时太平时代，也出隐士，看来似乎可怪；其实也是为着社会里、政治里不能相容，然后自己走开。这样本不是一种主义。在实行隐遁的人，也并不希望大家从他。所以有这样情形，尽可说是在一种特殊境况之下发生来的一种特殊变态；我们大可置而不论了。至于那一种印度思想，惑人却是不少。他们以为人生只有罪恶，只有苦痛，所以要超脱人生。揣想他的意旨并不是反对人生，原不过反对苦痛，但是因为人生只有苦痛，所以要破坏人生。照现在文化社会的情形而论，人生只有苦痛一句话，说不通了，更加上近代科学哲学的证明，超脱人生的幸福，是不可求的。什么“涅槃”（nirvana）一种东西，是幻想来的。这也是在印度乱国里应有的一种思想，也是受特殊变态的支配，也是拿“非人”论人；不能解释人生的真义。

第三是物质主义。中国人物质主义的人生观，最可痛恨。弄得中国人到了这步田地，都是被了他的害。这种主义在中国最占势力，也有个道理。中国从古是专制政治，因而从古以来，这种主义最发达。专制政治，原不许人有精神上的见解，更教导人专在物质上用工夫。弄到现在，中国一般的人，只会吃，只会穿，只要吃好的，只要穿好的，只要住好的，只知求快乐，只知纵淫欲……离开物质的东西，一点也觉不着；什么精神上的休养、奋发、苦痛、快乐、希望……永不会想到。这样不仅卑下不堪，简直可以说蠢的和猪狗一样。一切罪恶，都从不管精神上的快乐起来。所以不管精神上的快乐，都因为仅仅知道有物质。这种观念，在哲学上并没有丝毫地位，原不值得一驳。我们只要想几千年前人类要是只有这种观念，必定没有我们了，我们要是只有这种观念，必定没有后人了。可见这观念和人生势不两立，那么当然不能拿他解释人生了。

第四是遗传的伦理观念。有人说，道德为人而生，也有人说，人为道德而生。后一层道理，已经是难讲得很。纵然假定人为道德而生，也应当为现在的、真实的道德而生，不应当是为已死的、虚矫的道德而生。在现在中国最占势力的人生观念，是遗传的伦理主义。他以为人为道德而生——为圣人制定的道德而生——不许有我，不许我对于遗传下来道德的条文有疑惑。硬拿着全没灵气的人生信条，当作裁判人生的一切标准。中国人多半是为我主义，这却是无我论。何以无我呢？因为有了道德，就无我了；有了道德上指明的“君”“父”，就无我了；有了制定道德的圣人，就无我了。这道理竟是根本不承认有人生的，他的讲不通，也不必多说了。

这四种都是中国流行的“左道”人生观念。有人问我，何以这几样都算做“左道”？我答道：“因为他们都不是拿人生解释人生问题，都是拿‘非人生’破坏人生，都是拿个人的幻想，或一时压迫出来的变态，误当做人生究境。”其余的“左道”观念，尚是很多，一篇文章里不能一一说到，只要把“就人生论人生”一条道理当做标准，不难断定他的是非了。

三

既然“左道”的人生观念，都是离开人生说人生，我们“不左道”的人生观念，当然要不离开人生说人生了。但是不离开人生说人生——就人生的性质和效果，断定人生的真义——却也不是容易的事。想这样办，必须考究以下各条事实。

（一）人在生物学上的性质——就是人在自然界的位置。

（二）人在心理学上的性质——就是人的组织、机能、行为、意志各方面的性质。

（三）人在社会学上的性质——这是人和人、个人和社会相互的关系。

（四）人类将来的福利和求得的方法。

（五）生活永存的道理（the immortality of life）。[我这里说生活永存，万万不要误会。我是说“生活的效果（effects）”永存，“社会的生活”永存，不是说“个人的生活的本身”永存。]

照这五条研究详细，不是我这“发端”的文章应有的事。况且我学问很浅，也不配仔细述说这些。所以要做这篇文章的缘故，原不过提出这人生问题，请大家注意，请大家去掉“左道”，照正道想法去解决他，并不敢说我已经把他圆满解决了。但是人人都有他自己的哲学，上至大总统，下至叫化子，都有他的人生哲学，我对于人生，不能没有一番见解。这见解现在却切切实实相信得过，也把他写了出来，请大家想想罢。

人生观念应当是：

为公众的福利，自由发展个人。（我现在做文，常觉着中国语宣达意思，有时不很亲切。在这里也觉这样。我把对应的英文，写出来吧。“The free development of the individuals for the common welfare.”）

四

我这条人生的观念，看来好像很粗，考究起来实在是就人生论人生，有许多层话可说。怎样叫做自由发展个人？就是充量发挥己身潜蓄的能力，却不遵照固定的线路。怎样叫做公众的福利？就是大家皆有的一份，而且是公共求得的福利。为什么要为公众的福利？就是因为个人的思想行动，没有一件不受社会的影响，并且社会是永远不消灭的。怎样能实行了这个人生观念？就是努力。这话不过略说一两面；我这人生观念，决不是两三行文章，可以讲圆满了的。但是多说了看的人要讨厌了，姑且抛开理论，把伪《列子·汤问》篇里一段寓言，取来形容这道理吧。

太行、王屋二山，方七百里，高万仞，本在冀州之南，河阳之北。

北山愚公者，年且九十，面山而居。惩山北之塞，出入之迂也，聚室而谋，曰："吾与汝毕力平险。指通豫南，达于汉阴，可乎？"杂然相许。

其妻献疑曰："以君之力，曾不能损魁阜之丘，如大山王屋何？且焉置土石？"

杂曰："投诸渤海之尾，隐土之北。"

遂率子孙，荷担者三夫，叩石垦壤，箕畚运于渤海之尾。邻人京城氏之孀妻，有遗男，始龀，跳往助之。寒暑易节，始一返焉。

河曲智叟笑而止之曰："甚矣，汝之不慧！以残年余力，曾不能毁山之一毛，其如土石何？"

北山愚公长息曰："汝心之固，固不可彻，曾不若孀妻弱子。虽我之死，其子存焉。子生孙，孙又生子，子又有子，子又有孙，子子孙孙无穷匮也，而山不加增，何苦而不为乎！"河曲智叟无以应。

操蛇之神闻之，惧其不已也，告之于帝。帝感其诚，命夸娥氏二子负二山，一厝朔东，一厝雍南。自此，冀之南，汉之阴，无陇断焉。

这段小说把努力为公两层意思，形容得极明白了，"子子孙孙无穷匮也，而山不加增，何苦而不为乎”一句话，尤其好。我们可以从这里透彻的悟到，人类的文化和福利，是一层一层堆积来的，群众是不灭的。不灭的群众力量，可以战胜一切自然界的。末一节话虽荒唐，意思乃是说明努力的报酬。但能群众永远努力做去，没有不“事竟成”的。我们想象人生，总应当遵从愚公的精神。我的人生观念就是“愚公移山论”。简截说罢，人类的进化，恰合了愚公的办法。人类所以能据有现在的文化和福利，都因为从古以来的人类，不知不觉的慢慢移山上的石头土块，人类不灭，因而渐渐平下去了。然则愚公的移山论，竟是合于人生的真义，断断乎无可疑了。

这篇文章，并没说到仔细。仔细的地方，我还要研究去，奉劝大家都研究去。研究有得再谈罢。

（原载一九一九年一月一日《新潮》第一卷第一号）

心气薄弱之中国人

当年顾宁人[①]先生曾有句道理极确、形容极妙的话，说“南方之学者，‘群居终日，言不及义’；北方之学者，‘饱食终日，无所用心’”。到了现在，已经二百多年了，这评语仍然是活泼泼的。

我也从《论语》上，找到一句话，可以说是现在一般士流里的刻骨的病，各地方人多半都如此——仔细考究起来，文化开明的地方尤其利害——就是“好行小慧”。

什么是大慧，什么是真聪明，本来是句很难解决的话。照最粗浅的道理说，聪明是一种能力，用来作深邃的、精密的、正确的判断，而又含有一种能力，使这判断“见诸行

① 顾炎武（1613—1682），字宁人。——编者

事”。并不是外表的涂饰，并不是似是而非的伎俩。

但是现在中国士流里的现象是怎样？一般的人，只讲究外表的涂饰，只讲究似是而非的伎俩。论到做事，最关切的是应酬。论到求学，最崇尚的是目录的学问，没道理的议论，油滑的文词。“圆通”“漂亮”“干才”……一切名词，是大家心里最羡慕的，时时刻刻想学的。他只会“弄鬼”，不知道用他的人性。他觉着天地间一切事情，都可以“弄鬼”得来。只管目前，不管永远；只要敷衍，不问正当解决办法；只要外面光，不要里面实在。到处用偏锋的笔法；到处用浅薄的手段。

本来缺乏作正确判断的能力，又不肯自居于不聪明之列，专作质直的事情，自然要借重“小慧”了。觉得“小慧”可以应付天地间一切事情，无须真聪明，就成了“小慧主义”了。世上所谓聪明人，一百个中，差不多有九十九个是似聪明。似聪明就是“小慧”。惟其似聪明而不是聪明，更不如不聪明的无害了。

何以中国人这样“好行小慧”呢？我自己回答道，“小慧”是心气薄弱的现象；一群人好行小慧，是这群人心气薄弱的证据。中国人心气薄弱，所以“好行小慧”；就他这“好行小慧”，更可断定他心气薄弱。现在世界上进步的事业，那一件不是一日千里！那一件不用真聪明！真毅力！那一件是小慧对付得来的！——可叹这心气薄弱的中国人！

人总要有主义的。没主义，便东风来了西倒，西风来了东倒，南风来了北倒，北风来了南倒。

没主义的不是人，因为人总应有主义的，只有石头、土块、草、木、禽、兽、半兽的野蛮人，是没灵性，因而没主义的。

没主义的人不能做事。做一桩事，总要定个目的，有个达这目的的路径。没主义的人，已是随风倒、任水飘，如何定这目的？如何找这路径？既没有独立的身格，自然没有独立的事业了。

没主义的人，不配发议论。议论是非，判断取舍，总要照个标准。主义就是他的标准。去掉主义，什么做他的标准？既然没有独立的心思，自然没有独立的见解了。

我有几个问题要问大家。

（一）中国的政治有主义吗？

（二）中国一次一次的革命，是有主义的革命吗？

（三）中国的政党是有主义的吗？

（四）中国人有主义的有多少？

（五）中国人一切的新组织、新结合，有主义的有多少？

任凭他是什么主义，只要有主义，就比没主义好。就是他的主义是辜汤生、梁巨川、张勋……都可以，总比见风倒的好。

中国人所以这样没主义，仍然是心气薄弱的缘故。可叹这心气薄弱的中国人！

七年十二月十五日

（原载一九一九年二月一日《新潮》第一卷第二号）

这个样子的宋子文非走开不可

古今中外有一个公例，凡是一个朝代，一个政权，要垮台，并不由于革命的势力，而由于他自己的崩溃！有时是自身的矛盾、分裂，有时是有些人专心致力，加速自蚀运动，惟恐其不乱，如秦朝“指鹿为马”的赵高，明朝的魏忠贤，真好比一个人身体中的寄生虫，加紧繁殖，使这个人的身体迅速死掉。

国民政府自从广东打出来以后，曾办了两件大事：一、打倒军阀（这也是就大体说）；二、抗战胜利。至于说到政治，如果不承认失败，是谁也不相信的。政治的失败不止一事，而用这样的行政院长，前有孔祥熙，后有宋子文，真是不可救药的事。现在社会上若干人士，对于政府的忍耐，实在没有一个人可以忍耐现状，而是由于看到远景，怕更大的混乱，再死上几千万人，彻底的毁产，交通断绝，农业解体，分崩离析，弄出一个五胡十六国的局面，国家更不能有自由独立的希望。然而一般的人总是看现状不看远景的，看当前的政治，不看过去的功劳的，所以英美法政府，今天都不是他们抗战时代的组织。即是能看远景的少数人，久而久之，完全失望，彻底觉得在“魔鬼和大海之间”，也只有等死而已。《书》曰：“‘为政不于常’，道善则得之，不善则失之矣。”①

所以今天能决定中国将来之运命者，必须会悟今天政治的严重性不在党派，不在国际，而在自己。要做的事多极了，而第一件便是请走宋子文，并且要彻底肃清孔宋二家侵蚀国家的势力。否则政府必然垮台，而希望政府不垮台，以免于更大的混乱者，也要坐以待毙，所谓“火炎昆冈，玉石俱焚”，今天良善的人谁无“人间何世”之感?

宋子文第一次总持财政经济，本也看不出他有什么政治家的风度，而为人所知的毛病实在不少。然而当时总还有人寄望于他。第一，他虽然也有钱的不得了，当时人的心中，还总以为他是用的政治地位，以“资本主义社会共同允许之方式”得来，仿佛像法国官僚，从穷小子到大富翁一样，还不曾直接作了扒手，在他手中财政政策改变时，没有先加上一阵混乱，如孔祥熙在改法币时上海金融市场的怪象，弄得

---

①“《书》曰……”为引自《礼记·大学》的话，原文为“《康诰》曰：‘惟命不于常。’道善则得之，不善则失之矣。”《康诰》为《尚书》中篇名。——编者

中外腾丑。第二，那时候国内企业在自然进步中，上海银行业在发展中，他越借钱（就是公债票等），银行越要借给他（这是资本主义走上坡路时必有之事），挟着政府力量扩大的凭借，一切满意称心。第三，那时侯他虽然做到了财政经济的独裁者，如德国的沙赫特（这是说他的权力，不是说他的能耐），还并未作行政院长，“总率百揆”（孔祥熙作寿的话），他的深浅，世人未尽知。

接看，他走了，孔祥熙“十年生聚佐中兴”（这是一个什么人送孔的寿联），几乎把抗战的事业弄垮，而财政界的恶风遂为几百年来所未有（清末奕劻有贪污之名，然比起孔来，真正“寒素”得很，袁世凯时代所用的财政人员，如周自齐、周学熙皆谨慎的官僚，并没有大富），上行下效，谁为祸首罪魁？于是宋氏名声顿起，“饥者易为食，渴者易为饮”，与其说是宋的人望，毋宁说是对孔的憎恨。试想当时宋未上台前两年中重庆的街谈巷议，真正有今昔之感。又看他初次出席参政会，会场中的人，挤得风雨不通，连窗子外、门外都挤上千把人，都城人士的心理，对他是怎么样热望的？稍有常议，稍知检点，稍通人情，何至于弄到今天，弄到国人“欲得而食之不厌”，而国家受他这样的摧残，不自爱的人，实在没有过于他的了。他在美国时，国人苦于孔祥熙，所以寄望于他，当时国内的一般人，总以为他对美国有办法，对经济有办法，而当时自美回来的人，颇说他在美国弄得一团糟，对经济不会有好办法，当时的人因为希望太渴了，还多不信，现在久已百分之万的证明了，还不止于此呢！

说他这几年走下坡路的行事（以前也未必走上坡路，只是大家不知道而已），国家人民也随着他走下坡路的损失，真是写不尽，我也不屑写，只把他最荒谬之点分解一下。

一、看他的黄金政策。他上台最初一件事，是给以前买金子者一个六折，这中间，有小公务员、小资本家，也有大商人、官僚资本家。当时《大公报》还是有条件的赞成，我也一样，写了一文，载《大公报》，强调政府在战时可以征用私人的资本，但须用累进的办法，尤其是再想法子找大户。前者的原则是，国家为战争筹款，必须有钱者出钱；后者的原则是，担负不能在穷人身上。现在想起来，真正做到"君子可欺以其方"了。累进办法，在参政会并且屡次提出过，我们强调他更改，财政当局说，大户买时化小户，无法子分，争执不得结果。假如照那时他的说话，已买者尚可收回，未买者如何可以不加管制？近来，有一天抛五吨，经常是每天几千条或几百条。真正做到他的"自由贸易"的原则。然而试问，如果今日如此"自由"，当年何必"充公"？金价的波动，寻常百姓是吃不消的，虽然各处集到上海的游资许多不易查考，然而一买几千条的大户是谁？岂皆不能查出？报载最近风波之掀起是山西帮，传说是孔宋斗法，二公本无好感，何不可查查，自己的人是不是也在中间？是不是因为自己的人，一家同姓，一派下属，一大组合（如美国报所说：Soong Combine、Kung Combine）而无从下手？如其不然，中央银行卖金子的铁幕何不可以为立法院、监察院、参议会驻会委员会揭开？我们国家是不是一个金子国，取之不尽的？如其不然，是不是还有别的方法吸收游资？是不是能和整个经济政策配合？一旦用得差不多了之后，何以善其后？如果今日之“自由”是，则前年之“充公”非。如果前年之“充公”是，则今日之“自由”非。所以纵然“不是”黑暗重重，也是无办法、无见识、无原则。子子孙孙要还的黄金债，他这样子玩，玩得领导物价，不特不足平抑物价，反而刺激物价，紊乱物价，至少说来，他是彻底失败了。

二、看他的工业政策。抗战胜利，他宣言曰，后方工业，无法保持，这是事实，但总要仔细检点一下，哪些确有设备，哪些只是玩枪花，分别情形，捡好的收买其设备，所以答其赞助抗战自沪迁川之热诚，这也不是太难的事，正所谓“栽者培之，倾者覆之”。然而他一笔抹杀，不问青红皂白，于是共产党大得意，高喊民族资本家。所有收复区敌伪的工业，全部眼光看在变钱上，有利可图者收归“国有”，无利可图者“拍卖”，于是工厂一片停止声。去年一年，上海小工业停顿者百分之七十五以上，今年上半年恐怕要全部解决，他为政府筹款，办中纺公司之类，只要办得好，是可以的。那些闹的，也是要分赃的，不出代价，又借流动金。然而一般工业在水准上者总须加以维持，不好，改良他，不能坐视其死；更不好，不管他，不能连好带坏一律不问，政府是有责任的。这是失业的问题，即最严重的政治问题。他毫无根本办法，听说新任经济部长，本有一个“收购成品”的计划，如生产局。他置之不理，仅仅贷小款，这是把钱投入大海的；比投大海还糟，他们拿去，好的屯积，坏的又是黄金美钞，捣政府的乱。省小钱于前，花大钱于后，忽开头于前，无所措手于后，治病的办法不做，添紊乱的办法做去。年前年后，一切一跃一倍，最近一跃几倍，还不是更要多发钞票？听说他在做了行政院长后，第一次出席院会，说计划不必行者，即不付钱，减了还是费钱；计划可行者，不必减他钱。这是神智开朗的话，何以行起来并不如此？为少用法币，抓得紧，是对的，然而要有经济政策，使人不失业，无经济政策之财政政策，是玩不转的。发大票子，专选年关，出口加补助，不看英美法律，前者毫无常识，后者毫无知识，再由他这样下去，三个月后，景象可想，也不忍想。今天连资本家也有许多同情共产党，开万国未有之奇，他把他的政府伺候得这样子的，人民不必说了，他心中反正没有人民的。

三、看他的对外信用。美国人有许多话也是乱说的，但严重的话，出于有地位之人，不能不弄个明白，为国家留体面。麦帅的经济顾问，说他如何如何，他愤然“更正”，那个人又说，宋如不承认，我举出事实来，所谓Soong Combine如何如何，他便不响了。又如美国纽约《下午报》说他把联总送中国医院的调节温度器几架搬到自己家里，这几件东西究竟在哪里，他也不弄明白。诸如此类，我实在不忍多说下去。大凡一个上轨道的国家，原来经商的人一经从政，须摆脱商业，英国制度，不特阁员如此，即一个下院议员（上院是无作用的“辩论会”，故无此限）如其公司与政府签买卖合同，其议员资格自然无效。偏偏孔宋二公行为如此，公私难分。“大凡物不得其平则鸣”，而“以直道使人，虽劳不怨”。国家困难，上海经济难维持，假如自己有清风，仍旧可以有办法的，办人也可以取谅于人的，自己无 vested interest 可以制人的，如自己（包括其一群人）又是当局，又是“人民”，他人不得到意外便宜的，皆要反抗的。我向社会广泛提议，如立法院，如参政会，以及一切人民，都该彻底调查，上海及他地以及国外，所有豪门权族之“企业”是些什么内幕。他们的营业范围如何？他们的外汇得自何处？

四、看看他的办事。他在行政院，把各部长都变成奴隶，或路人。一个主管部的事，他办了，部长不知，看报方知之，真正偏劳得很。各部长建议，置之不理是最客气，碰钉子更寻常。这是他有兴趣的部。如无兴趣的部，则路人相待，反正要钱无钱，说话不理。他可以说，行政院不是由他组织的，这也是事实，然而如由他组织，不知是哪些小鬼呢。他平常办事，总是三几个秘书，在上海，总是三几个亲信，还有他的三几个“智囊团”，行政大事尽于其中矣，国家命运如此决定矣。我看，他心中是把天下人分做两类：其一类为敌人，即现行的敌人和潜伏的敌人（potential enemies）；其一类为奴隶，中间并无其他。所以他管到哪个机关，哪个机关的长官便是他的奴隶，至于一切其他人，他都不愿见，见亦无可谈，开会不到，立法院、参政会请他不来，至于人民请愿，更不待说，见人傲慢而无话，似乎奴隶之外全是他的敌人。这样行政，岂特民国“民主”不容有此，即帝国专制又何尝可以，只有中国是他的私产，他才可以如此做的。

五、当政的人，总要有三分文化。他的中国文化，请化学家把他分解到一公忽，也不见踪影的；至于他的外国文化，尽管英国话流畅，交些个美国人（有美国人说，看他交接的是些什么美国人，便知道他是什么人）是决不登大雅之堂的。至于他的态度，举两件一轻一重的事为例：他大可不请客，既请客，偏无话可说，最客气的待遇，是向你面前夹菜，此之谓喂客，非请客也。胜利后第一次到北平，时常在某家，一日，大宴会，演戏，文武百僚地方绅士毕集，他迟迟而来，来的带着某家之某人，全座骇然，此为胜利后北平人士轻视中央之始，因为当时接收笑话，尚未传遍，这事我只可说到此为止。在高位者，这些是要检点的。

说他不聪明罢，他洋话说得不错，还写一笔不坏的中国字（我只看到报载他的签名），说他聪明罢，他做这些事，难道说神经有毛病吗？

我真愤慨极了，一如当年我在参政会要与孔祥熙在法院见面一样，国家吃不消他了，人民吃不消他了，他真该走了，不走一切垮了。当然有人欢迎他或孔祥熙在位，以便政府快垮。“我们是救火的人，不是趁火打劫的人”，我们要求他快走。

各报载，今日之黄金潮是孔帮与他捣乱，他如退休在上海的“林泉”，焉知他的帮不与后任捣乱？后任未必行，即行，四行在几种势力下如何办事，何况另有他法捣乱？所以孔帮宋帮走得远，也许还有办法，因为假如整顿财政经济，必须向这几个最大的“既得利益”进攻的，如其不然，不堪再摘，“流共工于幽州，放驩兜于崇山”，是最客气的办法，“摒诸四夷不与同中国”，才是最小可能有效的办法。我虔诚希望有此事，不然，一切完了！共产党最欢喜孔宋当国，因为可以迅速的“一切完了”。……国人不忍见此罢？便要不再见宋氏盘踞着！

（原载一九四七年二月十五日《世纪评论》第一卷第七期）

图书在版编目（CIP）数据

从北大到台大：元气淋漓傅斯年 / 傅斯年，毛子水等著 . — 长沙：岳麓书社，2024.10

ISBN 978-7-5538-1957-0

Ⅰ . ①从…　Ⅱ . ①傅…　②毛…　Ⅲ . ①傅斯年（1896—1950）—生平事迹　Ⅳ . ① K825.46

中国国家版本馆 CIP 数据核字（2023）第 199631 号

CONG BEIDA DAO TAIDA：YUANQI LINLI FU SINIAN

从北大到台大：元气淋漓傅斯年

作　　者 | 傅斯年　毛子水等

出 版 人 | 崔　灿

责任编辑 | 刘书乔　田　丹

责任校对 | 舒　舍

书籍设计 | 赤　徉

营销编辑 | 谢一帆　唐　睿　向媛媛

岳麓书社出版发行

地址 | 长沙市岳麓区爱民路 47 号

承印 | 湖南天闻新华印务有限公司

开本 | 880mm × 1230mm 1/32　印张 | 13.25　字数 | 254 千字

版次 | 2024 年 10 月第 1 版　印次 | 2024 年 10 月第 1 次印刷

书号 | ISBN 978-7-5538-1957-0

定价 | 58. 00 元

如有印装质量问题，请与本社印务部联系

电话 | 0731-88884129